EL PODER DEL UNO

Kabbalah Centre Publishing es una unidad de negocio registrada de Kabbalah Centre International, Inc.

Para más información:

The Kabbalah Centre
155 E. 48th St., New York, NY 10017
1062 S. Robertson Blvd., Los Ángeles, CA 90035

Número gratuito en Estados Unidos: 1 800 KABBALAH
Otros números de contacto en: es.kabbalah.com/ubicaciones

es.kabbalah.com

Impreso en Estados Unidos, julio 2017

ISBN: 978-1-57189-959-0

Diseño: HL Design (Hyun Min Lee) www.hldesignco.com

EL PODER DEL

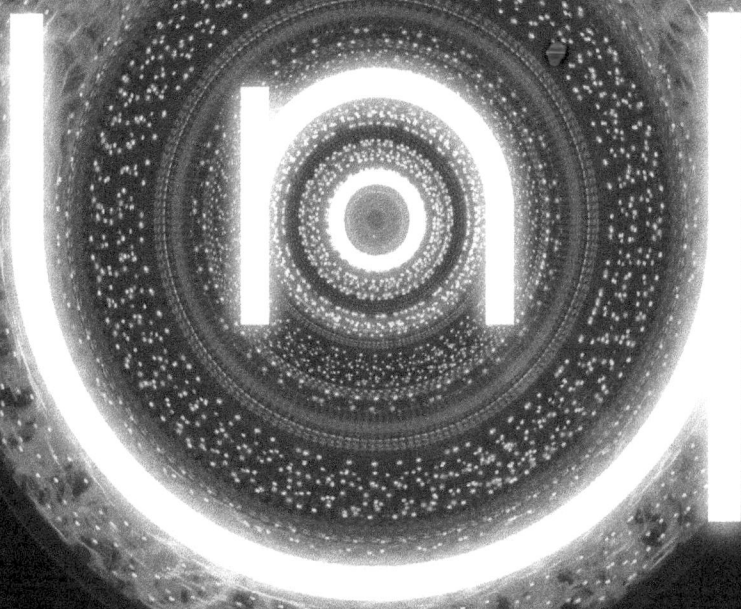

RAV BERG

KABBALAH
CENTRE
PUBLISHING

Para mi esposa,

Karen.

En la inmensidad del espacio cósmico

y la infinidad de encarnaciones,

es mi dicha compartir un alma gemela

y una Era de Acuario contigo.

PRÓLOGO

Cuando el Rav escribió este libro en 1991, el mundo de la medicina no era como es en la actualidad, ni como llegará a ser algún día.

El Rav mantuvo una postura firme en el intento de crear una revolución de pensamiento con relación a la medicina, la ciencia, la tecnología y la conciencia, con el propósito de que pudiéramos entender la totalidad a diferencia de la fragmentación.

En un esfuerzo por editar este libro, nosotros, Kabbalah Centre Publishing, nos dimos cuenta de cuántas cosas han cambiado y de que gran parte de este cambio se debe a obras como ésta escrita por el Rav y otras personas que se enfrentaron a la ciencia y la inteligencia del momento. Le pedimos al lector que se ubique en la época en la que se escribió este libro para comprender plenamente no sólo la grandeza de los pensamientos y las palabras del Rav, sino también el coraje que fue necesario para destacar en solitario como retador del pensamiento establecido.

La historia nos ha mostrado que lo que es científico para una generación más tarde es refutado ante la aparición de nueva información. De hecho, la ciencia de una generación suele ser más el producto de su cultura que un producto de la ciencia; la idea de que el mundo es plano es un ejemplo evidente.

Aquellos que desafían las convenciones de su tiempo son los líderes cuyas preguntas dan inicio a la corrección de numerosos errores.

Mientras lea esto, por favor, recuerde también que superar los paradigmas establecidos significa tomar una postura firme. Mire a esos generadores de cambio en la historia y la voz de su revolución. El Rav no es diferente a ellos.

Es un privilegio tener la perspectiva de la retrospección: ver hacia dónde nos estaba guiando el Rav, y lo relevante que sigue siendo. Y cómo hoy en día, más de veinte años después, la sabiduría que encontramos en este libro sigue empujándonos a expandir nuestra conciencia de la vida.

ÍNDICE

Cómo el cosmos manipula al hombre; efectos kármicos y astrológicos
en nuestra vida actual; la libertad del hombre para alterar su destino;
nuestro limitado enfoque del bienestar físico y mental; la armonía
entre el mundo celeste y nuestro mundo terrestre; la composición del
alma interior; la interacción entre la conciencia corporal y los cuerpos
celestes y terrestres; la vulnerabilidad y los escudos de seguridad; el
concepto del espacio vacío; la función de los cinco sentidos
principales; el papel necesario del individuo en los asuntos sociales,
económicos y medioambientales.

La promesa de Yeshayahu; el hombre como determinador de la
actividad física y metafísica; la aplicación de la Restricción para
trascender lo físico; la comparación de la energía-inteligencia del
cuerpo con la del espíritu; influencias invisibles; el poder del
pensamiento; el control consciente de las influencias cósmicas y los
estados corporales; prevención de la vulnerabilidad; mente y mente-
cerebro; el efecto de vidas anteriores en el presente; el requerimiento
de completar nuestro *tikún*.

La miopía en el tratamiento de residuos peligrosos y contaminantes;
el enfoque holístico-integral al problema de la miopía humana; el
error de dividir el átomo; el nivel de la realidad del orden y la

eternidad en la naturaleza; la necesidad de la abertura mental en la Nueva Era; la capacidad del hombre para corregir el estado del medio ambiente y cambiar por un comportamiento más positivo; el papel del Zóhar en la conducción de la humanidad a un estado de armonía.

Las diferencias entre el proceso de fisión y el de fusión; los elementos destructivos de la fragmentación que resultan del concepto de la fisión; el concepto de la unidad que emerge en la nueva era de la física; el papel de la inteligencia cósmica en el proceso de cambio; la actividad negativa de la humanidad que pesa sobre la elección de la fisión; el enfoque de la fusión holística descrita por el Zóhar.

La comprensión aceptada a nivel general de la relación entre el estrés y los problemas físicos y mentales; definición de estrés; la responsabilidad del individuo de explorar y alterar las influencias en el desarrollo de la enfermedad; la fase de gran transición que está teniendo lugar ahora; el conocimiento como la base para el cambio en la Era de Acuario; la Luz como el origen del estrés; la Restricción como el prerrequisito para controlar la Fuerza de Luz; la transformación de la conciencia corporal que se necesita para aliviar las crisis de estrés.

La conciencia corporal y la conciencia del alma; el hombre como el productor y director decisivo del movimiento en el universo; la

Fuerza de Luz y sus canales; los efectos de estar ciegos a la Fuerza de Luz; el papel de los signos del Zodíaco y los efectos de la conciencia del cuerpo en la región Celestial; el papel de la conciencia del alma se extiende más allá de la región Celestial; la inteligencia humana; la disponibilidad de la inteligencia infinita del Cosmos para los humanos; el efecto de encarnaciones previas sobre la mente y la conciencia; la mente y el cerebro; la función del sueño; el sistema inmunitario y la función de la glándula del timo, la eliminación de los velos (*klipot*) a través de la Restricción; crear un CI superior; el objetivo de someter la mente consciente a la autoridad de la conciencia del alma; el proceso de curación de la conciencia del alma; la Luz Circundante, la realidad infinita; la importancia de conocer y conectar con la Fuerza de Luz; la Columna Central como la prueba de conexión con la Verdad.

PRÓLOGO

En 1971, el autor de este libro, Rav Berg, había sido el decano del Centro de Investigación de la Kabbalah durante dos años, cuando algo se apoderó de su corazón. Tuvo la visión de compartir la sabiduría de la Kabbalah con el mundo, una idea revolucionaria. Y digo revolucionaria porque las advertencias sobre los peligros de entrar en esta área de conocimiento habían sido tan predominantes a lo largo de los años que dichas advertencias habían logrado mantener oculta la Kabbalah. Quizás uno de los factores que contribuyó a su ocultamiento fue que la conciencia del mundo no había estado preparada para ello hasta ahora. Y entonces, siguiendo su corazón, el Rav empezó a fundar Centros de Kabbalah en otras partes del mundo, atrayendo la ayuda de almas solidarias con un fuerte deseo de compartir este conocimiento y sabiduría.

Al mismo tiempo que se iban fundando los Centros en varias partes del mundo, la pluma del Rav deseaba escribir, y así, en la quietud de la noche, empezó a hacerlo. Este es el decimoquinto libro sobre la Kabbalah que el Rav editó o escribió. La Kabbalah es un tema muy amplio y hay muchos aspectos por explorar y muchos libros todavía por escribir.

Hay dos conceptos kabbalísticos que nos ayudan a estar en unidad con nosotros mismos y nuestro universo: uno es el concepto de Restricción, y el otro es el concepto del Deseo de Compartir, que completa el circuito que empieza con el Deseo de Recibir. Estos dos conceptos pueden unificarse en uno solo:

"Ama a tu prójimo como a ti mismo", como dijo Rav Hilel, "todo lo demás es comentario".

Saber el "por qué" de la Creación nos ayuda a evitar el comportamiento robótico y a eliminar nuestras ideas equivocadas, a menudo adquiridas sin pensar. Una de las ideas equivocadas más prevalentes que daña nuestro progreso hacia la unidad y la armonía es la idea de un Ser Celestial que recompensa y castiga. Este concepto está tan arraigado en nuestro interior que tomará tiempo y esfuerzo darnos cuenta de que no es verdad. La Kabbalah nos enseña que todos los efectos que experimentamos son el resultado de nuestros propios pensamientos y acciones, aunque también entran en la ecuación influencias planetarias y medioambientales.

La sabiduría acerca de cómo ajustar nuestros pensamientos y acciones para estar en armonía con la Creación es un hilo que se extiende a lo largo de este libro, así como todos los otros libros escritos por el Rav.

El Zóhar describe la realidad de la existencia de forma distinta a lo que es aceptado generalmente. Por consiguiente, si te encuentras confundido en medio de un capítulo, no te desanimes. Sigue adelante. Lo más probable es que tus preguntas sean respondidas cuando llegues al final del capítulo. Esta fue ciertamente mi experiencia.

"Ama a tu prójimo como a ti mismo" proviene de la Biblia, Levítico 19:18. A este versículo le siguen dos palabras más: *Aní HaShem*, que se traducen como "Yo soy el Eterno". Cuando estas dos palabras adicionales se consideran, el significado del versículo cambia y se lee de la siguiente manera: "Cuando ames a tu prójimo como a ti mismo, Me conocerás".

Según la Kabbalah y la Astrología Kabbalística, estamos inmersos en la Era de Acuario, con expectativas de una expansión significativa en la conciencia del mundo. Pero para aquellos que no son conscientes, la nueva era no existe. Los escritos del Rav avivan nuestro estado de conciencia para que todos podamos participar plenamente en la Era de Acuario.

Roy Tarlow, Editor
El Centro de Kabbalah, Nueva York, 1991

INTRODUCCIÓN

La necesidad crítica de confrontar el problema mundial del estrés se ha vuelto dolorosamente evidente por el enorme interés que los negocios y el gobierno han tomado en la búsqueda de métodos para aliviar y reducir esta plaga que se está propagando en nuestra sociedad. Hace tiempo que se sospecha que el estrés es el responsable del asesino número uno de personas: la enfermedad cardíaca.

A pesar de toda su acción y su encanto, el mundo empresarial actual y los estilos de vida modernos generan condiciones que agotan al cuerpo y el espíritu. Las presiones están pasando factura, dañando los recursos esenciales del cuerpo y mermando su energía. La exposición repetitiva a la tensión del estrés da lugar a un proceso de deterioro extremo que debilita nuestros cimientos. Los matrimonios sufren, las crisis nerviosas son comunes y las carreras profesionales se arruinan.

A medida que la tensión se acumula y la presión arterial se eleva, ese trago casual al final del día, o ese par de tragos, se convierten en un hábito. En un momento en que las fusiones, las adquisiciones y las absorciones de empresas son "el pan de cada día", nadie puede estar seguro de cuándo y dónde golpeará la temida absorción. Hoy en día, esta tensión crónica e implacable tiene un coste para la economía, algunos dicen que asciende hasta 150 mil millones de dólares.

Algunas personas están sufriendo de ansiedad, enfermedad mental y abuso de drogas y alcohol en una búsqueda turbulenta de estimulación. A pesar de la comodidad física o material que se ha logrado a través del avance, la tecnología, hasta el día de hoy, ha fracasado en permitir al hombre lograr la satisfacción personal que anhela.

El poder del uno presenta la perspectiva y la comprensión kabbalísticas de las enfermedades y los traumas que afligen a nuestra sociedad moderna. El punto de vista del kabbalista es que el *individuo* crea su propio campo energético particular de satisfacción o de la carencia de ésta.

El primer paso necesario para comprender nuestros dilemas y nuestro infortunio, desde el nivel cuántico, es apartar nuestra atención del pensamiento "hay alguien ahí a quien no le agrado".

Si bien es cierto que tenemos un entorno negativo, nosotros hemos causado su expresión y su influencia sobre nosotros. Y lo que es más importante, igual que entendemos que las presiones dolorosas y las circunstancias negativas que plagan la humanidad se originan desde dentro de nuestro propio campo de energía, también las soluciones a estos problemas emergen de nuestros propios esfuerzos *individuales*. El pésimo historial de intervenciones exteriores testifica que la invasión de nuestro espacio personal a menudo fomenta la enfermedad. Apoyarnos en un terapeuta sin nuestra propia involucración perpetúa el problema.

El poder del uno nos muestra cómo podemos recuperar nuestro derecho inalienable de autodeterminación, y presenta una imagen vívida de cómo podemos cambiar nuestro comportamiento robótico a uno de control y satisfacción conscientes.

Algunos científicos sociales proponen una reevaluación de la naturaleza del funcionamiento humano. La perspectiva mecanicista sugiere un enfoque de la salud en el cual la enfermedad física y mental son tratadas como problemas mecánicos.

La capacidad de curación inherente al cuerpo y su tendencia natural a mantener un estado de salud no es lo que la profesión médica comunica, ni tampoco la idea de que podemos curarnos a nosotros mismos. Asumimos que los médicos pueden lograr casi cualquier cosa en lo concerniente a nuestro bienestar mental y físico. Sin embargo, los mismos médicos sufren de esta visión mecanicista y fragmentada de la salud. La educación y el entrenamiento médico genera estrés sin la educación de cómo hacerle frente.

Cuando la mente se considera como algo separado del cuerpo, el malestar se entiende como un mal funcionamiento de nuestro cuerpo físico, sin estar conectada en absoluto con un aspecto esencial de nuestro proceso de pensamiento. Y, sin embargo, la misma palabra "*mal-estar*" nos da una pista definitiva de qué es la mala salud, es decir que el estrés y la enfermedad son uno y lo mismo. La definición de *estar* que aparece en el diccionario es: "para expresar un determinado estado del sujeto; existir, hallarse en este o aquel lugar, situación, condición o modo actual de ser". El prefijo *mal* significa "lo contrario al bien". Por consiguiente, la profesión médica definió la enfermedad física como una condición carente de estar "libre de dolor, preocupación o tensión".

Debido a sus dificultades en lidiar con el aspecto psicosomático de la medicina, la profesión médica está imposibilitada a enfrentar la realidad de su influencia. Esta falta de correlación y conexión entre la mente y las enfermedades crónicas y degenerativas como el cáncer y las enfermedades cardíacas[1] hace que los médicos acepten que estas aflicciones incurables son las consecuencias inevitables del deterioro general. Y se niegan a expandir su marco de referencia.

El enfoque médico actual, que fragmenta la mente y el cuerpo, está basado en el pensamiento cartesiano.[2] René Descartes (1596-1650), un matemático y filósofo del siglo XVII, introdujo el concepto de la separación absoluta del cuerpo y la mente; el cuerpo se consideraba y se entendía totalmente desde el punto de vista de la organización y la función de sus partes, igual que una máquina compleja y bien construida.

Una persona se consideraba sana si todas sus partes estaban operativas, y enferma cuando una o más de sus partes no estaban funcionando adecuadamente. Y desde ese momento, la investigación médica se ha limitado a entender los mecanismos físicos involucrados en la enfermedad de cualquier parte del cuerpo. Este enfoque ha excluido las posibles influencias de naturaleza metafísica y no corpórea del proceso biológico. El papel de los médicos es el de invadir, quirúrgicamente o químicamente, la parte que no funciona adecuadamente y corregir el mecanismo específico.

Tres siglos después de Descartes, la postura de que el cuerpo no es nada más que una máquina, que la enfermedad es la consecuencia de una avería de esta máquina y que la investigación médica y biológica puede arreglarlo, todavía predomina en el mundo de la medicina.

Esta idea equivocada que gobierna las ciencias de la realidad física es que el cuerpo humano puede ser tratado como una entidad de naturaleza inanimada, nada más que una máquina. La consecuencia lógica de esta percepción del cuerpo es un sistema médico que a veces puede ser insensible e incluso degradante.

Desde un punto de vista kabbalístico, somos un 99 por ciento de pensamiento-conciencia metafísica, lo cual significa que la materia física de la estructura de nuestro cuerpo ocupa sólo el uno por ciento de nuestro espacio. Por lo tanto, cuando nuestro sistema médico se concentra en fragmentos cada vez más pequeños de este uno por ciento, es decir: el cuerpo, es inevitable que perdamos de vista al paciente como ser humano. Así pues, no es extraño que, al reducir la diagnosis y la asistencia médica a un entendimiento tan diminuto del hombre, se haya progresado tan poco en nuestra salud general. ¿Cómo podemos ignorar el componente metafísico y mental del ser humano cuando conforman el 99 por ciento de quienes somos? Aunque la investigación científica revela que la actitud es un aspecto esencial de todo tratamiento médico, la mente sigue estando fuera del marco científico de la medicina.

La razón por la cual se rechaza la mente es simple y evidente. Puesto que los científicos occidentales no tienen ni idea de qué es la mente ni dónde se encuentra, no pueden abordarla. Lo que no puede ser pesado ni medido, colocado en una probeta o escaneado con un espectrómetro de masas, no existe. Esta perspectiva trae consigo graves implicaciones.

Para reincorporar la idea de la curación mental en la teoría y la práctica de la medicina, la ciencia médica tendrá que transformar su estrecha visión de la salud y la enfermedad. ¿Significa eso necesariamente que la ciencia tendrá que conformarse con algo menos científico? Por supuesto, la respuesta es no. No obstante, la ciencia tendrá que ampliar su base conceptual para incluir fenómenos que son correctos a pesar de que no puedan ser verificados científicamente en la actualidad.

La historia de la ciencia médica moderna demuestra que la reducción de la vida humana a una probeta y a hechos moleculares observables ha influenciado la práctica de la medicina. Eso divide la profesión en dos grupos separados y distintos: los médicos que se preocupan por el tratamiento del cuerpo material, y los psiquiatras, médicos que lidian con el tratamiento de la mente.

Para mí, esto representa el motivo por el cual la investigación médica no examina el papel del estrés en el desarrollo de la enfermedad. El estudio del estrés está generalmente limitado a los aspectos psicológicos de la enfermedad, a pesar de las evidencias contundentes que vinculan el estrés con un amplio rango de enfermedades y trastornos. Por ejemplo, el cáncer no empieza con la observación de un bulto o tumor. Sus comienzos se encuentran en el pasado.

Para agravar el tema aún más, incluso en lo que respecta a nuestra salud y bienestar mental, los médicos de hoy en día tratan la enfermedad mental a través de medios físicos. Intentan entender la enfermedad mental desde el punto de vista de los problemas físicos y químicos que se producen en el cerebro. Lamentablemente, el número de pacientes ingresados en instituciones mentales no han disminuido, sino que más bien ha aumentado.

La comprensión del efecto de las influencias cósmicas en nuestro bienestar mental y físico tarda en llegar. Hasta ahora, los investigadores no han sugerido nada referente a este tema. La enfermedad mental se considera de la misma manera que otras enfermedades físicas, sólo que en el caso de la enfermedad mental está afectado el cerebro en lugar de otras partes del cuerpo. Además, la enfermedad mental se manifiesta en un comportamiento social inusual, y la enfermedad física está contenida dentro de alguna parte u órgano del cuerpo.

Todos conocemos casos en los que un paciente está en un estado constante de fatiga y simplemente no se siente "bien". Sin embargo, tras numerosas pruebas, al paciente se le certifica su buen estado de salud. Médicamente está sano, aunque él se sienta terriblemente mal. Puesto que la ciencia médica está basada en la fisiología, rara vez aborda los aspectos psicológicos de la enfermedad. Las vías de comunicación entre la mente y el cuerpo no se entienden plenamente, e incluso se ignoran.

La medicina se ha quedado muy atrás en relación con los nuevos descubrimientos de la física. Los físicos nos dicen ahora que además del paradigma cartesiano —el fundamento de la ciencia médica moderna— existe otro nivel de existencia que no puede ser sometido a la verificación científica: nuestro pensamiento-conciencia.[3]

El kabbalista ha sabido durante mucho tiempo que *el pensamiento controla todos los estados manifestados de la realidad física*. De hecho, la energía-inteligencia adaptada al mundo corpóreo y material es ilusoria. Hace mucho tiempo que los físicos saben esto. Los motivos por los cuales este asombroso descubrimiento no se ha revelado a toda la humanidad siguen siendo un misterio. Tan sólo imagina el estado de unidad que podría existir en una sociedad en la que este conocimiento estuviera profundamente arraigado.

El concepto de la mente sobre la materia se trata a la ligera en el pensamiento contemporáneo. Sin embargo, el Zóhar[4] da expresión a un importante texto en el Código Bíblico relativo a las influencias astrales. Cuando Avram (más tarde llamado Avraham), el primer astrólogo, contempló las estrellas, predijo que no tendría hijos con Sarai (más tarde llamada Sará). El Eterno le dijo a Avram que no contemplara más las estrellas pues tendría un hijo si se adhería al Reino Superior de conciencia y no a la energía-inteligencia de las estrellas materiales.

Como con todo en el texto codificado de la Biblia, el mensaje central está envuelto dentro de palabras difíciles de comprender. Esto nos deja a veces con la impresión de que la Biblia consiste meramente en una nueva religión para los israelitas y una colección de reglas éticas de conducta.

La Kabbalah nos enseña que nunca debemos fiarnos de las apariencias, pues las cosas en este mundo físico nunca son lo que parecen. Ahora, como siempre, el universo físico nos da la impresión de estar en un estado perpetuo de oscuridad y caos. La Luz —la cura— está aquí, pero está tan oculta por las trampas negativas y materiales de la existencia finita que se necesita un ojo sensible y un alma compasiva para percibirla.

Aun en la actualidad, el observador astuto puede detectar tendencias dentro de la ciencia occidental que parecen indicar un cierto alejamiento de la ilusión corporal y material. Donde un cable transportaba antes 400 conversaciones, ahora un hilo de fibra óptica no más grueso que un cabello humano puede transferir 400.000. Desde una perspectiva kabbalística, la importancia fundamental de esta nueva tecnología es que proporciona un marco conceptual, una plataforma de salida, por así decirlo, para que la humanidad ponga menos énfasis en el mundo material y conecte con el mundo real: la energía-inteligencia del pensamiento. Pero ¿qué ocurre con la realidad del dolor, el cáncer y otras enfermedades terminales? ¿Acaso no son reales? ¿Cómo podemos aceptar estos conceptos tan materiales dentro de un marco ilusorio? ¿Cómo nos las arreglamos para decirle a un ser querido que le queda poco tiempo de vida? ¿Cómo podemos minimizar o incluso eliminar el azote de dolor y sufrimiento que se ha convertido en un suceso habitual dentro de nuestra escena conocida de la realidad?

Para tranquilizarlo un poco, estas preguntas y su relevancia se tratan en este libro. Recuerde el antiguo refrán: "Todo está en la mente". Las conexiones metafísicas son invisibles debido a su propia naturaleza, tanto que la mayoría de nosotros las desconocemos. Sin embargo, esos breves encuentros con otras dimensiones proporcionan evidencias de un mundo tan superior a esta fase de la existencia que la comparación se vuelve casi imposible. Al carecer de palabras para describir nuestras experiencias y de la validación de nuestra cultura actual de la existencia de reinos superiores, desterramos los recuerdos de nuestras estadías extraterrenales en catacumbas ocultas que se hallan en lo más profundo de nuestra mente subconsciente.

La razón por la que he dedicado tantas páginas a esta perspectiva de la ilusión y la realidad es para dejar clara la idea de que los científicos y el hombre común funcionan mayormente por igual, con una conciencia robótica. Aún más, hemos tratado la naturaleza esencial de la realidad material como una estructura fragmentada. Esta visión nos ha llevado a todos a sentirnos atraídos por lo que yo llamo "el cuanto de los trastornos sintomáticos". Tendemos a tratar los síntomas superficiales y externos de la enfermedad, ya sean físicos, mentales o sociológicos, sin prestar atención suficiente a las causas internas metafísicas de estos trastornos externos. El alivio temporal se ha convertido en el subproducto de esta perspectiva engañosa y corrupta de las ciencias de la vida.

Afortunadamente, la revolución de la información que ha ocasionado la Era de Acuario está trabajando a nuestro favor. Un sector mayoritario de los habitantes de la Tierra ya no prefiere el tratamiento aceptado de una medicación que controla los síntomas del trastorno, pero no lo cura. Eliminar los síntomas mediante medidas represivas ha dejado a nuestra sociedad en un estado de dilema. Asociar una enfermedad particular con una parte definida del cuerpo desvía nuestra atención lejos del paciente como una persona completa. Además, asociar un problema social particular con sus componentes desvía nuestra atención de la sociedad como parte del todo universal; y esta totalidad debe tener en cuenta los efectos de la influencia del cosmos.

Aunque los modelos convencionales distinguen entre los síntomas y las enfermedades, cada enfermedad (o problema en un sentido más amplio) debe ser vista como un síntoma de su causa subyacente, cuyo origen raramente se explora. Por este motivo, la medicina holística está ahora volviéndose respetable. Ahora que las conexiones neurológicas y químicas entre el cerebro, el dolor y el importante sistema inmune han sido descubiertas, se está poniendo mayor énfasis en un enfoque más holístico del futuro bienestar de los pacientes, la sociedad y el medio ambiente.

Este libro trata sobre el poder de la Kabbalah y su relación con nuestra vida cotidiana, un tema que no ha sido abordado antes. Aunque hace mucho tiempo que los kabbalistas conocen esta sabiduría y sus beneficios, el conocimiento contenido en la Kabbalah se ha mantenido oculto al público en general. Algunos han catalogado equivocadamente este modelo como perteneciente a los israelitas o al judaísmo. Otros han protegido su ocultamiento, considerando sus enseñanzas demasiado divinas o sagradas para que cualquiera entrara en ellas.

La medicina, la biología, la psicología y el medio ambiente desempeñan un papel decisivo en todos los modelos universales establecidos por las ciencias de la vida. Sin embargo, los principios determinados por las experiencias de investigación deben necesariamente incluir el efecto de las influencias astrales. Ignorar dichas influencias y el importante papel que las energías-inteligencias cósmicas desempeñan en el escenario universal de la humanidad es invitar a la desesperanza y la impotencia a que entren en la vida cotidiana de la humanidad.

Hoy en día, hay una insatisfacción generalizada entre el público general con los médicos, los psicólogos y el gobierno. La mayoría de las personas no son conscientes de que una de las razones principales de su estado actual es la estrecha base de la cual emergen las soluciones. La aplastante mayoría de enfermedades, así como los problemas sociológicos y medioambientales, no pueden comprenderse o definirse con base en la única causa. El error principal, desde una perspectiva kabbalística, es el enfoque que están teniendo nuestros líderes con respecto a estos problemas. En lugar de plantear la pregunta más importante y particularmente relevante, a saber: "por qué" estas enfermedades o problemas ocurren en primer lugar y luego intentar eliminar estas condiciones, la atención se dirige hacia los mecanismos manifestados a través de los cuales opera ese problema o esa enfermedad para alterarlos o interferir en éstos.

Esta confusión y su enfoque están en el centro mismo de todos los problemas universales. Ir más allá de esta forma de pensar y alcanzar el modelo kabbalístico para la resolución de problemas requerirá nada menos que una profunda revolución educativa. No obstante, la mayoría de la gente le tiene miedo al cambio porque significa una reevaluación de sus estilos de vida. Muy pocas personas están preparadas para cambiar su manera de hacer las cosas, a pesar del ineludible registro que la historia nos proporciona.

Lo que las personas no entienden es que no son los *estilos de vida* lo que los kabbalistas abordan. En esencia, el estilo de vida no está amenazado. Lo que el kabbalista quiere lograr es un cambio en el comportamiento humano. Sólo hay dos alternativas: continuar con el mismo modelo universal que siempre ha traído caos, desorden y enfermedad a nuestra vida o aceptar el cosmos como una fuerza integral en nuestra vida a través de la cual todo esto puede cambiar.

Esto requerirá una reeducación pública. En la Era de Acuario, hay muy pocas alterativas disponibles. La Kabbalah afirma que sólo será posible trascender el modelo universal si se incorpora un enfoque holístico dentro de un sistema. Este sistema debe estar dirigido al individuo para que éste pueda alcanzar un estado más puro y alterado de conciencia en el que obtengamos de nuevo el control de nuestra vida y destino, así como el control del cosmos.

En su intención de hacer que el estudio de la Kabbalah esté a disposición de todo el mundo, el Centro de Kabbalah espera no sólo ayudar a que los individuos alcancen estados alterados de conciencia, sino también a crear un escudo personal de seguridad que pueda protegerlos de un ambiente hostil en caso de que la sociedad continúe su actual trayectoria de locura y caos. Los objetivos específicos del estudio incluyen el desarrollo y la expansión del marco de referencia. De esta forma, aumentamos nuestra conciencia, mejoramos nuestras probabilidades de éxito en nuevos proyectos, evitamos los obstáculos que ocasionan las crisis en la vida familiar y, por encima de todo, evitamos tener que recurrir a expresiones como "buena suerte" o "mala suerte".

Si pensamos en ello, nos sentimos en gran medida impotentes a la hora de controlar el crimen que golpea a nuestros vecindarios. Un criminal asaltará una casa, pero no todos los objetivos potenciales. ¿Por qué es esa casa la elegida en lugar de otra? La respuesta aceptada suele ser que la víctima de esa casa específica tuvo mala suerte y los demás buena suerte.

Un auto en una autopista se ve involucrado en un accidente, mientras que los otros siguen su viaje sin incidentes. ¿Por qué aparece el conductor ebrio en ese momento, ni un segundo antes ni después? De nuevo, la respuesta que se da hace referencia a los que tienen "buena suerte" y los que tienen "mala suerte".

El estudio de la Kabbalah ha surgido en un momento en el que el miedo del SIDA, el cáncer y otras enfermedades está en la mente de la humanidad.

¿Qué hace que una persona sea vulnerable mientras que otra permanece inafectada estando las dos bajo las mismas circunstancias externas? ¿Cómo afectan nuestros pensamientos, actitudes y sentimientos a nuestra salud? El cáncer, por ejemplo, no es un invasor del exterior que asalta al cuerpo. El cáncer se manifiesta como una célula que se comporta erráticamente dentro de nuestro cuerpo. ¿Por qué una persona tiene células que no funcionan? ¿Por qué, en un individuo, el sistema inmune reconoce las células anormales y las destruye o al menos las restringe para que no puedan esparcirse, mientras que en otra persona el sistema inmune no es suficientemente fuerte y esa célula se reproduce dando lugar a otras con la misma imperfección?

El cáncer no es un enemigo del exterior sino una fuerza negativa del interior. No hay duda de que las sustancias cancerígenas pueden contribuir a la formación de células cancerígenas. No obstante, debemos darnos cuenta de que ni las sustancias cancerígenas ni otras influencias ambientales proporcionan por sí mismas una explicación adecuada a las causas del cáncer. Después de todo, todos estamos expuestos a las mismas condiciones.

Ninguna respuesta es completa sin abordar la pregunta: ¿por qué uno y no otro? ¿Debemos confiar en la explicación conocida de buena suerte o mala suerte? Considerar solamente los aspectos mentales y emocionales de la salud y la enfermedad sin examinar las influencias del cosmos y el comportamiento humano es, desde un punto de vista kabbalístico, algo completamente inútil.

Hay mucha confusión en torno al mito de los síntomas y las causas relacionadas con el estrés. Las influencias primarias son el tema de muchas investigaciones y, debo añadir, hay tantas influencias primarias como proyectos de investigación. Abordar unas cuantas de éstas requiere una enorme cantidad de tiempo y esfuerzo. Y luego, ¿quién sabe si nos hemos centrado en las correctas?

Las dietas poco saludables, los efectos acumulativos de los químicos, los conservantes y los aditivos que ingerimos o inhalamos son considerados por muchos las influencias primarias que afectan a la población. También hay influencias invisibles que pueden considerarse primarias o secundarias. Sin embargo, para cada caso documentado de una influencia invisible pero real, siempre existe la demostración viviente de que tal influencia no afecta a la salud como podríamos esperar.

Recordemos también que la vida moderna, con todas las fallas previamente mencionadas, proporciona una esperanza de vida mayor que la de cualquier otra época en los últimos trescientos años: desde una cifra baja de 35 o 40 años a finales del siglo XVIII hasta la esperanza de vida actual de 72 años. Estos datos presentan una aparente contradicción.

En este punto, la pregunta previamente planteada que no puede escaparse a nuestra atención es si algunos o todos nosotros somos víctimas de las circunstancias. ¿Somos meras marionetas cuyos hilos están manipulados de una forma u otra? ¿En qué sentido estamos en control de nuestra vida y en qué grado están afectando las fuerzas externas a nuestra esperanza de vida y nuestro bienestar?

Desde un punto de vista kabbalístico, la respuesta al control está en nuestra relación y nuestra conciencia del cosmos, que es la influencia primaria en nuestra vida. Nuestra actitud y el estado de nuestra salud mental y física ciertamente afectan al resultado de nuestra vida y cómo la vivimos; no obstante, no son la fuente primaria de las energías que evolucionan y se convierten en parte de nuestro estilo de vida. Todo el mundo tiene el deseo de ser positivo y de amar, al menos, a nuestros allegados. Y, sin embargo, no estamos en control de nuestras acciones tal como indican los alarmantes casos de abandono y abuso de menores, y el maltrato entre marido y mujer y dentro de las familias.

Durante un período de influencias astrales negativas incluso las acciones apropiadas pueden tener resultados negativos, y al contrario, durante un período de influencias cósmicas positivas aun las acciones ilógicas pueden acabar siendo exitosas. *El cosmos es primario, todo lo demás es secundario.* Examinemos algunas de las referencias kabbalísticas que sostienen este nuevo y revolucionario enfoque de las enfermedades y las tragedias del mundo. El Zóhar afirma:[5]

> *Porque cada hombre que está compuesto de los cuatro elementos [fuego, aire, agua y tierra] está acompañado de cuatro ángeles [energías-inteligencias extraterrenales positivas] en su lado derecho y cuatro en su lado izquierdo.*

> *Uno de los cuatro ángeles [en el lado derecho] será Mijael... otro Gavriel... otro Nuriel... y otro Rafael.*

> *Los cuatro poderes del mal [energías-inteligencias extraterrenales negativas]... serán Iniquidad, Destrucción, Irritación [malas acciones] y Furia.*

... y del aspecto del cuerpo [estado manifestado] el Ángel Metatrón presiona cerca de él desde el lado derecho y Samael [el Señor Oscuro] flota por encima en el lado izquierdo.

Entonces, todos los hombres están formados por los cuatro elementos, pero del orden de las constelaciones con las cuales está conectado cada uno de ellos depende el orden de los ángeles que lo acompañan, y también las características potenciales del hombre. Por lo tanto, si su constelación regente es el León [Columna Derecha o signo de agua] Mijael será el dominante, seguido de Gavriel, después de él Rafael, y finalmente Nuriel. Sin embargo, si su planeta es el Toro [fuego, Columna Izquierda], primero vendrá Gavriel, luego Mijael, luego Nuriel y finalmente Rafael. Si el Águila [signo de aire] es la constelación por la cual está influenciado, Nuriel será el primero [en dominación], luego Mijael, seguido de Gavriel y luego Rafael. Y si su constelación es el Hombre [signo de tierra] entonces Rafael será el dominante, con Mijael, Gavriel y Nuriel a continuación en el orden mencionado.

El Zóhar continúa detallando la composición precisa de un individuo y su comportamiento según su signo de nacimiento. Nuestra existencia vital ha sido ya establecida con base en nuestras encarnaciones previas. La reencarnación es el molde con el cual se esculpen nuestras vidas. Su manifestación toma lugar a través de un casete predeterminado.

La Kabbalah es una ciencia y un estudio que permite al individuo controlar su destino, conectarse a los grandes poderes regeneradores del subconsciente y evitar el estrés descontrolado y las enfermedades graves. No hay misterios. El Zóhar proporciona una descripción exacta de cada ser humano, tal como se ha mencionado.

La idea que se enfatiza en el Zóhar es que estamos inextricablemente unidos y vinculados con el cosmos. Nuestro comportamiento depende completamente del signo de nuestra constelación; nuestras cualidades más desarrolladas están registradas, así como la metodología a través de la cual nuestras características más débiles pueden ser fortalecidas. *Navegando el Universo*, anteriormente conocido como *Las zonas del tiempo*, proporciona un horario de zonas cósmicas de peligro y de cielos propicios. Este conocimiento nos brinda la oportunidad de conectarnos con el asombroso poder del cosmos, reestructurar nuestro casete de vida y hacer ajustes allí donde sea necesario para evitar las influencias secundarias que causan estragos en nuestra civilización y crean caos y desorden en nuestra vida.

Capítulo Uno

EL ATAQUE CÓSMICO

Capítulo Uno

EL ATAQUE CÓSMICO

ESTAMOS BAJO EL ATAQUE CONSTANTE DEL COSMOS. Seamos conscientes o no, estamos a su merced. Su bombardeo constante de pensamientos infinitos es incesante: estos pensamientos nos perturban cuando queremos dormir; cuando nos relajamos después de un día difícil, no se nos permite el lujo de una mente tranquila a pesar de todos nuestros esfuerzos para aquietarla. Dejar a un lado, aunque sea por unos instantes, los pensamientos que el cosmos impone sobre nosotros se convierte en una tarea monumental. Después de un tiempo, simplemente nos resignamos a ello. La batalla es demasiado furiosa; no hay ninguna señal de alivio. En gran parte, y la mayoría de nosotros, nos encontramos actuando infructuosamente. Parece no haber otra salida que escapar a alguna otra actividad.

Sólo cuando nos damos cuenta del grado en el que estamos sujetos a la manipulación externa, podemos empezar a mejorar nuestro bienestar físico y mental. ¿Influye y afecta el cosmos a todas las personas de la misma manera? Si la respuesta es no, ¿por qué no? El equipo cósmico de jugadores celestiales es manipulado por la realidad que todo lo abarca, la Fuerza de Luz. Sus rotaciones, movimientos y revoluciones aparecen en un horario regular y predeterminado, y todos somos influenciados de distintas formas por sus inteligencias astrales.

3

¿Qué determina la forma en que la humanidad se ve afectada por estas influencias extraterrestres de manera única, individual y particular? ¿Qué factor actúa para casi forzarnos a comportarnos de una forma que hace que miremos hacia atrás y nos preguntemos: "¿Por qué hice eso?"?

El kabbalista plantea la pregunta: "¿Qué causó qué en primer lugar?", a pesar de la conclusión del Zóhar de que nuestro universo y las vidas de toda la humanidad están programadas por impresiones cósmicas computarizadas. Aun así, ¿cómo toman estas impresiones las características individuales que programan cada aspecto específico de nuestro universo en su propia forma particular?

La reencarnación, el casete de vidas previas, es la responsable de la creatividad, el libre albedrío y las emociones de una persona, como el amor, el odio, el miedo y los instintos de lucha. Este casete tiene una inteligencia propia: basado en el comportamiento pasado, las acciones positivas y negativas crean un nuevo ADN metafísico que es la incorporación de todas estas acciones previas. La interconexión entre el reino físico y el metafísico, entre el presente y el pasado, es la alineación de los cuerpos astrales en el momento del nacimiento de una persona.

La perspectiva kabbalística de la astrología es drásticamente distinta del enfoque convencional de esta ciencia. La astrología convencional afirma que el individuo tomará una dirección *debido a* la alineación de las estrellas. La Kabbalah sostiene que el proceso de *tikún* coloca al individuo en una posición astrológica para que las estrellas influyan a esa persona en la dirección necesaria.

Las cartas natales son una visión gráfica de esta interconexión metafísica. Las entidades físicas celestes no determinan ni afectan al reino metafísico. Es siempre el inescrutable reino no material el que finalmente se manifiesta como estos canales particulares de energía a través de los cuales nuestra existencia de vida física y material se convierte en una realidad.

Estos canales de energía proveen las escenas variadas de nuestras vidas pasadas. Cuando nos hemos comportado de forma negativa, durante nuestra vida actual, en un momento particular correspondiente a nuestra encarnación previa, nos infundiremos de energía-inteligencia negativa. Nuestra actividad negativa previa se superpone sobre las experiencias de nuestra vida actual para proporcionarnos otra oportunidad de hacer una corrección, un *tikún*.

Cada día de una vida presente corresponderá al momento exacto de nuestra vida anterior. Si, por ejemplo, hoy fuera el día en el que cumplimos 26 años, los cuerpos astrales transmitirían la impresión idéntica del comportamiento en dicha fecha en una encarnación previa. La interconexión trata con combinaciones de Fuerzas de Vida complejas que posteriormente se vuelven manifiestas en nuestro reino físico actual.

Al momento del nacimiento, la posición del complejo mecanismo de cuerpos planetarios actúa como una interconexión física que abarca la impresión total de vidas anteriores. Este proceso puede compararse con lo que ocurre en el momento de la concepción, cuando el esperma del hombre y el óvulo de la mujer contribuyen con su propia impresión al embrión que está en desarrollo.

Cuando leemos en el Zóhar que estas influencias astrales tienen un profundo efecto en nosotros, es porque el proceso de reencarnación está basado en defectos de carácter de una vida pasada. El tiempo y lugar exactos del nacimiento revelan el patrón de vida primario —y enfatizo, el patrón primario— del individuo, así como el poder, los apegos y problemas potenciales.

A pesar de la inviolabilidad del patrón básico de destino, tenemos un grado de libertad que casi no tiene límites. Podemos determinar cómo tendrá lugar el proceso de *tikún* dentro de nuestra vida actual. La carta natal revela las vendas y las restricciones que evitarán que nos sintamos libres. Además, la falta de visión, la intolerancia y otras actitudes no espirituales previas pueden evitar que hagamos uso de las herramientas que tenemos disponibles a través de las cuales podemos trascender a otro nivel de conciencia y cambiar nuestro destino.

Estas vendas son de nuestra propia creación. La oposición a la Kabbalah hoy en día por parte de algunos es meramente una postura involuntaria tomada en alguna vida anterior, y expresándose de nuevo ahora. Ya construimos estas barreras antes. No obstante, puesto que nosotros las fabricamos, nosotros podemos romperlas y ascender a niveles superiores de conciencia.

Regresemos por un momento al bombardeo cósmico que la mayoría de nosotros experimentamos durante los momentos de relajación. ¿Cuál es la fuente de estos pensamientos complejos y diversos que aparecen en nuestro subconsciente? Si tenemos en cuenta que el subconsciente no razona, sino que actúa según los datos programados de una o muchas vidas anteriores, estos pensamientos son una acumulación de lo que estaba sucediendo entonces. Además, los innumerables impulsos que se están entrelazando en la configuración mental se convierten en parte integral del proceso de pensamiento.

Al comparar este proceso con el de una computadora, descubrimos que con una computadora la máquina piensa por nosotros, mientras que con nuestra mente nosotros somos el proceso mismo. Los impulsos y los estímulos electrónicos permiten a una computadora operativa lograr el resultado y la impresión finales. Nuestra mente subconsciente opera bajo un principio similar, con la excepción de que los humanos tenemos la capacidad de volvernos conscientes de los estímulos y las expresiones del ataque cósmico.

El mismo proceso ocurre en nuestro cuerpo físico en un nivel terrenal. La estimulación física o emocional de nuestro cuerpo o psique suscita diferentes respuestas, algunas sutiles, otras más aparentes. En el universo metafísico, las estrellas ni brillan constantemente ni transfieren energía sin cesar. Más bien son radiantes solamente en intervalos señalados.

El Zóhar afirma: "Cada unidad de conciencia o inteligencia regresa a su posición previa no manifestada después de haber servido su propósito".[6] Por lo tanto, tanto nuestro universo mundano como nuestro propio cuerpo físico reflejan un constante vaivén entre la realidad terrenal y la realidad de los sistemas celestiales. El reino cósmico constituye el reino sin tiempo ni espacio que debemos alcanzar si queremos ser los verdaderos amos de nuestro propio destino.

Una vez más, la verdad zohárica "Tal como es arriba, es abajo",[7] se demuestra: podríamos parafrasearla diciendo "Tal como es en el universo metafísico, es en el físico".

Para ilustrar con mayor claridad este punto, reflexionemos por un momento sobre la respuesta de un átomo a la estimulación externa. Algunos de los electrones, cuando son estimulados, se excitan y responden trasladándose a una órbita superior más lejana al núcleo. Si eliminamos el estímulo regresarán a sus ciclos orbitales previos. La penetración y la observación en las áreas más profundas y microscópicas nos permitirá finalmente ver los rápidos movimientos oscilatorios que tienen lugar en este proceso.

El bombardeo de la energía-inteligencia del pensamiento a la que estamos sujetos se origina en este tiempo de vida desde el cosmos. Sin embargo, la Kabbalah revela que ni siquiera el cosmos se considera la fuente primordial de lo bueno y lo malo, la salud y la enfermedad. El estrés y la tranquilidad señalan la necesidad de determinar una fuente. Mientras sigamos poniendo nuestra atención en los síntomas, no lograremos descubrir la causa subyacente. La invasión de nuestro cuerpo con medicación y cirugía para corregir los síntomas de la enfermedad está consumiendo la energía creativa que necesitamos para encontrar la causa fundamental y tomar acción para remediarla.

Hemos sido programados por nuestra cultura para creer que algo más que el alivio temporal es probablemente imposible. Por lo tanto, delegamos toda la responsabilidad de nuestra salud a las *autoridades*. Hay un viejo y conocido refrán kabbalístico que dice: "Obtienes lo que pides".

La pregunta que podemos plantearnos es la siguiente: "Si ciertamente es tan simple, ¿entonces por qué el caos y el desorden? Si la Fuerza de Luz se preocupa por nuestro bienestar, ¿por qué sufrimos? ¿Por qué estamos experimentando una creciente tasa de enfermedades cardíacas, incidencia de cáncer y otras enfermedades degenerativas a pesar de los avances científicos del último siglo?".

Trascender el modelo básico de sociedad será posible sólo si estamos dispuestos a cambiar también otras cosas. Es necesaria una transformación social y cultural completa. ¿Dónde y cómo va a producirse esta revolución educativa? ¿Quién va a ser el responsable de impulsarla y de concluirla con éxito?

Los mismos habitantes del planeta Tierra son los únicos participantes en lo que yo llamo una revolución popular necesaria. En la Era de Acuario, no podemos seguir dependiendo de la intervención del gobierno ni los organismos de autoridad para liberarnos de nuestra condición actual y de las diversas enfermedades.

Es el individuo quien puede liberarnos de este caos en el que nos encontramos. El fracaso de los gobiernos en detener la ola de autodestrucción humana que causan las drogas es bastante obvio. El problema del abuso de drogas es una tarea demasiado monumental sólo para el gobierno. La carga financiera y el agotamiento de recursos humanos son demasiado horrendos para que cualquier gobierno o gobiernos los asuman.

El presente marco de referencia de las ciencias sociales es inadecuado. A la luz de los avances más recientes referentes a la plaga del SIDA, nuestro enfoque médico se ha vuelto cada vez más irreal. El azote de las enfermedades a nivel mundial continúa avanzando a pesar de la gran acumulación de nueva información. Así pues, mientras que ha habido progreso en el descubrimiento de los factores biológicos involucrados en enfermedades específicas y en el desarrollo de nuevas tecnologías que las combatirán, identificar y etiquetar la enfermedad no significa necesariamente progreso en la atención médica.

Esto no quiere decir que en el área de la medicina de urgencias no haya habido un importante progreso en el tratamiento de infecciones agudas, nacimientos prematuros y casos similares. Los espectaculares procedimientos médicos en el área de trasplante de órganos y la cirugía de corazón abierto no nos dan respuesta a la pregunta de por qué aparecieron dichas condiciones en primer lugar ni qué medidas podrían haber *evitado* que estas disfunciones físicas ocurrieran.

Durante los últimos cien años, la investigación médica contemporánea se ha atribuido el crédito por el agudo descenso de las enfermedades infecciosas como el cólera, la poliomielitis y la tuberculosis. Hoy en día, la mayoría de estas enfermedades han dejado de existir. Sin embargo, Thomas McKeown,[8] un especialista líder en el campo de la salud pública y la medicina social, proporciona suficientes pruebas de que el asombroso descenso en la mortalidad no fue únicamente gracias a la intervención médica. Hubo otros factores que también contribuyeron, como la mejora de la higiene, la limpieza y la nutrición.

Su estudio demostró que todas las principales enfermedades infecciosas habían llegado a su punto álgido y habían empezado a declinar mucho antes de que las primeras medicaciones y las técnicas de inmunización para combatirlas fueran introducidas. Muchos otros experimentos de investigación parecen indicar que la intervención médica por sí sola es incapaz de ocasionar cambios significativos en los patrones básicos de la enfermedad.[9]

Este libro no pretende ser una condena a la práctica médica, su investigación y los médicos cuyos ideales los llevaron al cuidado de los demás y la mejora de su bienestar. La responsabilidad que tenemos por el bienestar de cada individuo fue expresada en el código universal de la Biblia: "Si dos hombres riñen y uno hiere al otro con una piedra o con el puño… lo compensará por su tiempo perdido, y hará que lo curen".[10] Sin embargo, aparece en varios comentarios sobre la Biblia que el entendimiento más elevado en la mente del médico debe ser que él *sólo* es un canal para propósitos curativos. La capacidad para curar depende del nivel de espiritualidad del médico y si practica o no su profesión con un profundo respeto por la dignidad y el sufrimiento humanos.

¿Por qué la Biblia da tanta importancia a la espiritualidad humana del médico? ¿Por qué se enfatiza el sentido de la conciencia como un prerrequisito para el médico? Según la visión del kabbalista, la capacidad del médico debe ser necesariamente considerada. No obstante, si tenemos en cuenta que su experiencia suele estar limitada al nivel existente de potencial humano (mínimo el cinco por ciento y máximo el doce por ciento), el kabbalista demanda al médico cualificaciones adicionales que aumenten su capacidad de curar a los demás.

El kabbalista hace uso de los campos ilimitados de energía, los enormes manantiales de información disponibles con la expansión de la conciencia a una conciencia cósmica. La conciencia cósmica es un derecho divino de nacimiento que todo el mundo tiene. El kabbalista explica esta universalidad en términos de una capacidad intrínseca de la mente y la psique humanas de entrar en contacto con la conciencia cósmica. El término "cósmica" indica e incluye la información de la energía-inteligencia necesaria de la que un individuo dispone en un momento dado.

El sistema nervioso y el cerebro humano constituyen un sistema altamente complejo que sigue siendo profundamente misterioso en muchos de sus aspectos, a pesar de las numerosas décadas de investigación exhaustiva. La mente humana es un sistema viviente por excelencia. En el siguiente capítulo, profundizaremos en su complejidad y su relación con el cuerpo. Por ahora, diremos que la mente incluye la capacidad de traducir información del pasado remoto y de ocuparse del futuro distante.

Debido a esta característica inusual que distingue al ser humano de otros animales,[11] nos sentimos atraídos por el cosmos de forma innata e inconsciente. ¿Por qué? Porque el cosmos contiene los ingredientes necesarios para la plenitud humana. Como extensión de la Fuerza de Luz, el cosmos se ocupa principalmente de compartir su beneficencia, más de lo que nosotros tenemos el deseo de recibirla. "Es mayor el deseo de amamantar de la vaca que el deseo de mamar del ternero".[12] La vaca tiene un mayor Deseo de Compartir.

Sin embargo, entrelazado con su intrínseco Deseo de Compartir, el cosmos también contiene su porción de energía-inteligencia negativa. Como una interfaz, el cosmos comunica nuestras vidas pasadas con un complemento total de actividad negativa y positiva. En las interacciones con nuestro entorno, hay una interacción continua y una influencia mutua entre el mundo cósmico celestial y nuestro mundo interno terrestre de la realidad.

El patrón cósmico percibido por el kabbalista se ajusta de forma muy fundamental a los patrones en nuestro plano terrestre. El hombre consiste en dos realidades, la realidad interna del alma y la realidad externa física que conocemos como nuestros cuerpos. Como seres humanos, damos forma a nuestro entorno de forma muy efectiva dependiendo de cuál de las dos realidades domina nuestro comportamiento. Nuestra conciencia del alma posee una energía-inteligencia similar a la de la Fuerza de Luz, que es de un Deseo de Recibir para Compartir.[13] El alma es una fuerza metafísica que crea vida en nuestro interior. Cuando el alma abandona el cuerpo crea muerte, puesto que no hay vida en el cuerpo mismo. La existencia física deja de tener un propósito.

Nuestra conciencia del cuerpo es un canal motivador para el Deseo de Recibir para Sí Mismo. No obstante, el cuerpo es una entidad física y hay algo más allá del funcionamiento de las células y la composición genética que lo hace crecer y funcionar. Esta fuerza se llama energía corporal y, como el Deseo de Recibir para Sí Mismo, es la raíz de todo mal porque esta fuerza de conciencia somete a los individuos a la limitación del tiempo, el espacio y el movimiento.[14]

Su energía es la misma que la energía de la Tierra, la cual, con el agarre de su gravedad, desea tragarse todo lo que está a su alcance. Sólo cuando la conciencia del alma tiene dominio sobre la conciencia del cuerpo, el cuerpo se integra en el todo, convirtiendo el todo en un Deseo de Recibir para Compartir.[15]

Cada cuerpo celeste consiste en una formación idéntica de alma interior y conciencia del cuerpo. Dependiendo de nuestra capacidad para conectar con la energía-inteligencia cósmica positiva, debemos también ser conscientes de la influencia de la energía-inteligencia negativa del cosmos. El cosmos canaliza cualquier negatividad disponible a la humanidad. Los métodos a través de los cuales podemos evitar sus ataques son primordiales para asegurar nuestro bienestar mental y físico.

Otra consideración importante para nuestra investigación sobre las causas del caos personal y universal es la vulnerabilidad. En casos de accidentes graves o desarrollo de un cáncer, la cosmovisión kabbalística indica que la vulnerabilidad es el agente directamente responsable de invitar y manifestar un ataque cósmico negativo. Tomemos de nuevo el cáncer como ejemplo. Todo el mundo produce células anormales en el cuerpo de vez en cuando. Esto puede atribuirse tanto a factores externos como a una distorsión de la función celular.

Normalmente, el sistema inmunitario del cuerpo, incluido el ADN, mantiene estricta vigilancia a cualquier célula anormal y la destruye. Por lo tanto, para que se desarrolle un cáncer, el sistema inmunitario debe de haber sido inhibido de alguna forma. Lo importante aquí es que algo le está sucediendo a la persona que contrae cáncer que le crea una vulnerabilidad. Todos los factores mencionados previamente, como el estrés, los alimentos que comemos y el entorno, pueden desempeñar un papel en la incidencia del cáncer. Sin embargo, ninguno de ellos proporciona una explicación completa del por qué ciertos individuos, en momentos particulares de sus vidas, atraen la producción de células cancerosas y, una vez la han atraído, por qué sus defensas no están funcionando.

Estos mismos individuos han sido ciertamente expuestos a los mismos factores en otros momentos. Si hubiera habido una predisposición genética, ésta estaba ahí desde el primer día. Cualquier condición genética de funcionamiento celular anormal está presente a lo largo de toda la vida. La pregunta crucial es: "¿Qué ha ocurrido en las defensas del cuerpo que ha permitido a estas células producir unas células cancerígenas que amenazan la vida en este momento preciso? ¿Qué impide que el sistema inmune realice una función que ha llevado a cabo con éxito durante tantos años?".

No hay duda sobre los fuertes vínculos que existen entre los factores ya mencionados y el cáncer. Tampoco hay duda de que en nuestro estudio de la Kabbalah debemos tener en cuenta la interrelación entre el cuerpo, la mente y el estrés, y su influencia sobre la enfermedad en general. La pregunta que debemos plantear en este momento para toda la humanidad es "¿por qué yo?" y "¿por qué ahora?". Estoy seguro de que no hay especialistas en oncología que no se hayan preguntado: "¿Por qué un paciente muere y otro, con la misma prognosis y tratamiento, se recupera?".

Estas preguntas referentes a la enfermedad y las dolencias son, esencialmente, las mismas que debemos plantearnos con respecto a los accidentes automovilísticos o aéreos y otras desgracias que puedan sucedernos: "¿Por qué yo?" y "¿por qué ahora?". No obstante, antes de continuar explorando esta vital conexión con las causas de los contratiempos y las tragedias humanas, examinemos la perspectiva zohárica de la vulnerabilidad:

Una persona debe ir con cuidado de no hacerse visible a las fuerzas negativas y destructivas cuando estas descienden sobre el mundo, de no atraer su atención puesto que están autorizadas a destruir cualquier cosa que cruce su vista. Esto concuerda con un comentario de Rav Shimón Bar Yojái: Si una persona posee el mal de ojo, lleva con ella el ojo de la fuerza destructora negativa; por consiguiente, se le llama "el destructor del mundo" y las personas deben tener cuidado con ella y no acercarse a ella. Al evitarla, uno no será lastimado por ella.

Está prohibido acercarse a ella [quien tiene el mal de ojo] abiertamente [sin un escudo protector]. Si es necesario tener cuidado con personas que tienen el mal de ojo que pueden actuar como un canal para la energía negativa, cuánto más cuidado debe uno tener con el canal de la muerte.

Un ejemplo de un hombre con el mal de ojo fue Bilaam, de quien está escrito: "Declaración solemne de un hombre de ojos abiertos".[16] Esto significa que él era el canal de un mal de ojo y en aquello que él fijaba su mirada atraía la fuerza destructora negativa. Sabiendo esto, buscó fijar su vista en la nación de Israel, para así destruir todo aquello en lo que recayera su mirada.

Así pues, está escrito: "Y levantó Bilaam sus ojos"[17] para que su mal de ojo recayera sobre Israel. Sin embargo, Israel era inmune; pues está escrito "y vio a Israel acampando por tribus" (Números 24:2) y también vio la Shejiná [escudo protector] flotando por encima de ellos. Puesto que Ella era completada por las doce tribus debajo de Ella, el ojo de Bilaam no tenía poder sobre ellos.

Él dijo: "¿Cómo puedo vencerlos, viendo que la Fuerza de Luz desde arriba descansa sobre ellos y los escuda con Sus alas?".[18]

Lo que parece emerger del Zóhar es la asombrosa revelación referente a la vulnerabilidad y la existencia de escudos de seguridad. Bilaam anticipó y buscó el punto vulnerable hacia el cual pudiera dirigir su ataque cósmico sobre la nación de Israel. No obstante, sus esfuerzos fueron inútiles. El pueblo controlaba la energía-inteligencia negativa transmitida por el cosmos. La capacidad de Bilaam de canalizar este enorme poder de destrucción fue detenida abruptamente.

La nación de Israel, así como toda la humanidad, logró el control cósmico en el momento del éxodo de Egipto. Sin este control sobre el Reino Celestial, personas como Bilaam habrían podido jugar con víctimas desprevenidas y vulnerables sin que ellas fueran conscientes de lo que les estaba sucediendo. La nación de Israel hizo un buen uso de sus enseñanzas cósmicas. Por consiguiente, no estaban expuestos a las fuerzas destructivas a través de las cuales Bilaam podía devastar a sus víctimas. No eran vulnerables porque habían colocado su escudo de seguridad en una posición en la cual podían prevenir cualquier ataque.

El ataque pudo haberse originado en individuos capaces de canalizar energías cósmicas negativas o, si eran vulnerables, mediante la actividad negativa personal del individuo en una vida anterior. Las personas que no logran activar su escudo protector se convierten en las víctimas de influencias astrales cósmicas negativas.

> *Cuando la letra aparece a la perfección, a saber: la Vav, que es la Columna Central, como se ha mencionado, todos los Lados del Mal son bloqueados y parten de la Luna, que es Maljut, y no la cubren.*[19]

Lo que parece surgir del Zóhar es que cuando nos hacemos la pregunta "¿Por qué yo?" o "¿Por qué ahora?", la respuesta recae sobre la víctima.

El Zóhar declara que la ignorancia de esta causa primaria, es decir: la carencia de un escudo de seguridad, es la razón fundamental de todos los contratiempos y las enfermedades. La necesidad crítica de confrontar el problema de la canalización y las influencias cósmicas no puede ser ignorada ni subestimada. Con un conocimiento adecuado y correcto de la Kabbalah y la cosmología, podemos elevarnos por encima de la influencia cósmica de las estrellas.

Dentro de este contexto está la respuesta a las preguntas cruciales que hicimos previamente. Para la mayoría de nosotros, un esfuerzo y una concentración coordinados, así como una atención enfocada en las zonas de peligro cósmico,[20] nos proporcionan las primeras medidas de seguridad y protección que deben tomarse para evitar las desgracias catastróficas que actualmente acontecen a la humanidad. Cuando el proceso de *tikún*[21] dicta retribución y pago por la actividad negativa del pasado, en ese momento dado el individuo debe estar preparado para una arremetida de sus propias influencias negativas. Si en ese mismo momento los escudos de seguridad no están colocados en su posición, entonces somos vulnerables a los sucesivos factores del estrés, la enfermedad y el infortunio.

No tenemos a nadie a quien culpar excepto a nosotros mismos o a aquellas personas que van por ahí convenciendo a los desafortunados de que el estudio de la Kabbalah "puede ser peligroso para nuestra salud". El "inoportuno" ataque de la enfermedad a nuestro sistema inmune no es tan inoportuno como algunos médicos o científicos nos quieren hacer creer.

Nuestra vida actual es meramente una reproducción, en forma de casete, de nuestras encarnaciones previas. En el preciso momento en que la retribución hace su aparición y su demanda, más vale estar preparados para corregir nuestra actividad negativa de una vida anterior. ¿Cómo podemos saber cuándo la retribución está asomando su fea cabeza? Siempre que nuestra conciencia se tope con la oportunidad de cometer un acto inmoral, un acto íntimamente conectado con un Deseo de Recibir para Sí Mismo.

Si en ese momento fallamos en el proceso de *tikún*, habremos creado para nosotros un espacio vacío donde la Fuerza de Luz no tiene conexión. Estos lugares son objetivos principales para la Fuerza Oscura y su ejército de energías-inteligencias negativas que yo llamo la flota de la estrella de la muerte. En momentos como estos, nos hemos vuelto vulnerables a una invasión,[22] y nadie puede predecir cómo se manifestará su ataque en nuestra vida personal.

Siempre y cuando la oportunidad del proceso de *tikún* se presente, y que nosotros saquemos decididamente ventaja de ello, entonces, en esencia, cortamos esa parte del casete y unimos los dos extremos conectados con la Fuerza de Luz. El espacio que ocupa nuestra actividad negativa es, y está relacionado con, el nivel ilusorio de nuestra existencia en el cual existe nuestro libre albedrío.[23] Mientras no se haya eliminado este marco espacio-tiempo de energía-inteligencia negativa, estará inyectado lo que se conoce en terminología kabbalística como el espacio vacío. El marco existe porque la Fuerza de Luz no ha llenado este espacio vacío con beneficencia. Una vez la beneficencia o la plenitud están ausentes, hay espacio para que se manifieste el Deseo de Recibir para Sí Mismo.

Rav Yitsjak Luria (el Arí), declara que la Fuerza de Luz penetra en todos y cada uno de los estratos de la existencia, que el Emanador lo abarca todo, que cada molécula, átomo y partícula subatómica en el universo, cada célula está imbuida con el poder del *Or Ein Sof* o Luz del Infinito. La Fuerza de Luz está dentro y fuera nosotros, forma parte de nosotros y aún así está separada de nosotros. Todo lo que hay en el universo no es sino un aspecto de un organismo vivo que respira.

Algunas enseñanzas espirituales colocan al Eterno en un pedestal elevado y etéreo, muy lejos del alcance de la humanidad. En algunas religiones es necesario morir para poder "conocer a tu creador". Otras filosofías consideran que el Eterno creó el universo antes de pasar a ocuparse de cosas mayores y presuntamente mejores.

La doctrina kabbalística de "no hay coerción en la espiritualidad" requería que la Fuerza de Luz no pudiera entrar en nuestro espacio llamado "vasija", a menos que hubiéramos eliminado nuestro "Pan de la Vergüenza" a través del proceso de *tikún*.[24] Esto, a su vez, permitió al hombre tener el libre albedrío para ejercer la Restricción o caer víctima del Deseo de Recibir para Sí Mismo. Las vasijas, es decir nosotros, ya no podíamos formar parte infinitamente de la benevolencia no ganada. Así pues, nació el concepto del espacio vacío. La vulnerabilidad, lamentablemente, pasó a formar parte del paisaje humano de sufrimiento y desgracias.

Es en este concepto en el que en cualquier momento dado se crea un espacio y un marco de vulnerabilidad individual. La razón por la cual una persona puede contraer una enfermedad o poner en marcha el mecanismo para que ocurra algún accidente es que dentro de ese espacio vacío —donde la Fuerza de Luz no está físicamente expresada— la Fuerza de la Oscuridad y su flota de energías-inteligencias negativas son los poderosos invasores capaces de devastar nuestro cuerpo o nuestro entorno.

La Fuerza de la Oscuridad y su ejército están impulsados por canales cósmicos.[25] Cuando la encarnación de un individuo expresa vulnerabilidad, esa condición crea el espacio vacío preciso que la flota de la estrella de la muerte ha estado esperando. Como un letal escorpión, la estrella de la muerte aprovecha la oportunidad y empuja al individuo hacia la oscuridad.

El lapso en las defensas del cuerpo que permite a las células reproducirse en un potencialmente fatal tumor, se origina en esos intervalos de vulnerabilidad creados por el factor de espacio vacío. La flota de la estrella de la muerte inhibe el sistema inmune del cuerpo, evitando que lleve a cabo la función que ha realizado eficazmente durante muchos años. Este mismo factor determina por qué un paciente vive y otro, con el mismo diagnóstico y tratamiento, muere. También determina por qué una persona contrae una enfermedad y otra no.

Además del factor de la encarnación, hay muchas otras causas que contribuyen al ataque del cuerpo humano. Las zonas de peligro mencionadas en mi libro *Navegando el Universo* representan un bombardeo continuo de energía-inteligencia desatada y descontrolada sobre el cuerpo humano y el entorno de la humanidad. Si no se controla, nuestras vidas están destinadas al fracaso, el infortunio y el caos.

A través del Zóhar y sus relatos y narraciones entrelazadas, nos damos cuenta de que todo nuestro entorno está involucrado en una gran danza cósmica. Sabemos que la atmósfera de la Tierra es continuamente bombardeada por rayos cósmicos y cascadas de energía proveniente del espacio exterior que destruyen y crean en una coreografía rítmica de energía cósmica.

El futuro del hombre depende de la forma en que nos trate el firmamento. El espíritu del hombre está casi totalmente dominado por un Mundo Superior Celestial de recursos aparentemente infinitos. El calor intenso, el efecto invernadero, los rayos, los tornados, los huracanes, por mencionar algunos, representan un bombardeo de destrucción impredecible que sobrepasa cualquier cosa que el hombre pudiese imaginar. La idea de la superioridad celestial forma parte de la vida cotidiana. El Sol y la Luna ejercen una fuerte y profunda influencia en nuestra vida. La Luna hace que el mar se eleve y descienda con las mareas. El Sol nos mantiene calientes en el verano y se atenúa en el frío cada vez mayor del invierno.

Ampliando la idea de la intrusión cósmica un poco más, el Talmud afirma que la invasión del mal de ojo es la causa principal de muchas muertes súbitas sin motivo aparente.[26] Ya hemos explorado el punto de vista zohárico sobre el mal de ojo y la relevancia que le atribuye el Código Bíblico.[27]

En contraste con la visión mecanicista occidental, la visión kabbalística del mundo es una visión de unidad orgánica. Para el kabbalista, todas las cosas y los acontecimientos percibidos o que actúan unos sobre otros se consideran energías-inteligencias que siempre permanecen interrelacionadas y vinculadas unas con las otras. Aunque parezcan diferentes aspectos o manifestaciones dentro de nuestro mundo, se consideran esencialmente como parte de un todo unificado. Nuestra tendencia a dividir el mundo físico y el metafísico en conceptos separados es vista por el kabbalista como algo conectado con el reino de la ilusión.

En la visión kabbalística, los canales de nuestros cinco sentidos —los ojos, los oídos, la nariz, la boca y las manos— son intrínsecamente dinámicos en su naturaleza. El kabbalista ha llegado a comprender que estas funciones actúan fuera de nosotros, además de brindarnos la oportunidad de percibir el mundo que nos rodea. Nuestros cinco sentidos son energías-inteligencias, como el cerebro, que actúan sobre nuestro entorno y que además son influenciadas por lo que está ahí fuera.

Es interesante, y quizás no deba sorprendernos, que Rav Yitsjak Luria (el Arí) construyera un mapa intelectual de la realidad de los sentidos en el cual cuatro de los cinco sentidos principales son referidos como básicos y reducidos a sus condiciones generales de energías-inteligencias, tal como sigue:

> *Hay esencialmente cuatro fundamentos básicos [energías-inteligencias] en todas y cada una de las existencias. Estos son: la vista, el oído, el olfato y el habla. Este es el secreto de las cuatro letras del Tetragrámaton. Estos canales están motivados por las cuatro energías-inteligencias de la Fuerza de Luz conocidas por sus nombres codificados: "Alma del Alma (vista), Alma (oído), Espíritu (olfato) y Espíritu Crudo (habla)".*[28]

La abstracción es una característica crucial en las enseñanzas kabbalísticas. Debido a que tendemos a enredarnos en las estructuras y los fenómenos de nuestra realidad física, no siempre podemos tener en cuenta todas sus características.

Nuestro conocimiento es normalmente un sistema caracterizado por la estructura lineal y secuencial, la cual es típica de la forma en que pensamos. Lo que parece emerger de las palabras del Arí es un fenómeno con el que debe lidiarse cuando consideramos el comportamiento humano: la energía-inteligencia del cuerpo.

Los ojos, afirma el Arí, simbolizados por la *Yud* del Tetragrámaton, representan el aspecto más significativo y la intensidad de la Fuerza de Luz. Por consiguiente, la energía-inteligencia generada por el ojo puede fácilmente ser transmitida a otra persona o cosa. Si, por ejemplo, la energía que se va a transferir es de naturaleza negativa, y el individuo que recibe esta transmisión no tiene un escudo de seguridad o tiene, en ese momento, una brecha en su sistema inmunitario, él o ella será entonces vulnerable al ataque. En ese mismo momento, todo lo que se transmita por el aire se infiltrará en el sistema inmunitario, se instalará en el sistema y preparará su estrategia para la matanza final.

Este escenario es muy similar al comportamiento del mortal misil Sidewinder sensible al calor que se instala en un avión de caza enemigo y lo destruye. Una vez que la energía-inteligencia mortal se convierte en una parte integral de la persona completa, todo el infierno puede desatarse dependiendo de lo que esté rondando por el cosmos.

El poder del ojo, cuando se entiende desde una perspectiva kabbalística, se convierte en un poderoso instrumento de curación, así como puede ser un canal devastador para la destrucción. La tecnología láser está derrocando rápidamente a los procedimientos quirúrgicos convencionales. Para curar un hueso enfermo o roto, uno debe llegar al área. El láser puede penetrar e invadir el cuerpo sin incisión o cirugía. Este poder y penetración de la vista no es exactamente una nueva prescripción. La Biblia y el Zóhar están repletos de relatos relacionados con el asombroso poder de la observación y el mal de ojo.[29]

Las preguntas que debemos hacernos en este punto son: ¿Cómo y por qué la transmisión a través del mal de ojo crea tanto infortunio? ¿Dónde se origina el aspecto del mal de ojo?

> *"… y lo enviará [al macho cabrío] al desierto por medio de un hombre que es designado (heb. 'et')".[30] La palabra "et" (preparado) contiene una pista de que para cada tipo de acción hay hombres específicamente apropiados. Hay algunos hombres especialmente apropiados para la transmisión de bendiciones, como por ejemplo una persona con un "buen ojo". Está escrito con relación al sacerdote: "Un buen ojo puede transmitir positividad y bendiciones"[31] pues a través del ojo sacerdotal, las bendiciones y la sanación se manifiestan. Hay otros que son especialmente apropiados para la transmisión de negatividad y maldiciones. En cualquier cosa en la que recaen sus ojos sus maldiciones se confirman…*
>
> *Por consiguiente… un hombre debe dar la vuelta cien veces para evitar a un hombre con un mal de ojo… El sacerdote era capaz de reconocer a ese*

hombre porque tenía un ojo ligeramente más grande que otro, cejas espesas, ojos azulados y una mirada torcida.

... En Gush Jalav, había un hombre cuyas manos habían traído la muerte a todo aquel a quien tocaban, y nadie se acercaba a él. En Siria había un hombre cuya mirada siempre traía infortunio, aun si este hombre tenía buenas intenciones. Un día un hombre estaba caminando por la calle con una cara radiante y cuando este hombre lo miró su ojo estalló.[32]

Lo que parece emerger del Zóhar es el poder del ojo y su capacidad para atacar a otra persona proyectando energías-inteligencias negativas. Si alguien a quien conoces piensa negativamente de ti, la canalización del ojo puede afectar a tu bienestar físico y mental. La energía-inteligencia negativa de un ojo negativo puede llegar muy lejos y crear contratiempos en la vida de una persona a través de accidentes y otras cosas.

También hay otras personas que puede que no te deseen mal intencionalmente, pero debido a su propia carencia particular proyectarán esta maldad o deseo. Por ejemplo, un hombre que no tiene hijos, al ver a los hijos de su hermano puede que enfoque mentalmente en esos niños el pensamiento-energía-inteligencia de deficiencia que él experimenta. Los niños generalmente se consideran más vulnerables a los pensamientos-energías-inteligencias negativas, y la gran mayoría no es consciente de su vulnerabilidad.

La razón de la debilidad en los niños es la ausencia de su Deseo de Compartir, el cual sólo se convierte en una parte integral del alma a la edad de 13 años para los niños y de 12 años para las niñas.[33] Hasta ese momento, el Deseo de Recibir para Sí Mismo tiene el dominio sobre los niños. Por consiguiente, atraen hacia ellos cualquier tipo de energía que haya ahí fuera, puesto que son principalmente receptores. En su etapa de madurez, cuando la energía-inteligencia del Deseo de Recibir para Compartir se convierte en un participante en su psique interna, toda su estructura mental interna se vuelve esencialmente equilibrada hasta que la actividad negativa entra en su personalidad.

Sin embargo, esta forma de vulnerabilidad no está limitada solamente a los niños. Debemos tener siempre en mente las zonas cósmicas de peligro mencionadas en el libro *Navegando por el universo*, cuando y si somos vulnerables debido a alguna actividad negativa. Por lo tanto, debemos ser sumamente cuidadosos con nuestras acciones durante los períodos de influencias cósmicas negativas.

Otra área de influencias invisibles está relacionada con lo que yo llamo el ataque de energía ambiental. La cosmovisión que yace en los fundamentos de nuestra cultura debe ser cuidadosamente reexaminada. Fue Galileo Galilei, astrónomo, físico, ingeniero, filósofo y matemático italiano del siglo XV cuya obra tuvo una gran influencia en la revolución científica del Renacimiento, quien propuso que en la verdadera ciencia los científicos deben limitarse a estudiar únicamente las propiedades esenciales de las entidades materiales. Sólo debían considerarse aquellos factores que

29

podían ser medidos y cuantificados. Otras características o aspectos como el olor, el gusto, el sonido o el color debían considerarse proyecciones mentales subjetivas que debían excluirse del territorio de la ciencia.

Al dirigir nuestra atención sólo a las cualidades cuantificables de la materia, hemos perdido contacto con el 99 por ciento de la realidad que nos rodea y nos envuelve totalmente. Después de la introducción del principio de incertidumbre en la física del siglo XX, hemos llegado a darnos cuenta de que no hay ninguna verdad absoluta en la ciencia. La idea de que todas nuestras teorías y conceptos son inciertos, limitados y en el mejor de los casos sólo probables, lamentablemente todavía no ha sido aceptada por la mayoría de los científicos. El hombre común prácticamente ha renunciado a cualquier idea de la importancia del ser dentro de la llamada jerarquía de la ciencia.

Para los científicos, la energía interna que hay en la materia física no tiene ningún propósito. La naturaleza es meramente una máquina que funciona de acuerdo a leyes mecánicas sin la participación de la humanidad. Su visión de la naturaleza es la de un mecanismo perfecto con unos principios matemáticos exactos y rígidos. La actitud de la persona común a este ambiente se convirtió en indiferencia. Estamos aquí con el único propósito de manipular y explotar la naturaleza.

En el siglo XVII, Johannes Kepler, matemático, astrólogo y astrónomo alemán, concibió leyes empíricas relativas al movimiento planetario a través del estudio de tablas astronómicas. En el siglo XV, Galileo Galilei llevó a cabo experimentos para descubrir las leyes de la caída los cuerpos. En el siglo XVI, llegó Isaac Newton, físico y matemático inglés que tuvo un súbito rayo de inspiración cuando vio como una manzana caía de un árbol. Sin embargo, en el siglo XX, los científicos se enfrentaron a un importante desafío a su capacidad de entender el universo. En su lucha por entender la nueva realidad de la física subatómica, se volvieron dolorosamente conscientes de que sus actitudes y conceptos básicos relacionados con la naturaleza, así como su forma fundamental de pensar, eran completamente inadecuados para describir la esencia de nuestro ambiente natural. No obstante, la persona común ha sido dejada atrás en esta nueva conciencia.

El pensamiento occidental ha programado al individuo para que crea que la extrapolación de las leyes y los principios de nuestro universo es la función de la ciencia y el gobierno, y que éste no es un proyecto para el individuo. Pero es el individuo el que reparte el correo, no la oficina de correos; es el individuo el que no considera los efectos de verter residuos tóxicos en la atmósfera y las aguas; es el individuo quien lleva a cabo los actos que son beneficiosos o destructivos para el medio ambiente, no la agencia gubernamental.

La mala interpretación del papel del individuo en asuntos públicos queda demostrada en la historia que recientemente contó un comentarista de noticias. Cuando se informaba a un grupo de residentes estadounidenses que el coste de garantizar los depósitos de bancos de ahorros y préstamos desregularizados y en quiebra sería alrededor de unos 1.000 dólares para cada contribuyente, comentaron: "¿Por qué debemos pagar nosotros por ello? ¿Por qué no es el gobierno quien paga los costes?".

Si nuestra actitud actual a las condiciones de la estructura medioambiental y socioeconómica es de impotencia y desesperanza, es porque en los últimos 300 años el individuo ha sido excluido del conocimiento necesario y ha entregado la responsabilidad de sus acciones.

Puede alegarse lo siguiente: ¿qué diferencia hay realmente en si entendemos o no nuestro entorno? Uno tiene simplemente que mirar alrededor y ver los extraordinarios avances que ha logrado la ciencia y cuánto hemos mejorado. Lamentablemente, lo opuesto es cierto. Con la falta de experiencia y educación para lidiar con los efectos de nuestras acciones, nos invade un sentimiento de impotencia combinado con la esperanza de que las "autoridades" se ocuparán del desastre.

De acuerdo con el pensamiento científico, todo lo que era necesario era la dominación y el control sobre la naturaleza. Este control debía dejarse en manos del estamento científico. El hombre común no necesitaba preocuparse, ni era capaz de formar un sistema que pudiera proporcionarle una estructura organizacional de orden en el universo. Las experiencias de vida son duras demostraciones del fracaso en proporcionarnos una sociedad libre de violencia, caos y desorden.

El problema de las drogas se extiende a lo largo de todo el espectro socioeconómico. Doctores, abogados, atletas, ejecutivos de corporaciones, trabajadores, estudiantes, amas de casa —jóvenes y mayores, ricos y pobres, negros y blancos—, nadie parece ser inmune a su omnipresente amenaza. Un número alarmante de personas de todos los ámbitos de la vida son adictos a medicamentos, estimulantes, tranquilizantes, Valium, píldoras para adelgazar y para dormir. Millones de personas fuman marihuana o consumen cocaína a diario. El alcoholismo continúa siendo una tragedia global. Un estimado de 365.000 personas mueren cada año en Estados Unidos por enfermedades relacionadas con el tabaquismo.

Como sucede con muchos de los dilemas a los que se enfrentan las sociedades occidentales en la actualidad, nadie parece estar siquiera considerando, y mucho menos abordando, la causa del problema de las drogas y otras epidemias. En su lugar, buscamos soluciones sintomáticas. El factor del estrés se utiliza comúnmente como la causa para la mayoría de las enfermedades del mundo. Esta razón por sí misma no justifica por qué las personas en una posición similar de estrés u otros factores sintomáticos no son vulnerables ni están expuestas a los mismos peligros que las "desafortunadas". En definitiva, parece que tenemos que estar constantemente a expensas de si tenemos buena o mala suerte. Obviamente, este razonamiento deja poco margen, si es que deja alguno, para el libre albedrío.

Las culturas primitivas siempre han practicado métodos de trascendencia, cantos, bailes y ceremonias a través de las cuales lograban una sociedad libre de estrés. Siempre fueron capaces de crear escudos de seguridad que los protegían. Lo que una vez fue una rica estructura social, cultural y espiritual, ha sido engullida por conceptos materiales vacíos, falsas promesas tecnológicas, y finalmente digerido por el gran mito ciego llamado "progreso". Hoy en día, esa relación íntima que teníamos con la naturaleza ha sido reemplazada por vulgares ilusiones proporcionadas por una abundancia de las llamadas drogas recreacionales.

El kabbalista ha sabido desde hace mucho tiempo que nuestros pensamientos dan forma a lo que percibimos como la realidad, de la misma forma que nuestra realidad da forma a nuestros pensamientos. Somos lo que pensamos. Nuestro pensamiento-acción es mucho más que un simple medio para percibir la realidad, pues tiene la capacidad de crear la realidad que percibimos. Somos más que observadores de la realidad, e incluso somos más que participantes en nuestra concepción terrenal de lo que es "real".

La acción, según la sabiduría kabbalística, no sólo determina la realidad terrenal que elegimos crear, sino que también moldea la forma en que elegimos interactuar con ésta. Una demostración clásica de este temible, ilimitado pero controlado poder es descrita en el Zóhar:[34]

> *Rav Jiyá y Rav Yosi viajaban en el desierto. Vieron a un hombre que venía hacia ellos. Rav Jiyá dijo: "Demos la vuelta, no vaya a ser un adorador de ídolos celestiales o un ignorante, y está prohibido asociarse con él mientras estamos de viaje". Rav Yosi dijo: "Permanezcamos aquí y observemos, puede que sea un gran hombre sabio".*

Cuando el hombre se acercó a ellos, dijo: "El camino que iban a tomar es peligroso, yo mismo tengo miedo de ir por allí. Conozco otro camino. También sentí que debía advertirles, pues está escrito: 'ni pongas tropiezo delante del ciego'.[35] Abandonemos inmediatamente este camino, y no hablen de ello hasta que estemos lejos de su influencia".

Tras haber abandonado aquel lugar, el hombre les explicó sus acciones: "Ese camino es peligroso para cualquiera que transite por él. Una vez un sacerdote sabio paseaba junto a un sacerdote analfabeto e ignorante. El sacerdote ignorante se volvió contra él y lo mató. Desde aquel día, cualquiera que transita por ese camino se encuentra en peligro. Ese lugar atrae a ladrones y asesinos que esperan a que pase un transeúnte, y atacan a todo el que se atreva a ir por esa senda, para robarle y matarlo. La fuerza está ahora manifestada y requiere la sangre de ese sacerdote cada día".

Lo que parece emerger de este sorprendente fragmento del Zóhar es que el paradigma mecanicista de la naturaleza debe ser abandonado a favor de la consideración del nivel interno del 99 por ciento. El método cartesiano ha ocasionado un éxito espectacular en el área del 1 por ciento del nivel material, el nivel con el cual todos podemos asociarnos y aceptar fácilmente como la realidad, excluyendo así el reino más importante que es el nivel interno del 99 por ciento de la existencia.

Esta es precisamente la razón por la cual hemos tenido muy poco éxito en las áreas de mayor importancia. Un individuo afectado por una enfermedad cardíaca o un cáncer está mucho más dispuesto a renunciar a los lujos y los éxitos materiales que trajo la ciencia y a reemplazarlos por un mejor entendimiento de la salud y la enfermedad.

Esta idea se expone claramente en el Zóhar, cuando declara:

> Cuando hay separación del pensamiento entre el nivel interno (Zeir Anpín) de la existencia y su externo (Maljut), los problemas y los grandes dolores reinan en el mundo. Cuando no hay separación, predominan la perfección, la paz y la armonía.[36]

Por consiguiente, nuestras respuestas al entorno están determinadas no tanto por el efecto exterior, detectado y visualizado de los estímulos externos en nuestro sistema mental y biológico, sino más bien por influencias invisibles pero muy reales. En la visión cartesiana, se asume que todos tenemos básicamente el mismo aparato biológico y que todos tenemos acceso al mismo marco de percepción sensorial. Esto era y sigue siendo una falla fundamental en la ciencia. Existen aquellos individuos que pueden sentir y distinguir instantáneamente las vibraciones de un entorno, mientras que otros no pueden hacerlo.

Si tan sólo escucháramos las palabras que utilizamos a diario: "¿Qué sientes?" y "Dime, ¿qué ves?". Ambas expresiones no suelen referirse al aspecto obvio y externo del sujeto en consideración. Volviendo a la narración del Zóhar, lo que quiere transmitir es que los objetos inanimados no siempre son inertes, sin vida o inconscientes. La visión cartesiana de la materia como algo que podemos controlar debe expandirse más allá de los límites físicos de la ciencia. Nuestros pensamientos y nuestras acciones son absorbidas por todas las entidades materiales que hay a nuestro alrededor, tanto en un nivel terrenal como celestial. Estas llamadas vibraciones que algunos de nosotros sentimos intuitivamente son las energías-inteligencias de los seres humanos que se han convertido en una parte integral del sujeto, sea éste un camino, una casa o un lugar de trabajo.

Así pues, llegamos a comprender que, esencialmente, hay dos realidades. La realidad material del 1 por ciento se presta a una descripción reduccionista, adhiriéndose al método y el punto de vista cartesiano de que todo es como una máquina, construido a partir de partes separadas. La realidad interna del 99 por ciento, lamentablemente, no se ha considerado digna de la investigación científica. Esta realidad es la que a muchos científicos contemporáneos les cuesta admitir. De hecho, la investigación de este importante aspecto del 99 por ciento del todo universal no se promueve, y casi nunca se plantean preguntas concernientes a su existencia.

Puesto que el enfoque reduccionista es inapropiado para resolver los problemas más graves de la humanidad, no han surgido soluciones definitivas. Entonces, ¿cómo va a cambiar esta situación? Debemos ir más allá del estrecho marco mecanicista de la ciencia contemporánea y desarrollar un enfoque más amplio para la resolución de problemas.

Trascender esta visión limitada de nuestro universo requerirá una gran revolución cultural.

No obstante, en esta Era de Acuario, Rav Shimón bar Yojái ha reconocido y predicho esta revolución de la información. El nuevo marco formulado por el Zóhar no sólo tendrá un fuerte impacto en nuestros estilos de vida, sino que también tendrá el potencial de unificar espiritualmente y físicamente. Para desarrollar un enfoque kabbalístico para la mejora de nuestro bienestar personal y ambiental, no necesitamos romper completamente los esquemas. Podemos integrar el conocimiento zohárico con las leyes y principios básicos establecidos dentro de la comunidad científica.

El pensamiento científico moderno debe llevarnos a una visión de la realidad que se acerque a la visión del kabbalista, en la cual el conocimiento de la mente y el cuerpo humanos, junto con la información celestial precisa relativa a sus influencias invisibles, se convierten en una parte integral de nuestro estilo de vida. Asimismo, debemos alcanzar la conciencia de que nuestro universo entero está en un estado natural de equilibrio dinámico.

El organismo humano es el factor decisivo. Todos los cuerpos celestes se comportan de formas particulares porque están dotados de naturalezas intrínsecas que hacen que su comportamiento sea inevitable para ellos. La astrología kabbalística profundiza en la naturaleza misma de la realidad. La experimentación solía ser un intento de estudiar un sistema mediante el análisis basado en la estimulación controlada. Esta exploración era luego seguida de la observación de la respuesta resultante. Sin embargo, desde el principio de incertidumbre de Werner Heisenberg,[37] los experimentos controlados a nivel cósmico nunca podrían ser determinados con exactitud. Por lo tanto, los resultados de los cálculos de los astrofísicos teóricos parecen casi inútiles. Basta con reflexionar sobre la actividad humana para sospechar que algún científico metafísico loco anda suelto. De hecho, según la Kabbalah, el caos y la conmoción de la existencia física fueron en realidad colocados en la Tierra con el propósito específico de permitir que el hombre tuviera el libre albedrío suficiente para aliviar el Pan de la Vergüenza.[38]

La Kabbalah enseña que antes de que existiera la rueda, existía la idea de la rueda. Los pensamientos y las ideas no sólo nos permiten crear el mundo físico, sino que esos mismos pensamientos tienen influencia sobre lo que ocurre en el cosmos.[39] Entendemos que la Luna afecta a las mareas. Reconocemos que las supernovas, los agujeros negros y otros fenómenos que ocurren en el espacio exterior afectan inevitablemente al clima y otras condiciones aquí en la Tierra. Pero ¿podemos comprender la antigua creencia kabbalística de que el comportamiento de los habitantes de la Tierra puede anular las influencias extraterrestres y, contrariamente a lo que cree la ciencia, incluso ejercer influencia sobre los acontecimientos intergalácticos?

La destrucción del Segundo Templo por los romanos en el año 70 e.c. ocasionó casi la desaparición de las respuestas a tales preguntas. Desde entonces, y a lo largo de los siglos, la Luz de la Kabbalah titilaba, pero esta antigua y vital sabiduría nunca podía extinguirse. Está escrito en el Zóhar[40] que la Kabbalah tendría que esperar la llegada de la Era de Acuario para hacer su reaparición como un instrumento para ser utilizado por el hombre, como un medio electrónico para atraer la Fuerza de Luz sobre la raza humana, que vaga confundida en la oscuridad cósmica.

Ese momento ha llegado. El Zóhar es un libro de poder, el poder de formar las letras del *Álef Bet* y de hacer que cumplan nuestra voluntad. Pero el *Álef Bet* carece de utilidad práctica si no entendemos cómo conectarnos a esta red suprema que todo lo abarca. El estudio de la Kabbalah nos permite acceder a este sistema sustentador de vida.

LA CONEXIÓN MENTE-CUERPO

LA CONEXIÓN MENTE-CUERPO

Entonces se abrirán los ojos de los ciegos,
y los oídos de los sordos se destaparán.
Y el cojo saltará como un ciervo,
y cantará la lengua del mudo.
Isaías 35:5-6

LA PROMESA DEL LIBRO DE ISAÍAS SE CUMPLIRÁ en la presente Era de Acuario. Rav Yitsjak Luria lo aseguró claramente en su libro La puerta del Espíritu Santo, sobre el tema de la curación.[41]

> *Para eliminar la enfermedad, uno debe asumir las condiciones amargas de la curación... con el propósito de captar y entender las enseñanzas metafísicas, que son las doctrinas secretas del mundo. Esta es la sabiduría que ha sido ocultada desde los días tempranos de Rav Shimón bar Yojái hasta ahora (1572), y como afirmó Rashbi (Rav Shimón bar Yojái): el permiso referente a su revelación no será concedido hasta la generación final que marcará el comienzo de la Era de Acuario, cuyo momento es ahora, a través de la mediación del Santo Maestro Rav Yitsjak Luria, con la ayuda del espíritu profético que hay dentro de él.*

El sistema nervioso humano es la estructura física más compleja dentro del organismo humano. Un número infinito de interconexiones e impulsos eléctricos nos permite pensar, actuar y crear, y lo que es más importante, entender quiénes somos realmente. Se ha realizado una extensa investigación sobre la conexión entre la actividad mental y nuestro cuerpo físico.

La investigación indica que la mente participa activamente en la curación de la enfermedad. El desequilibrio psíquico se considera el origen de toda enfermedad. Por consiguiente, de ahí surgió la opinión popular de que el estrés es el culpable fundamental y principal con el que debe lidiarse cuando se busca alcanzar una mejora en el bienestar mental o físico. Ya hemos abordado este fenómeno y hemos concluido que el estrés y otros factores contribuyentes no son la causa principal de las enfermedades universales que acaecen a la humanidad.

La filosofía del siglo XVII de René Descartes, la cual creó una división estricta entre la mente y el cuerpo, llevó a la comunidad médica a concentrarse en la maquinaria del cuerpo. Los factores medioambientales fueron desestimados. Actualmente, la tendencia entre una fuerte minoría de científicos se enfoca en la conexión mente-cuerpo. Sus hallazgos, por ejemplo, son de una importancia crucial para las personas que padecen de las llamadas enfermedades degenerativas. Ellos sugieren que los efectos del estrés emocional pueden suprimir e incluso debilitar nuestras defensas inmunitarias.

Nosotros también reconocemos intuitivamente la existencia de una conexión entre la mente y el cuerpo. Generalmente hablando, no es fácil percibir el vínculo entre la mente y el espacio. El antiguo refrán "Tal como es arriba, es abajo" hace alusión a esta conexión cósmica. Desde una perspectiva kabbalística, toda la Creación forma parte del Todo Unificado que Todo lo Abarca. Por lo tanto, como en el cuanto, tiene lógica pensar que cualquier cosa que ocurra en cualquier lugar ejerce una influencia instantánea en todo lo demás.

Los kabbalistas siempre se han dedicado a lo que popularmente se conoce como "el poder de la mente sobre la materia". Ellos llevan este concepto un paso más allá que el físico cuántico. Los kabbalistas sugieren que más que ser un mero participante en el esquema metafísico (el cuanto), el hombre, utilizando el poder de su pensamiento, puede actuar como determinador de la actividad física y metafísica.

La asombrosa tecnología de la medicina progresiva crea una imagen tan potente con sus estructuras masivas y su conocimiento, que a los individuos les resulta difícil creer que ellos puedan crear alguna diferencia o lograr cambios significativos en su propio bienestar. Los logros de la ciencia médica moderna no deben ser menospreciados de ninguna forma. Pero en el futuro, las técnicas holísticas que incluyen el cosmos y la mente desempeñarán un papel mayor en el camino hacia el logro del bienestar humano cósmico.

La concepción kabbalística de la mente sobre la materia no se corresponde totalmente con la connotación popular de este tema. La telequinesis, por ejemplo, es el movimiento físico de los objetos mediante el solo poder del pensamiento, como doblar llaves o detener y poner en marcha relojes estropeados. Aunque ciertamente está dentro del ámbito de lo prácticamente posible, según la forma de pensar del kabbalista no es un objetivo digno de perseguir. La razón es que dedicarse a este tipo de actividades es, por así decirlo, entrar en el juego del paradigma cartesiano.

Después de todo, ¿cuál es el propósito de doblar una llave o adivinar los símbolos que aparecen en una carta, sino el engrandecimiento personal, el entretenimiento o el intento de demostrar al llamado observador objetivo el poder de la mente sobre la materia? Un uso mucho más productivo del pensamiento-energía, afirma el kabbalista, es impulsar el mecanismo mediante el cual nos conectamos con la Realidad Infinita. Pues al hacerlo, tomamos el control de nuestro destino y el de todo el cosmos.

Cuando el kabbalista aborda el concepto de la mente sobre la materia, debemos entender que está hablando de pasar por una alteración de la conciencia. Lo que se requiere es una transformación de la mente de su modo racional lógico del cinco o siete por ciento de nuestro potencial al modo cósmico que permite la trascendencia consciente de las limitaciones y restricciones físicas.

El pensamiento puede recorrer grandes distancias, puede afectar a personas y objetos, y ciertamente es un factor tangible en el mundo que nos rodea. No es culpa de la Kabbalah que la ciencia tradicional todavía no pueda reconocer o entender esto. Es posible apartarse de la potente influencia negativa de las enfermedades degenerativas del cuerpo. Las estrellas inclinan, pero no obligan. Y puesto que la Kabbalah establece que la causa de todas las enfermedades y accidentes se origina en las energías-inteligencias negativas del cosmos, la tarea del kabbalista es elevarse por encima de estas influencias negativas.

Esencialmente, esto requiere que el individuo se desapegue de los límites de la fisicalidad y se conecte con la energía-inteligencia positiva de los cuerpos celestiales. El aspecto finito de la humanidad, que puede describirse como la carne y los huesos, está sujeto a las reglas y normas cartesianas. Sin embargo, las otras, las características infinitas, operan más allá de la limitada jurisdicción física. Lo finito está sujeto al dolor, la incomodidad y la muerte. Lo infinito está en el ámbito eterno.

Cuando conectamos con nuestro aspecto infinito, a saber: nuestra alma, también debemos rendir un homenaje constante al acto original de la Creación: la Restricción.[42] A través de este canal se vuelve posible trascender el espacio, el tiempo y la materia. También recibimos el potencial añadido para el viaje astral y el alivio instantáneo del dolor y el sufrimiento físico y mental.

Físicamente, somos criaturas de la Tierra; espiritualmente, estamos perpetuamente conectados con el Infinito.[43] Nuestra parte finita está sujeta al cambio, la confusión, el dolor y el sufrimiento. El otro aspecto más elevado permanece más allá de la jurisdicción de la fisicalidad.

Mediante la actitud kabbalística de la resistencia positiva, se lleva a cabo una conexión a través de la cual se ilumina el Ser Infinito. Al conectar con el aspecto Infinito, ocurre una transformación de la conciencia que nos permite elevarnos temporalmente por encima del continuo espacio-temporal, más allá del dolor y la incomodidad física, por encima de las maquinaciones del mundo físico.

Según el Zóhar,[44] se acerca el día en el que los secretos internos de la naturaleza, que durante tanto tiempo han permanecido ocultos, serán al fin revelados. Este conocimiento nos permitirá llegar a la esencia misma de lo que estamos hechos y lo que nos rodea. Este conocimiento nos permitirá el acceso al dominio del no-espacio. Nos proporcionará un marco para la comprensión no sólo de nuestro universo conocido y observable, sino también de lo que se encuentra más allá del rango de la observación, en el ámbito de lo metafísico.

Las leyes de causa y efecto son válidas tanto en el mundo espiritual como en el material. No tenemos problema en identificar lo que es material. Tiene cuerpo, sustancia. Podemos tocarlo, verlo, olerlo e incluso oírlo. Pero cuando llegamos a la "sustancia" de lo que percibimos como la realidad física sólida, descubrimos que el cimiento básico de la naturaleza es el electrón.

¿Y qué es un electrón? ¿Es un pedazo microscópico de materia sólida? En absoluto. Ni siquiera ocupa un lugar específico en el espacio/no-espacio. Así pues, descubrimos que la propiedad fundamental a partir de la cual está construida la materia es una ilusión. Todo lo que queda es lo que estamos compartiendo en este momento: energía-inteligencia de pensamiento, la forma vida única y particular.

En 1930, el científico James Jeans lo resumió cuando escribió:

> *"La corriente del conocimiento humano está avanzando hacia una realidad no-mecánica. El universo empieza a parecerse más a un gran pensamiento que a una gran máquina. La mente ya no parece un intruso accidental en el reino de la materia. Estamos empezando a sospechar que deberíamos proclamarla la creadora y gobernadora de este reino. Puede incluso que lo que pensamos que es el universo real y físico sea sólo un patrón de interferencia (una irregularidad impertinente) en el mundo del pensamiento".*[45]

Esta sorprendente revelación bien podría haber venido de un loco o del interno de un psiquiátrico. ¿Quiere James Jeans que creamos que lo cierto es que no hay otra realidad que el pensamiento? Cuando se refiere a nuestra realidad física, considera que la mismísima fisicalidad del universo es precisamente su desventaja, y que interfiere en nuestra vida cotidiana. Todo nuestro entorno de dolor y desorden físico es desestimado como una distorsión y, en esencia, ni siquiera debe ser considerado.

Sorprendentemente, el kabbalista se une a James Jeans y está completamente de acuerdo con él, añadiendo una consideración: la idea de la realidad no es algo dirigido sólo hacia el espacio exterior o el universo en toda su extensión. El kabbalista dirige esta asombrosa revelación al hombre mismo. El cuerpo físico interfiere con sus propios procesos de pensamiento, a menudo oscureciéndolos por completo.

Esta interferencia es el poder del Deseo de Recibir para Sí Mismo, que puede ser discernido como lo material o la energía-inteligencia del cuerpo. La energía-inteligencia del espíritu se conoce como Deseo de Recibir para Compartir. Es la fuerza material la que crea estragos en nuestro universo. Las enseñanzas kabbalísticas enfatizan que esta es la causa fundamental y esencial de los problemas y los contratiempos de la vida.

El universo —y el hombre en él— no es sino un enorme conglomerado de pensamiento. El universo existe en nuestras mentes y nuestros cuerpos, en todo lo que experimentamos, probamos, tocamos, vemos y hacemos. Cualquier fuerza observada, sea una partícula, una anti-partícula, un neutrino o un cuark, está dirigida por una inteligencia de pensamiento particular y actúa de acuerdo a sus órdenes. El pensamiento ha sido cuantificado por la ciencia como una discreta bolsa de energía medible, pero en realidad es una parte del todo omnipresente.

Las fuerzas que operan en la naturaleza, conocidas para la Kabbalah, son independientes del tiempo, el espacio y el movimiento y pueden ser consideradas como saturaciones continuas o estados del ser. En este punto de nuestra investigación, conformémonos con pensar que toda la energía se crea en el pensamiento y como estados mentales.

Lo que parece emerger de todo esto es que todo lo que existe es pensamiento, desde una mesa o una casa hasta un campo de energía electromagnética que opera en el espacio o no-espacio, en el tiempo o el no-tiempo, la ilusión o la realidad. Como la mente de la Fuerza de Luz, en cuya imagen fuimos creados, la mente de un individuo no sólo es donde se almacena la información, es donde se crean la energía-inteligencia y el conocimiento.

Los canales de transmisión inalámbrica no son en absoluto una invención del siglo XX. La conciencia actúa sobre la energía-inteligencia del pensamiento y la transforma en energía-inteligencia material. A través de la percepción única de cada mente, se programa un nuevo concepto en la red universal que se transmite instantáneamente a las mentes de todos nuestros colegas habitantes. El instrumento a través del cual la conciencia realiza este milagro es electrónico. Es el *Álef Bet* hebreo.

Por lo tanto, en la mesa del restaurante en la que estamos ahora sentados, los ocupantes anteriores han infundido energía-inteligencia y conciencia de pensamiento que pueden ser positivos o negativos. Cuando alquilamos o compramos una casa nueva, debemos reconocer que la energía-inteligencia y la conciencia de pensamiento de sus residentes anteriores están impregnando el espacio. ¿Eran personas positivas o negativas? A la mayoría de los lectores de este libro esto puede sonarles simplemente absurdo en el mejor de los casos, y estúpido en el peor.

Aun así, he hecho un intento de plasmar este enfoque radical del ámbito de la realidad para que todos podamos tomar conciencia de las influencias invisibles que afectan a nuestra vida y nuestro bienestar. Nuestra atención consciente está generalmente enfocada en los objetos físicos y los pensamientos pertinentes a la actividad del momento. No obstante, hay también influencias invisibles que están teniendo un efecto en nuestros pensamientos y nuestro comportamiento sin el beneficio de nuestra evaluación consciente. Las enseñanzas kabbalísticas le brindan al individuo la oportunidad de volverse cada vez más consciente de estas influencias invisibles.

Estas influencias invisibles son muy reales y constituyen una parte importante de nuestro panorama humano. Penetran las barreras que se han colocado dentro del universo para nuestra protección. Ya sea que las llamemos escudos de seguridad, sistemas inmunes, capas de ozono u otros dispositivos establecidos por la Fuerza de Luz para equilibrar nuestro universo, estos escudos pueden ser penetrados en un momento preciso en el que estén presentes las zonas cósmicas de peligro,[46] o cuando el sistema de seguridad del mundo haya sido perforado por el Señor de la Oscuridad y su flota de la estrella de la muerte. En ese momento nos enfrentamos a la posibilidad de volvernos vulnerables a su ataque.

Las enseñanzas kabbalísticas no son una religión ni una filosofía sino una forma de vida, una técnica natural para la restauración de nuestros escudos de seguridad y lograr un equilibrio definitivo dentro del cosmos. Estas enseñanzas no están, de ningún modo, exentas de esfuerzo. Los requerimientos de la Restricción y el Deseo de Recibir para Compartir son muy exigentes.[47] El que algo quiere, algo le cuesta.[48] Cuanta más presión experimenta un corredor, mejor atleta se vuelve. Levantar pesas fortalece el cuerpo. En un nivel metafísico, debemos trabajar también para controlar la presión y el estrés con el fin de que podamos estar en armonía con nosotros mismos. La falta de esfuerzo crea un espacio en el que impera el Deseo de Recibir para Sí Mismo.

El estrés por sí solo no es ni puede ser un factor en la ruptura de nuestro escudo de seguridad. Tampoco la actividad mental es por sí misma un problema. Lo que parece ser más importante es nuestra vulnerabilidad. Debemos recordar que la energía-inteligencia del pensamiento es nuestra conexión con la Fuerza de Luz.

Es importante que logremos una conciencia de las influencias invisibles que nos rodean. Debemos entender cómo la mente, las energías-inteligencias del pensamiento, pueden ayudarnos a promover el bienestar del universo en general y de la humanidad en particular. El Zóhar[49] nos proporciona una contundente demostración de cómo las influencias invisibles afectan nuestra forma de vida con su interpretación de una compleja e inusual sección del Código Bíblico.

> *De forma similar, está escrito: "Cuando ustedes entren en la tierra de Canaán, que les doy en posesión, y Yo ponga plaga de lepra en la casa de la tierra de su posesión".*[50]

Cuando las mujeres traían objetos al Tabernáculo, solían especificar para qué era cada parte: "Esto es para el lugar Sagrado, esto es para la cortina".[51] *De forma similar, siempre que alguien hace algo para adoración idólatra o inyecta energía-inteligencia negativa de cortocircuito, tan pronto como esa persona conecta su negatividad con esa "cosa", un espíritu de negatividad mora sobre esta.*

Los cananeos eran idólatras y siempre que empezaban a construir un edificio para su realización del mal no sólo pensaban el mal, sino que también pronunciaban energía-inteligencia negativa. Por lo tanto, un espíritu de negatividad moraba sobre el edificio.

Por consiguiente, cuando una persona empieza a construir un edificio, debe declarar que el edificio es también para el servicio del Eterno. Entonces la Fuerza de Luz es atraída al edificio y declara que la paz está con él. Esto se indica en el versículo: "Y sabrás que hay paz en tu tienda".[52] *De otra forma, crea un espacio para la vulnerabilidad para la energía-inteligencia negativa. Entonces, ciertamente, un espíritu de cortocircuito morará sobre la casa y esa persona sufrirá las consecuencias, y todo aquel que habite en ella podrá sufrir daños.*

Ustedes pueden preguntar: ¿Cómo puede uno reconocer una casa así? Es una casa en la cual el hombre que la construyó ha sufrido daños, él o su familia, ya sea a través de la enfermedad o la pérdida de dinero, él y otros dos después de él. Es mejor que un hombre vaya volando hacia las montañas a vivir en una choza antes que habitar allí.

Así pues, el Eterno reveló a la nación de Israel aquello que no podía saberse [en un nivel corporal, material, estas energías-inteligencias no podían ser observadas]. Está escrito: "No conocen la costumbre de la Fuerza de aquella tierra"[53]... "Derribará, por tanto, la casa, sus piedras y sus maderos".[54]

Podemos preguntar: Puesto que la suciedad ha desaparecido, ¿por qué tiene que derribar la casa? La razón es que mientras la casa esté en pie, pertenece al "Otro Lado" y puede regresar.

Esta extensa porción del Zóhar previamente citada nos revela algunas ideas sorprendentes sobre el mundo de la realidad y la metafísica. El Zóhar pone mucho énfasis en el asombroso poder del pensamiento, hasta el punto que los objetos inanimados están también sujetos a la energía-inteligencia del pensamiento. Asimismo, la idea de que estas entidades inanimadas pueden afectar a nuestra salud y nuestro entorno se afirma claramente en el Zóhar y se basa en material proporcionado por el código cósmico de la Biblia. El infortunio y la enfermedad no se consideran separados y aparte de nuestros pensamientos. La mente y el cuerpo, el pensamiento y el entorno son inseparables.

Por consiguiente, no sólo la enfermedad en sí debe ser tratada sino también todo el ser y los pensamientos de los demás. Nuestro estado mental puede hacer que nosotros mismos y los demás nos sintamos bien, y puede acelerar la recuperación de una enfermedad. Tenemos el poder de curar y el poder de permanecer sanos.

Quizás uno de los casos más radicales que ilustra el poder de la mente sobre el cuerpo fue reportado por el Dr. Bruno Klopfer, un psicólogo e investigador dedicado al estudio del medicamento Krebiozen. En 1950, Krebiozen había recibido una publicidad sensacionalista a nivel nacional como "cura" contra el cáncer. El medicamento estaba siendo probado por la Asociación Médica de Estados Unidos (AMA, por sus siglas en inglés) y la Administración de Alimentos y Medicinas de Estados Unidos (FDA, por sus siglas en inglés).

Un paciente había desarrollado un cáncer linfático avanzado, una enfermedad maligna generalizada que afecta a los nódulos linfáticos. El paciente estaba incluido en un estudio experimental del desde entonces desacreditado medicamento Krebiozen. El paciente tenía unas enormes masas tumorales por todo su cuerpo y estaba en una condición física tan desesperada que cada dos días tenían que drenarle fluido del pecho. Cuando el paciente tuvo conocimiento del medicamento Krebiozen, rogó que lo incluyeran en el estudio.

Después de una dosis, sus tumores casi desaparecieron y la recuperación del paciente fue verdaderamente asombrosa. El paciente recuperó la fuerza suficiente para retomar su vida normal. Cuando se publicaron los primeros informes de la

AMA y la FDA, que declaraban que el medicamento era infectivo, el paciente volvió a deteriorarse drásticamente. Los tumores crecieron y una vez más volvió a quedar postrado en la cama. En un intento desesperado por salvarlo, su médico le dijo que los informes eran falsos y que dosis dobles de Krebiozen produciría mejores resultados. En realidad, las inyecciones consistían en agua destilada.

El paciente experimentó de nuevo una rápida remisión y una vez más las masas tumorales se redujeron. Pronto volvió a practicar su hobby de aviación. Cuando la FDA anunció sus hallazgos finales, que aparecieron en los medios de la siguiente manera: "Las pruebas demuestran concluyentemente que Krebiozen es una droga inefectiva en el tratamiento contra el cáncer", el hombre murió unos días más tarde.

¿Cómo puede explicarse el efecto placebo? Algunos desestiman el fenómeno atribuyendo la enfermedad a un proceso psicosomático. Algunos dicen que es el producto de nuestra imaginación, u otra manera de decir lo mismo: "Todo está en la cabeza".

Sin embargo, en su raíz semántica, la palabra "psicosomático" significa que un problema médico se origina y empeora continuamente a causa de la mente interior o el proceso psicológico de una persona. No podemos descartar ninguna enfermedad por ser irreal simplemente porque su origen no esté en el terreno físico. Esta idea de las conexiones psicosomáticas, aunque está generalmente aceptada, no es nueva y ciertamente existe. Sólo ahora los científicos están empezando a localizar y trazar las rutas del estrés del cerebro a otras partes del cuerpo.

Por consiguiente, nuestra mente actúa como sanadora y como destructora. Llevando esta idea un paso más allá, la visión kabbalística del mundo sugiere que la mente puede extender su influencia sobre todo el cosmos. El Zóhar, previamente mencionado, afirma con claridad que el hombre tiene el control sobre el reino de lo inanimado. Así pues, las influencias cósmicas, que son la raíz de cualquier accidente y enfermedad, deben estar sujetas al control humano, de forma que podamos hacer que estas influencias se comporten de acuerdo a las directrices de la humanidad. Las enseñanzas kabbalísticas demuestran cómo las personas pueden ejercer una influencia sustancial sobre estados del cuerpo que antes no se consideraban sujetos al control consciente.

El marco básico de este libro está dirigido a fortalecer las conexiones entre el cuerpo, la mente, el pensamiento y el cosmos. La verificación de estos fenómenos se ha dejado en manos de los investigadores científicos de todo el mundo, y han sido ellos los que han asumido la tarea de validar científicamente estas observaciones.

Otro aspecto del pensamiento kabbalístico es que busca abordar la prevención de la vulnerabilidad. Mientras que la investigación médica todavía no ha encontrado explicaciones adecuadas sobre la causa de la mayoría de las enfermedades degenerativas, parte de cualquier investigación debe dirigirse en última instancia a otra causa: la vulnerabilidad. Todos hemos experimentado en algún momento la supresión de las defensas naturales del cuerpo contra la enfermedad, es decir, del sistema inmunitario.

Para entender la enfermedad, tenemos que considerar no sólo sus causas, sino también por qué la mayoría de personas pueden evitarla en primer lugar. Todos estamos abiertos a todo tipo de enfermedades, pero esto no significa que nos enfermaremos. El sistema de defensa del cuerpo es tan poderoso y efectivo que la mayoría de las personas expuestas a todo tipo de enfermedades infecciosas mantienen su salud. Este es el grave dilema al que se enfrenta la investigación médica. En un caso, el cuerpo lucha contra sustancias extrañas y posteriormente las destruye. En otro, con el mismo sistema de autocuración, el mecanismo de defensa del cuerpo no logra luchar y destruir al enemigo oculto que está en el interior.

La vulnerabilidad es la explicación del kabbalista. El cosmos, en determinados marcos temporales, ataca y suprime nuestros mecanismos naturales de defensa. El sistema inmunitario del cuerpo, que vigila la aparición de cualquier célula anormal y luego se dirige a ella para matarla, puede ser inhibido por influencias cósmicas negativas. El punto importante aquí es que algo está sucediendo, una influencia invisible, que crea susceptibilidad. Las enseñanzas kabbalísticas nos muestran cómo evitar que ocurran momentos de vulnerabilidad dentro del sistema de defensa del cuerpo.

Dirijamos ahora por un momento nuestra atención a los peligros medioambientales. La perspectiva kabbalística de nuestro universo sigue una trayectoria similar a la de la nueva era de la mecánica cuántica. Si nos abstenemos de actuar negativamente hacia la naturaleza, estamos en armonía con nuestro medio ambiente, nuestro entorno físico y el cosmos, así como con nuestro prójimo. La supervivencia de toda nuestra civilización depende de si la humanidad llega a reconocer que la actividad humana tiene una fuerte influencia sobre todo el medio ambiente.

Sin embargo, ¿qué sucede si otros no sienten o ven la necesidad de mejorar nuestra atmósfera natural y cósmica? ¿Cómo puedo evitar que la influencia de su actividad negativa me afecte? Para lograr un equilibrio dinámico con nuestro medio ambiente, las enseñanzas de la Kabbalah crean las medidas preventivas necesarias mediante las cuales no somos influenciados ni nos volvemos vulnerables a sus estímulos negativos.

Nuestras respuestas al medio ambiente incluyen nuestra participación. Tenemos un papel importante y activo en la restauración de un estado dinámico de equilibrio. Podemos asegurarnos de que las energías-inteligencias negativas no invadan nuestro espacio, sea éste nuestro cuerpo o la autopista por la que estamos conduciendo. La invasión toma muchas formas, ya sea en la forma de un enemigo de nuestro bienestar físico o mental, el encuentro con un conductor ebrio o la mesa en la que vamos a cenar.

Para llegar a un panorama tan completo, los kabbalistas no sólo desarrollaron unos análisis de diagnóstico altamente refinados de nuestro cosmos y su medio ambiente, sino también el arte único de la Meditación Kabbalística, que permite la conexión de la actividad mental con el cuerpo físico y el universo. Los *13 mil millones* de células interconectadas del cerebro hacen que sea prácticamente imposible trazar los circuitos exactos a través de los cuales opera la conciencia. Aunque físicamente el cerebro sólo asciende a poco más de un kilo de materia, su capacidad de conocimiento e información, junto con su singular potencial de cambio, exceden con diferencia a los de la computadora más grande.

A pesar de los numerosos avances científicos, todavía existe un abismo muy grande y quizá infranqueable en nuestro entendimiento del proceso físico del sistema nervioso y la conciencia del pensamiento. Si bien podemos investigar ciertas conexiones y correlaciones entre los fenómenos físicos y los procesos mentales, la naturaleza del vínculo entre la mente y la materia sigue siendo un misterio no resuelto por la indagación científica.

No hay duda de que los complejos mecanismos que operan en los niveles atómicos, celulares y cerebrales asombran a nuestra imaginación. Es muy pretencioso asumir que el misterio de la conciencia del pensamiento será algún día develado mediante los métodos analíticos convencionales. Quizá, algún día, los científicos tendrán finalmente modelos de cómo los impulsos crean el pensamiento, como el pensamiento de una madre que dice: "¡Qué maravilloso y adorable es mi bebé!".

Muchos investigadores científicos del cerebro y el sistema nervioso se han dado cuenta finalmente de que hay una cualidad de la mente-cerebro que trasciende lo biológico. Aunque la ciencia contemporánea haya descartado el dualismo del cuerpo y la mente, la investigación del cerebro la ha dejado asombrada por la mente.

¿Cómo ve la Kabbalah el misterio de la mente? El cerebro y el cuerpo son sustancias físicas y están físicamente conectadas. Aquí la ciencia médica y la psicológica encuentran fácil explicar los efectos de la mente-cerebro sobre el comportamiento y las funciones del cuerpo. La mayoría de los investigadores concluye que la mente y todas sus funciones, como la conciencia y el pensamiento, en realidad no son nada más que combinaciones integradas de las actividades físicas del cerebro. Éstas dan lugar a los recuerdos, las percepciones y la capacidad de las células nerviosas y las neuronas de cambiar con la experiencia y ejecutar mecánicamente modalidades de comportamiento impresas en el cerebro.

No obstante, estas conclusiones son meras especulaciones, pues no hay ninguna evidencia de que el origen de la mente esté en el funcionamiento de las células y los nervios del cerebro. Lo que siempre desafía a cualquier explicación es cómo la información sentida por nuestros receptores nerviosos —sea lo que sea que eso signifique— converge en la sustancia cerebral para convertirse en el tema y la sustancia del pensamiento. Dejando esto aparte por un momento, la ciencia en general trata a la mente como algo intocable, incluso como algo fuera del alcance de la investigación científica. Ellos afirman que la mente es simplemente el producto de la actividad mecánica del cerebro. La ciencia habla mucho sobre el cerebro y poco, si es que lo hace, sobre la mente. No puede explicar cómo funciona la mente, *cómo* expandirla y *cómo* podemos utilizarla más eficientemente.

Las funciones mentales o de la mente no están determinadas por la mecánica ordenada y precisa de las infinitas conexiones nerviosas del cerebro. Por consiguiente, la ciencia nunca puede concluir que este es el responsable de toda la actividad y los fenómenos de la conciencia mental. Esta es la razón del fracaso de la psiquiatría médica en resolver nuestro dilema de la salud mental. Existe información científica que indica que la mente es más que una entidad de la que pueden dar cuenta las funciones del cerebro físico.

A pesar de los años dedicados a la investigación de la memoria, la capacidad del cerebro de almacenar información y recordarla según se le solicite sigue siendo un fenómeno misterioso. Los almacenes de memoria del cerebro están llenos de información sobre cada una de las experiencias vividas. Los procedimientos del cerebro para mantener la información en una secuencia ordenada según su relevancia son asombrosos por su complejidad. Como también lo es la extraordinaria capacidad de la mente para tener conciencia de acontecimientos y cosas que se han vivido y luego recuperar la información pertinente sobre esas cosas de su infinito depósito de memoria.

Como la computadora más sofisticada, la mente tiene la capacidad de accionar los almacenes de memoria para que produzcan un concepto. Nuestra mente consciente identifica alguna cualidad relacionada con el concepto y luego ordena y dirige una búsqueda de la palabra o la frase exacta. Los conceptos aparecen completos y coherentes. Luego le siguen otros fenómenos abstractos del cerebro-mente como la intuición, el amor y las lealtades. También hay los estados inusuales de la mente, como los sueños, las ilusiones, las sensaciones internas de paz, alegría y felicidad. ¿Quién presiona el botón y por qué en momentos determinados de nuestra vida? ¿Y cómo y por qué los individuos desarrollan un estilo de pensamiento particular, único y distinto?

Por consiguiente, la perspectiva kabbalística de las relaciones mente-cerebro aparece como un refrescante manantial que desafía muchas de las ideas sobre el origen y la esencia de la mente. Estas ideas pueden parecer inicialmente extrañas y desconocidas. No obstante, para lograr hacer una seria y necesaria contribución a este tema tan importante, estas ideas deben ser presentadas. Intentaré presentarlas tan clara y concisamente como sea posible.

Un buen punto de partida para nuestra exploración del mundo de la mente-cerebro es lógicamente la visión zohárica de este complejo tema. Como observaremos desde esta perspectiva, se sugiere que nuestras mentes contienen el equivalente de un universo "oculto" de actividades. Según las enseñanzas kabbalísticas, este terreno de la mente percibe amplios espectros de estímulos de muchas fuentes. La mente causa cascadas enteras de cambios fisiológicos involuntarios. La mente lleva a cabo tareas complejas de reconocimiento de patrones y toma decisiones que controlan cuánto sabemos sobre lo que ocurre a nuestro alrededor. La mente también determina las ambiciones que deseamos perseguir y las que no.

La mente incluso dirige los acontecimientos relacionados con cuán ricos o pobres llegaremos a ser. Pues, en definitiva, el fracaso se produce porque no reconocimos o percibimos algún elemento que habría asegurado el éxito del proyecto. Para algunos, todo lo que tocan "se convierte en oro", y para otros "las cosas nunca parecen ir bien". La ilusión generalizada es que nosotros dictamos el alcance y la dirección de la mente consciente. La realidad es que la mente está *en realidad organizada por fuerzas invisibles* que operan para presentarnos una situación ya estructurada, que nosotros comprendemos en su versión última y finalizada.

Desde un punto de vista kabbalístico de la realidad, la historia de nuestro universo es en realidad una historia de almas que regresan. De hecho, no hay ningún misterio en la extensa historia de nuestro universo tan sorprendente como el comportamiento universal y repetido de sus habitantes. Este tema es tan poco comprendido que no debería asombrarnos nuestra continua insistencia en destruirnos los unos a los otros. Si tenemos que asombrarnos de algo, hagámoslo de nuestra incapacidad de develar los secretos de los patrones de comportamiento humanos.

Los principios evolutivos fundamentales no han cambiado prácticamente a lo largo de toda la historia. Hemos sido testigos de civilizaciones que se han ido entretejiendo en el tapiz de la historia documentada, intentando imponer su tipo de orden. Sin embargo, el proceso inevitable de cambio que se ha convertido en un lema de la alta tecnología nos lleva a preguntarnos cómo las formas básicas de vida siguen inalteradas después de tanto tiempo. En una sociedad que evoluciona tan rápido, las personas, así como otras formas de vida, siguen deseando las mismas cosas que desearon las generaciones previas.

Los descubrimientos sorprendentes, que a la larga promueven avances más significativos, han tenido muy pocos efectos sobre el pensamiento humano. La estabilidad conservadora sigue siendo la norma para la mayoría de las especies de nuestro universo. ¿Es nuestro marco mental realmente tan distinto al de la gente de la Edad Media? A pesar de los drásticos cambios ambientales, junto con el síndrome del progreso, ¿de verdad han cambiado las necesidades psicológicas a lo largo de los siglos? ¿Realmente mejoramos creciendo con un progreso que cada vez se vuelve más complejo con el paso del tiempo?

Por consiguiente, cuando nos topamos con información que puede tender un puente entre el crecimiento del progreso y la ausencia de cambio en la realización personal, resulta bastante emocionante e incluso refrescante. Así pues, acudimos de nuevo al Zóhar en un intento de aclarar un poco las preguntas que se han planteado:

> *Rav Shimón introdujo aquí el tema de la transmigración de almas, diciendo: "Onkelos traduce las palabras citadas anteriormente de la siguiente manera: 'Y estas son las ordenanzas que pondrás delante de ellos'.*[55] *En otras palabras, estas son las ordenanzas de la metempsícosis, el juicio de las almas, mediante el cual cada una de ellas recibe las consecuencias apropiadas [casetes computarizados]. Compañeros, ha llegado el momento de revelar diversos misterios ocultos y secretos con respecto a la transmigración de almas".*[56]

68

Por consiguiente, cuando consideramos los patrones de comportamiento del hombre, estamos en esencia viendo aspectos de nosotros mismos en vidas anteriores. Para la mayoría de nosotros es casi como una repetición de las actividades que vivimos en el pasado, así como las tareas que intentamos previamente, pero en las que fallamos de alguna forma. Precisamente por este motivo, el hombre permanece en un estado mental psicológico fijo. Por lo tanto, el hombre todavía mantiene sus características principales y se aferra a modos de existencia bien definidos. El hombre, en el siglo XX, está simplemente atrapado en una mini película que se reproduce una y otra vez.

Lo que emerge de la visión kabbalística, y lo que estoy sugiriendo, es que, aunque el comportamiento humano está genéticamente controlado en gran parte, el proceso de *tikún* es lo que dirige y dicta nuestros patrones de pensamiento, sentimientos y actividades diarias.

Ahora bien, sé que esta postura desafía la visión convencional de la mayoría de los científicos que afirman que la educación cultural y ambiental, y no las leyes relacionadas con la encarnación, es la que da forma a la naturaleza humana. Los efectos de amplio alcance de nuestro *espíritu humano interno* extienden nuestras características y determinan nuestras acciones externas, las cuales son plenamente determinadas y ejecutadas por las fuerzas cósmicas que prevalecen en ese momento. Las acciones del hombre sin duda están controladas por el cosmos, pero sólo en la medida en la que fueron manifestadas en una vida previa. En otras palabras, si un individuo cometió crímenes contra la humanidad en una encarnación anterior, su alma encarnada regresa y se enfrenta al mismo tipo de situación con la que fue desafiado en su vida anterior. Ahora se le brinda una oportunidad: puede ejercer su libre albedrío y coartar el escenario cósmico que determinó y manifestó el casete de vida-existencia presente que tuvo origen en una vida anterior, o puede sucumbir a su influencia.

Estos marcos de referencia negativos, *establecidos por una vida anterior*, son manifestados por el conglomerado de actividades cósmicas y su posición en el cosmos en el momento del nacimiento de una persona. En esencia, el cosmos se limita a presentar la oportunidad y el marco para la actividad de nuestro casete de vida manifestado y encarnado. Los hilos cósmicos de actividad no son la causa de la estructura predeterminada del casete de vida. Ésta ya ha sido predeterminada por nuestra vida anterior. El conjunto de circunstancias que ocurren en nuestra vida presente es un resultado de la acumulación de influencias cósmicas que confluyen en este momento y afectan a los requerimientos de nuestro *tikún*, produciendo así un casete de Fuerza de Vida único.

¿Es este arreglo verdaderamente justo? La respuesta se halla en el propósito inicial de la Creación: la eliminación del Pan de la Vergüenza.[57] Sin embargo, podemos preguntarnos de nuevo: "¿Qué probabilidades tenemos de lograrlo esta vez cuando ya hemos fallado en incontables ocasiones previas?". Estos marcos de referencia negativos creados por nosotros mismos nos brindan una oportunidad de ejercer el libre albedrío y lograr la eliminación del Pan de la Vergüenza. Obviamente, si estas fuerzas cósmicas negativas no existieran, el hombre simplemente se conformaría con un tipo de inteligencia programada que dicta la filosofía del compartir, sin dejar espacio para las pasiones, los rencores u otras características objetables que nos distinguen de los robots.

Por lo tanto, aunque por un lado la negatividad cósmica despierta el mal comportamiento, esta influencia, por muy poderosa que sea, puede y debe ser regulada y controlada. Esta es la obligación y el propósito del pensamiento libre y de la libertad de elección del individuo. Pero tal como la historia nos ha demostrado, el hombre no ha logrado obtener el control de su destino. Ahora, puesto que las enseñanzas de la Kabbalah están a disposición de todos, el hombre puede superar esta falla.

Una pregunta interesante es: "¿Por qué ahora?". La actividad humana actual es inestable. Con los avances científicos, nos hemos vuelto conscientes de una actividad interna y metafísica que parece crear aún más incertidumbre. No obstante, puede que debido a estos avances científicos nos volvamos más iluminados y que *ahora* exijamos saber quién o cuál es la causa de la aparente inestabilidad e incertidumbre en nuestra vida.

La influencia de la Era de Acuario encontrará a nuestra civilización preocupada por la información y la iluminación.[58] Aunque la Kabbalah ha sido un secreto celosamente guardado, ha llegado el momento de que llegue a las masas. Ahora vivimos en un tiempo de gran agitación. Un tiempo en el que las costumbres, las tradiciones y las respuestas del pasado están siendo cuestionadas. En este momento en la historia, el poder de la tecnología y el éxito de la ciencia han creado una situación en la que es muy difícil unificar lo físico y lo mental.

El ser humano puede ser visto como un organismo procesador de información cuyos rasgos diversos están íntimamente ligados a la complejidad de la información presentada por un entorno de vidas anteriores. El sistema mente-cerebro es un complejo sistema de estructuras y funciones interconectadas e interdependientes que proyectan una película que ya ha sido filmada. La mente-cerebro puede procesar cualquier información de una sola vez, más rápida y confiablemente que cualquier computadora presente o futura. El proceso psicológico y perceptivo implica *infinitos* niveles y fases de procesamiento, una tarea que nunca ha resultado demasiado difícil para nuestra computadora mental. Parte de esto implica un procesamiento infinito paralelo y secuencial que la mente-cerebro nunca encuentra demasiado agotador o abrumador.

Las fases iniciales del procesamiento ocurren siempre de forma inconsciente, es un programa que ya se ha finalizado mucho antes de que cualquier procesamiento consciente siquiera exista. Es por estos motivos que los kabbalistas siempre han reconocido el dominio de la conciencia robótica sobre nuestra conciencia egocéntrica. Nuestra conciencia, que no desempeña *ningún papel* en las fases iniciales y finales de ningún proceso, nos ha esclavizado durante mucho tiempo convenciéndonos de que somos nosotros quienes estamos en control de nuestro destino, fortuna y decisiones. La visión kabbalística, que dice que la encarnación y el proceso de *tikún* determinan nuestro comportamiento, sólo ha empezado a ser aceptada recientemente.

Los procesos inconscientes son mucho más dominantes que los procesos conscientes. Hace mucho tiempo que la opinión de que nuestra mente-conciencia funciona tan sólo a un cinco por ciento de nuestro potencial ha sido aceptada en el campo de la investigación de la mente. La conciencia se considera, si es que se considera en absoluto, como un estado posterior y a veces *opcional* de procesamiento de información cognitiva.

Por consiguiente, el claro mensaje parece ser que el destino, la fortuna, las decisiones y el comportamiento humano no pueden ser entendidos sin tener en cuenta los procesos psicológicos inconscientes. Ningún modelo psicológico que busque interpretar o explicar cómo y por qué los seres humanos se comportan, aprenden o tienen diferentes sensaciones puede ignorar la existencia de los procesos psicológicos inconscientes.

Así pues, no debería sorprendernos que la enfermedad mental y los psiquiátricos continúen aumentando a un ritmo cada vez mayor, sin ninguna mejora a la vista. Rav Yitsjak Luria (el Arí) enfatizó esta doctrina kabbalística cuando afirmó lo siguiente:

> *Ningún individuo puede alcanzar nunca una fase completada de teshuvá [un concepto de Regreso al Futuro]*[59] *en la cual el individuo logra un control total de su fortuna y su destino, a menos que llegue a conocer la raíz inconsciente de los procesos psicológicos del alma, junto con el conocimiento de vidas anteriores.*[60]

Lo que parece emerger de los escritos del Arí es que la conciencia del alma no sólo da explicación a algunas aparentes paradojas de nuestra sociedad, sino que también nos proporciona un nuevo enfoque de los problemas de la enfermedad mental universal. Su mensaje es que ningún entorno político, económico o nacional es responsable de nuestro comportamiento ni de las enfermedades y los infortunios de nuestra sociedad. Este importante aspecto de la conciencia nos permite percibir cómo todo el patrón, el paradigma subyacente de la creencia occidental sobre la comprensión del cerebro-mente, lleva inexorablemente al tipo de problemas a los que ahora nos enfrentamos. Genera la creencia en que estos dilemas tienen su resolución satisfactoria sólo a través del cambio del paradigma dominante.

El Zóhar pone mucho énfasis en la importancia de entender la conciencia interior de nuestra alma cuando declara:

> *La sabiduría es el conocimiento conectado con un entendimiento del alma. ¿Qué abarca, de dónde viene, por qué ha recibido la orden de entrar en este cuerpo, que es una ilusión? Pues hoy el cuerpo está aquí y mañana en una tumba.*[61]

El Zóhar considera que las respuestas a estas preguntas son necesarias para devolvernos al filo de la realidad y colocarnos cara a cara con la conciencia interna y la visión Divina de nosotros mismos. La conciencia humana tiene la capacidad de ir desde la realidad física ilusoria a la visión universal de la realidad. Nosotros los humanos tenemos la opción de descubrir las verdades profundas sobre nuestra existencia y realidad.

Repensar todas nuestras precepciones sobre la naturaleza de la realidad no habría sido necesario si disfrutáramos de armonía, salud y bienestar universales. Esto no sería necesario si nuestras vidas personales no estuvieran amenazadas por los peligros, los conflictos y la confusión de la existencia cotidiana. Hay algo ahí fuera que no nos está funcionando. Lamentablemente, los humanos percibimos la realidad a través de los lentes de nuestros propios sentidos. Y aquí está precisamente la causa de nuestros dilemas, puesto que nuestros cinco sentidos proporcionan una calidad del cinco por ciento de la percepción humana. Debemos empezar a cuestionar estas nociones científicas concernientes a nuestras vidas y a la naturaleza del universo.

El ser original, el efecto acumulativo y el casete de la conciencia del alma, es la estructura esencial a partir de la cual se desarrolla todo el sistema múltiple. Nuestro comportamiento, decisiones, reacciones a nuestro entorno, miedos y los momentos de disfrute sostenido se desarrollan directamente a partir de los resultados de la acumulación de vidas.

El problema de la supervivencia de la conciencia del alma después de la muerte física es una cuestión que ha sido planteada en cada era. Investigar los aspectos físicos del universo no nos proporcionará la respuesta a nuestra pregunta. Lo físico, que comprende tan sólo el uno por ciento de cualquier realidad, y los cinco sentidos, que aportan de un cinco a un siete por ciento adicional a nuestro entendimiento de la realidad, deben ser finalmente desestimados como base para aprobar o desaprobar la existencia después de la muerte de nuestros cuerpos físicos compuestos de materia. Soy muy consciente de que esta petición que le hago aparece repetidamente en todos mis escritos. Aun así, he descubierto que esto es un obstáculo para la humanidad en su logro de una revolución de la información. Nuestros científicos, por el motivo que sea, son reacios a tomar conciencia de la aceptada doctrina del principio de incertidumbre. Los médicos y los investigadores del campo de la salud mental continúan confiando en la visión occidental que afirma que la materia es primaria y la conciencia es una propiedad de patrones materiales complejos.

Incluso aquellos que ven la conciencia como inmaterial y amorfa consideran los modos de conciencia no ordinarios como algo asociado con lo Divino. Estas experiencias no ordinarias son llamadas transpersonales porque establecen contacto con una realidad que va más allá del marco científico presente. Por lo tanto, no podemos esperar que los científicos contradigan o confirmen esta visión de la conciencia, puesto que en esta fase actual no están preparados para entender plenamente aquello que está más allá de su propio cinco por ciento de conciencia.

La naturaleza de la conciencia es una cuestión fundamental y existencial que crea confusión y, al mismo tiempo, fascina a aquellos profesionales cuya subsistencia implica problemas en su relación con ésta. A pesar de todos sus libros, artículos y discusiones, la persona común que tiene un problema tiene que arreglárselas sola. ¿Cómo, en su buen juicio, puede un médico prescribir remedios o soluciones a los problemas mentales cuando el acceso del mismo a su propio poder cerebral se dice que es de un cinco por ciento? Pero, como he mencionado en numerosas ocasiones, la Era de Acuario dará paso a una revolución popular del conocimiento. Tal como está escrito: "Y no tendrán que enseñar más cada uno a su prójimo y cada cual a su hermano, diciendo: 'Conoce al Eterno [la Fuerza de Luz]', porque todos me conocerán, desde el más pequeño de ellos hasta el más grande".[62]

Muchos de los desafiantes temas discutidos actualmente en todas las ciencias, especialmente la naturaleza de la mente y el comportamiento humano, presentan a la ciencia con una crisis sin igual en la historia. Aun así, los científicos se aferran obstinadamente a sus posturas egocéntricas, a pesar de la aceptación de un principio de incertidumbre que ellos mismos crearon. Durante siglos hemos asumido que, por muy complejo que haya parecido un aspecto de la naturaleza, la ciencia siempre encontraría la respuesta.

Sólo en las últimas décadas la comunidad científica se ha dado cuenta de que nos enfrentamos a una confusa variedad de formas vitales y ambientales que nos presentan problemas desafiantes. Lamentablemente, el estamento científico actual se está fosilizando cada vez más debido a su propia visión particular del mundo. Uno no puede continuar creando fórmulas y al mismo tiempo incluirles el siempre creciente aspecto de la incertidumbre.

Nuestro ego individual es la principal causa que nos fragmenta de nuestro verdadero ser, a saber: la Fuerza de Luz. Tomemos como ejemplo el imperio científico, que está fundado y basado en la investigación que el científico mismo ha organizado previamente. Por lo tanto, nosotros, como personas comunes, no podemos diferir con sus ideas porque no somos la verdadera autoridad. Se nos dice cómo debemos curar las enfermedades de nuestro cuerpo, cómo funciona el universo y las probabilidades de que haya Fuerzas de Vida además de la nuestra. Hay tantas verdades absolutas que se nos dan a través de los ojos de personas con una visión estrecha, que ciertamente es difícil imaginar cómo y por qué tomamos su conocimiento como la verdad absoluta. Cuán maravillosa será esta Era de Acuario, en la que el conocimiento será del dominio de todas las personas, en lugar de unas pocas seleccionadas.

La Kabbalah, en sí misma, ha sido un secreto celosamente guardado durante mucho tiempo; pero finalmente ha llegado el momento de que llegue a las masas con su mensaje de simplicidad. Porque, en definitiva, el conocimiento entendido por la persona común debe considerarse conocimiento verdadero.

> En tu compendio, Rav Shimón bar Yojái, el Zóhar, el Libro del Esplendor, Israel y el mundo probarán en el futuro del Árbol de la Vida, que es el Libro del Esplendor. Y el mundo saldrá de su exilio con misericordia.[63]

El futuro al cual se refiere el Zóhar es aquí y ahora. Tal como se afirma en el Zóhar:[64]

¡Ay del mundo cuando Rav Shimón parta, y las fuentes de sabiduría se cierren, y el mundo busque la sabiduría, pero no haya nadie que la imparta! La Biblia será interpretada erróneamente porque no habrá nadie familiarizado con la Sabiduría. Rav Yehuda dijo: El Eterno revelará algún día los misterios ocultos de la Torá, en el tiempo del Mesías, porque "la tierra estará llena del conocimiento del Eterno como las aguas cubren el mar".[65]

La ruta a la nueva física del futuro se encuentra más allá de las dimensiones de la realidad física de nuestro mundo. Nos permitirá ir más allá del espacio-tiempo en nuestro análisis y, con suerte, un día la puerta se abrirá "no más ancha que el ojo de una aguja, y ante nosotros se abrirán las Puertas Celestiales",[66] exponiendo la brillante interconexión del universo con toda su belleza y simplicidad.

El compromiso con el autoconocimiento y la mejora personal es el primer requerimiento para cualquier individuo que desee tomar el control de su vida y alterar su destino, si es necesario. Una vez que se ha realizado este compromiso, los resultados pueden ser inmediatos y satisfactorios. No sólo seremos más felices en la búsqueda para elevar nuestra alma, sino que también encontraremos que la persecución de este objetivo empezará a aliviar gran parte del sufrimiento dictado inicialmente por el patrón de nuestro *tikún*.

La ciencia de la Kabbalah verdaderamente da respuesta a muchos de los aspectos enigmáticos de la naturaleza, y aun así sigue siendo simple. La visión kabbalística de la realidad está basada en una percepción profunda de la narración y los relatos codificados de la Biblia. Las enseñanzas de la Kabbalah proporcionan las leyes y los principios subyacentes mediante los cuales podemos establecer poder e influencia sobre nuestro entorno, tanto terrestre como extraterrestre, y entender el poder que la naturaleza tiene sobre nosotros.

Antes de concluir nuestro capítulo sobre la conexión entre la mente-cerebro y el cuerpo, exploremos algunas descriptivas encarnaciones proporcionadas por el Arí.

Tras el pecado de Adán, las múltiples almas de Adán encarnaron en la generación del Diluvio.[67] Por consiguiente, estos mismos individuos fueron corrompidos con el mismo casete de su encarnación previa. De la misma forma, ellos no completaron su tikún. Esto aparece indicado en el versículo: "Y al Eterno Le pesó haber hecho a Adán [el hombre] en la Tierra, y sintió tristeza en Su corazón".[68] Eran en realidad los hijos de Adán.

Ellos encarnaron posteriormente en la generación de la Torre de Babel.[69] Esto se pone en evidencia en las escrituras cuando dice: "Y el Eterno descendió para ver la ciudad y la torre que habían edificado los hijos de Adán (del hombre)".[70] El Zóhar y el Midrash explican que las palabras "los hijos del hombre" significan literalmente que los hijos de Adán encarnaron de nuevo.[71] Aquí, de nuevo, en su segunda encarnación presente, su trayecto de vida estaba prescrito por sus acciones heredadas de la experiencia del pecado de Adán.

Entonces, encarnaron por tercera vez en la generación malvada de Sodoma,[72] indicada por el versículo: "Y los hombres de Sodoma eran malvados".[73]

Tras estas tres encarnaciones, encarnaron entonces por cuarta vez en Egipto, como la nación de Israel, y después empezaron a avanzar hacia su tikún.[74]

La ley del *tikún* es en realidad la ley del juego limpio. Al permitir a un alma viajar al mundo físico, se le brinda la oportunidad de corregir las malas acciones realizadas en una vida anterior. Por desgracia, completar un *tikún* suele tomarnos muchas más vidas de las que necesitaríamos si tan sólo entendiéramos el problema y nos esforzáramos en resolverlo en lugar de vivir en la infelicidad pensando en alguna injusticia imaginada.

Con frecuencia, estas lecciones son pacientemente repetidas día tras día, año tras año —incluso vida tras vida— hasta que el conocimiento que hemos ignorado choca contra nosotros, a veces de la forma más devastadora. E incluso entonces, muchos y posiblemente la mayoría de nosotros, no aprovechamos la experiencia ni hacemos el *tikún* necesario. El mundo, hasta donde la historia documentada nos permite llegar, presenta una sociedad humana que no sabe ni aprende casi nada. Por ejemplo, todavía alzamos las manos contra nuestro prójimo sin darnos cuenta de que la guerra no perdona al vencedor. Él también se convierte en la víctima de su propia insolencia y comportamiento inhumano.

La mayoría de la gente judía son quienes menos han entendido esto y, por lo tanto, no están preparados para considerar el casete que se está formando con la huella del desarrollo de sus vidas.[75]

En el año 1492 ocurrió una tragedia para el pueblo judío en España, cuando los Reyes Isabel y Fernando promulgaron un decreto de expulsión que selló el destino de los judíos en dicho país. Se decretó que, en cuatro meses, todos aquellos judíos que se negaran a renunciar a su fe serían obligados a abandonar España. Cien años antes, en el fatídico año 1391, los judíos que había en España, empobrecidos y con la moral destrozada, reducidos en número por las conversiones forzadas hasta el punto de la muerte, diezmados por las masacres y a punto de la disolución final, aun así, no aprendieron de la historia documentada la repetición de su casete pregrabado. No, el pueblo judío continuó luchando hasta el final sin aprender de su *tikún* colectivo.

Si tan sólo pudiéramos aprender a cooperar con los hilos del universo y el firme e imparable movimiento de la evolución, en lugar de resistirnos a él obstinadamente, nuestro crecimiento espiritual florecería. Entonces, y sólo entonces, podríamos alcanzar el paraíso más allá del horizonte que todos anhelamos tan intensamente. También es lamentable que tan pocos de nosotros deseemos obtener provecho del recuerdo de las experiencias que hemos vivido. En esas experiencias está toda la sabiduría, las razones de nuestra existencia y nuestras herramientas educativas. No obstante, muchos de nosotros somos reacios a indagar en nuestra propia naturaleza por miedo a lo que podamos encontrarnos allí.

Con el estudio de la Kabbalah, los miedos infundados y la incertidumbre desaparecen gradualmente, hasta el punto que empezamos a sentir una especie de control sobre nuestras acciones, nuestro destino y, lo que es más importante, sobre el entorno hostil que consideramos hogar. En lugar de sentir una confusión constante en la corriente de nuestra de conciencia, el estudio de la Kabbalah reestructura nuestra computadora mental para que los acontecimientos en el mundo interior empiecen a llegar de una forma certera, ordenada y mucho más cuántica. El estudio de la Kabbalah nos permite dejarle los impulsos, los dolores de cabeza, los altibajos y las incertidumbres a una conciencia que en realidad no tiene ninguna influencia determinante sobre cómo se resolverán finalmente las cosas.

Nuestros esfuerzos deben ser bendecidos con objetivos globales que nos beneficien tanto a nosotros mismos como a la humanidad. Cómo reacciona el mundo físico e ilusorio a las crisis e incertidumbres no debe preocuparnos una vez que hayamos tomado una posición firme con respecto a nuestra única posibilidad de libre elección: la Restricción.[76] El aspecto finito de la humanidad, que puede ser descrito como la carne y los huesos, está sujeto a las reglas y las normas cartesianas fragmentadas y llenas de crisis. Nuestra realidad del 99 Por Ciento opera más allá de la limitada jurisdicción física. Sólo lo finito está sujeto al dolor. Lo Infinito forma parte de lo eterno.

Aunque la realidad finita y física está enraizada en el mundo físico de la limitación, lo finito es libre de conectar y fusionarse a voluntad con lo Infinito, que está caracterizado por la certeza, la felicidad y la libertad del trauma. Conectar con la Fuerza de Luz requiere rendir un homenaje constante al acto original de la Creación, que fue la Restricción. Hacer esto asegurará nuestro bienestar físico y mental.

Capítulo Tres

LA MIOPÍA HUMANA

Capítulo Tres

LA MIOPÍA HUMANA

EN LA SALA DE JUNTAS DE UNA GRAN FÁBRICA MULTINACIONAL DE PLÁSTICOS, el director del departamento de ventas está proyectando unas interesantes diapositivas. Cada una de ellas es una exótica ilustración de futuros empaques para productos y recipientes para alimentos, todos hechos de plástico. Ahora, todas las necesidades alimenticias de la humanidad ya no serán empaquetadas en pesados y aparatosos recipientes de cartón ni en latas de metal. Unas nuevas bandejas, bolsas y cuencos más ligeros que el aire proporcionarán un surtido de alimentos, desde comidas precocinadas hasta comidas para bebés.

Un día, se planteará la siguiente pregunta: "¿Algunos de estos nuevos plásticos son biodegradables?". Sin embargo, en la actualidad, por conveniencia e intereses propios, rara vez se toman en consideración las preguntas relativas a nuestro futuro bienestar y el del planeta. Aun así, las agencias de protección ambiental de todo el mundo se preocupan por proteger el medio ambiente. Estas agencias nos advierten que los plásticos y los residuos nucleares crean un grave problema universal. Dado el estado desesperado de nuestro medio ambiente, parece claro que ya no podemos permitirnos el lujo de tener una visión estrecha y miope.

Ya no podemos permitirnos ignorar los efectos a largo plazo que las nuevas tecnologías puedan tener en nuestro planeta. El

89

precio de nuestra falta de visión nos obliga ahora a vivir en un estado constante de manejo de crisis. Las tecnologías que hemos creado están perturbando y alterando los procesos ecológicos que sostienen el medio ambiente de nuestro planeta. La intoxicación de nuestros suministros de agua y la contaminación del mismo aire que respiramos por parte de residuos químicos tóxicos representan las amenazas más serias a nuestra propia existencia básica.

Las enormes cantidades de residuos químicos peligrosos son el resultado directo de los efectos de la tecnología avanzada y la miopía del crecimiento económico. Las compañías químicas han intentado ocultar una y otra vez los peligros de su producción y sus peligrosos residuos resultantes. Aun así, nos estamos convirtiendo en gente informada, lo cual es el beneficio de la Era de Acuario. Y aunque sabemos que están ocurriendo graves accidentes, la industria está presionando a los políticos para que eviten una investigación exhaustiva. Ahora nos damos cuenta de que han ocurrido accidentes y que los políticos han sido presionados por la industria para minimizarlos o ignorarlos.

Toda la estructura de vida que tardó generaciones en desarrollarse está desapareciendo rápidamente. Cuando la lluvia ácida cae sobre ríos, lagos y océanos, es absorbida por peces, plantas y otras formas de vida, contaminando así todo el ecosistema. Además, los peligros para la salud ocasionados por la liberación de sustancias radioactivas que afectan a todos los organismos vivientes son graduales, pero existen. Puede que los efectos no se sientan durante muchos años y sólo aparezcan en generaciones futuras. De hecho, cuando consideramos los peligros para la salud de la radioactividad de las sustancias vertidas por la industria nuclear, nos damos cuenta de que no existe un nivel seguro de radiación. Sé que esta afirmación es contraria a lo que la industria nuclear quiere hacer creer a las personas comunes.

Aun ahora, los científicos médicos están generalmente de acuerdo en que no hay pruebas de que haya un nivel inferior de radiación que sea inofensivo. ¿Quién sabe qué cantidades producirán mutaciones y enfermedades? Así pues, no debe sorprendernos que se reporte que los problemas médicos y las enfermedades siguen en aumento a pesar del proclamado progreso de la investigación médica.

Muchos accidentes nucleares ya han salpicado a gran parte de nuestro planeta. Han ocurrido grandes catástrofes, como Chernóbil, o se han evitado por poco. Estamos sentados sobre una bomba de tiempo, esperando que explote en cualquier momento. ¿Quiénes serán los afortunados? Los efectos de un accidente nuclear son similares a los de una bomba atómica. Acudimos de nuevo a ese gran problema por el cual la miopía debida a la avaricia causa la aceleración de los accidentes nucleares, y nos preguntamos: "¿Cómo vamos a eliminar los residuos nucleares en el futuro?". La información vital, como el hecho de que cada reactor nuclear produce anualmente toneladas de residuos radiactivos que siguen siendo tóxicos por miles de años, debe hacerse pública. La gente tiene que saber que todavía no se ha encontrado ningún método permanente ni seguro para la eliminación de residuos.

Como ya he mencionado con frecuencia, la gente o los negocios responsables de esta grotesca irresponsabilidad no sienten ningún remordimiento ni dolor cuando vierten miles de peligrosos compuestos químicos en la tierra, los ríos y los arroyos. La miopía humana evita que estas personas irresponsables tengan en cuenta los problemas que esto crea para las generaciones futuras y para su propia descendencia. Han logrado hacernos creer en los grandes beneficios del armamento nuclear, los reactores, los aditivos químicos alimenticios, las fibras sintéticas, los plásticos y los pesticidas.

Desde una perspectiva kabbalística, el problema con ese razonamiento es el siguiente: si ciertamente su avaricia crea la miopía humana, entonces *no sólo* han puesto en peligro a las generaciones futuras, *sino también* a ellos mismos, que ahora se convertirán en las víctimas de sus propias acciones irresponsables. Debemos ser siempre conscientes de que la mecánica cuántica dicta que nuestro universo no existe en un estado fragmentado, sino que tiene una dirección unificada. Las malas acciones van inmediatamente seguidas de consecuencias que afectan al causante. Estos causantes no salen impunes, sino que sufren las consecuencias de sus acciones, a menos de que se lleve a cabo una corrección en esta vida o en las futuras.

No obstante, esta afirmación no es ningún consuelo para un medio ambiente que pronto no nos permitirá respirar aire, y que sólo contendrá alimentos envenenados y agua no apta para el consumo humano. Puesto que continúan prevaleciendo la producción y el consumo de estos venenos alimenticios, extraños para el organismo humano, muchos países de todo el mundo están luchando contra una crisis en el aumento de enfermedades y dolencias, una gran dependencia del alcohol y las drogas, y los cuidados hospitalarios.

Los fabricantes químicos nos convencen en sus eslóganes publicitarios de que nuestra vida ha mejorado gracias al uso de los pesticidas para las plantas y las inyecciones de esteroides para las aves y el ganado. Nos dicen que el hambre que amenaza a la población mundial se está reduciendo. Puesto que los pesticidas destruyen los insectos que amenazan la producción de alimentos, habrá más alimentos para todos. Mientras que antes estos amenazantes gusanos se infiltraban en nuestras frutas y las destruían, ahora los pesticidas pueden exterminarlos. Ellos afirman que los programas pesticidas benefician al granjero, al fabricante de productos químicos y, por supuesto, a ti y a mí, los consumidores. Con más manzanas en el planeta, los precios de las manzanas y otras frutas pueden reducirse al mínimo.

Una vez más, debido a la miopía humana, que es tan sólo otra expresión del Deseo de Recibir para Sí Mismo, estamos ciegos ante las consecuencias obvias de estos *beneficios*. El granjero asume que él es un beneficiario inmediato porque está aumentando su producción y recogiendo mayores beneficios. Sin embargo, el problema es que sus frutas contienen ahora agentes cancerígenos. Asimismo, puede que el granjero, el fabricante de productos químicos y el consumidor no estén recogiendo los beneficios que todos creían inevitables.

Cada vez más personas se están dando cuenta de que la industria química se ha vuelto destructora de vida, en lugar de sustentarla. La pérdida de vidas, el descenso de la productividad humana y los gastos médicos exceden con creces cualquiera de los beneficios que podamos haber soñado como resultado de la tecnología química. Por ejemplo, mientras que algunos granjeros llegaron a triplicar sus cosechas por metro cuadrado y reducir su mano de obra, la mayoría de las familias tradicionales de granjeros se vieron obligadas a abandonar sus tierras.

Los efectos a largo plazo de la dependencia química en la agricultura no sólo han sido desastrosos para la salud de la tierra, sino que también han criado a una nueva generación de jóvenes plagada de cáncer. Muchos de estos peligros para la salud son aún más agravados por el hecho de que nuestro sistema sanitario es totalmente inadecuado para manejar de forma efectiva esta crisis. La asistencia sanitaria actual ya no está dirigida por el "médico que cura a los enfermos", sino más bien por los administradores enfocados en el comercio. Esto no quiere decir que la sanidad no deba ser administrada adecuadamente. No obstante, las fuerzas que administran los servicios sanitarios a menudo están motivadas por valores corporativos que convierten la atención sanitaria en un producto para ser vendido; un producto que no satisface las necesidades de la salud del paciente.

Nuestro sistema sanitario actual favorece un enfoque mercantilista para la industria corporativa que se está volviendo demasiado costoso y dañino para el paciente. Al final, el granjero, la industria sanitaria y la industria química habrán creado un clima en el que sólo el gobierno puede intervenir y cubrir los gastos. Pero ¿de dónde va a recibir el gobierno los fondos necesarios sino haciendo que cada uno de nosotros los pague?

La cosmovisión kabbalística, junto con sus enseñanzas y doctrinas, puede, con suerte, inducir una revolución popular del conocimiento que forzará y creará un cambio, un cambio que supondrá una revolución cultural total. Estoy planteando una visión tan fría y pesimista del estado de nuestra salud y nuestro bienestar físico por dos motivos. En primer lugar, tenemos que enfrentarnos a lo que parece inevitable. Nos encontramos al filo de una crisis global completa, que ha resultado en la creación de un ambiente inseguro. Los peligros para la salud, junto con los problemas médicos, han alcanzado unas proporciones tan grandes que ni las estrategias de las organizaciones sanitarias ni la intervención del gobierno pueden resultar en la creación de una sociedad saludable.

En segundo lugar, debemos reconocer que, a pesar de estas amenazantes advertencias sobre el futuro de nuestra salud y entornos peligrosos, hay un estado de equilibrio en el cosmos. Desde una perspectiva kabbalística, la enfermedad y el comportamiento humano negativo no se consideran únicamente como un proceso aislado. Cuando nos conectamos con la negatividad que existe en el cosmos, el resultado es la enfermedad y la desarmonía. La naturaleza de todas las cosas puede ser vista en equilibrio y armonía con el cosmos o en un estado de desarmonía con los principios fundamentales de una realidad cósmica dinámica.

Para aplicar el modelo kabbalístico como una vía para desarrollar y entender un enfoque cuántico y *holístico-integral* de la interconexión e interdependencia universal, debemos tratar con dos cuestiones: [Ten en cuenta que el uso del término holístico-integral es intencional. Estamos buscando un enfoque total o integral en nuestros patrones de vida]. ¿Hasta qué punto la visión kabbalística es holística-integral? ¿Cuáles de sus aspectos pueden ser adaptados a nuestro entorno y ambiente cultural?".

Dicho simplemente, desde un punto de vista kabbalístico, todas las cosas nos llevan en una sola dirección: el "cuanto (o *quantum*)", cuya sustancia es "Ama a tu prójimo". Cuando la humanidad logre esto, el universo entero, tanto lo visible como lo invisible, se revelará tal como es en realidad: un único todo unificado. Percibimos nuestro universo como fragmentado sólo porque la humanidad está fragmentada.

En la década de los cuarenta, el hombre inició la división del átomo, que fue entonces proclamada como un logro científico. Apenas recientemente se ha hecho evidente que el uso de la energía nuclear como fuente de energía es un gran error. La energía nuclear, que requiere la división del átomo, representa el caso más extremo y peligroso del descontrol de la tecnología. Reexaminemos ahora lo que se consideró entonces como una aclamada solución a las necesidades de la humanidad.

El primer pensamiento de separar el átomo estaba basado en la idea de crear una energía mucho más poderosa que cualquier cosa que hubiera existido. Cuando Einstein descubrió su Teoría de la Relatividad en 1905, hizo que este sueño fuera posible.

El átomo es una entidad bellamente estructurada que se corresponde con el equilibrio y la armonía de nuestro universo. Es el fundamento de todas las cosas con las que estamos familiarizados. Cuando la ciencia *decidió* dividir el átomo, la humanidad entró en el umbral final de nuestra Era de Acuario. Esto nos lleva forzosamente a recordar el pasaje del Zóhar[77] en el que se discuten las dos formas en las que las fases finales de la Era de Acuario se convertirán en una realidad.

> *Rav Shimón Bar Yojái alzó sus manos, lloró y dijo: ¡Ay de aquel que viva en esos tiempos [la Era de Acuario] y felices aquellos que vivan en esos tiempos! [...] un pilar de fuego será suspendido desde el Cielo a la Tierra durante cuarenta días, visible para todas las naciones. Entonces el Mesías se levantará para salir del Jardín de Edén... y él será revelado en la tierra de Galilea. En ese día, todo el mundo será sacudido y todos los hijos del hombre buscarán refugio en cuevas y lugares rocosos. Con respecto a ese tiempo, está escrito: "Los hombres se meterán en los agujeros de las rocas y en las cuevas de la tierra, ante el terror de la Fuerza y ante la gloria [manifestación] de Su majestad [Mesías], cuando Él se levante para sacudir terriblemente a la Tierra".[78]*

> *El Mesías se levantará... y se rodeará con armas de guerra en las que están inscritas las letras del Tetragrámaton.*

Entonces Rav Shimón lloró, y los discípulos también. Rav Shimón dijo: Miren, hace un tiempo fui movido a meditar en el misterio de las letras del Tetragrámaton, estas letras me dieron el poder de la compasión del Eterno. Pues el misterio de la compasión de la Fuerza de Luz sobre Sus hijos está imbuido en la energía de estas cuatro letras. Es ahora adecuado que revele a esta generación algo que no se ha permitido revelar en ninguna otra. Porque el mérito de esta generación sostiene al mundo hasta que aparezca el Mesías. Entonces invitó a su hijo, Rav Elazar, y a Rav Aba a que se levantaran, y ellos lo hicieron. Rav Shimón lloró por segunda vez y dijo: Ay, ¿quién se resistirá a oír lo que preveo? El exilio continuará. ¿Quién podrá soportarlo?

Entonces Rav Shimón se levantó y habló: "Oh Eterno, Dios nuestro, otras fuerzas además de Ti han tenido dominio sobre nosotros. Pero sólo por Ti (BeJá = 22) haremos mención a Tu Nombre".[79]

El Nombre "por Ti" (BeJá) simboliza el Nombre de Dios que comprende veintidós letras.[80]

En ese período en el que hay perfección, paz y armonía, los dos Nombres no están separados el uno del otro. Está prohibido separarlos aun en el pensamiento y la imaginación. Pero ahora en exilio, los separamos. "Además de Ti", estando lejos de Ti y siendo gobernado por otras fuerzas... Israel estaba involucrado en muchas guerras hasta que la oscuridad cubrió la Tierra. Estos son los misterios velados.

Lo que parece emerger del Zóhar es que, a través del conocimiento y la intervención del hombre, la humanidad tiene la capacidad de crear fragmentación en el universo. El resultado de esta actividad humana es el horrible pilar del fuego y la destrucción. Si deseamos evitar este terrible destino, debemos darnos cuenta de que lo que ocurre en este mundano nivel físico, incluidos los llamados avances occidentales en la fragmentación del átomo, son sólo reflejos de nuestros avances en *inhumanidad*.

Tal como indica el Zóhar, los átomos fragmentados sólo pueden traer oscuridad. La desintegración del átomo empezó debido a nuestras continuas acciones inhumanas hacia nuestro prójimo. Las bombas de Hiroshima y Nagasaki fueron tan sólo el primer resultado. Los efectos a largo plazo de la energía nuclear todavía no se han sufrido.

En otras palabras, la fragmentación, en cualquier forma en que aparezca, pertenece al lado oscuro que "cubrió la Tierra". No hay soluciones para la destrucción causada por el átomo fragmentado. Sin embargo, no nos engañemos respecto al siguiente punto. Cuando se trata del desarrollo del sistema más autodestructivo del hombre, del cual no hay escapatoria, los científicos involucrados estaban en un estado de conciencia robótica. Simplemente estaban reflejando la inclinación y las actividades destructivas de la humanidad.

Para aquellos de nosotros que buscamos mejorar el bienestar y la felicidad de la humanidad, las técnicas de la Kabbalah pueden ser un método a través del cual podamos evitar los inevitables obstáculos que están por venir. Estas técnicas pueden trasformar y transformarán el agua no potable en un agua de calidad, a través de la cual no sufriremos ni nos someteremos a los resultados negativos de la contaminación. Este logro se menciona en la Biblia, cuando explica que el agua egipcia estaba llena de sangre, pero en Gerson, donde vivían los israelitas, el agua era pura.

Sé que para muchos lectores de las enseñanzas kabbalísticas esta afirmación puede estar al borde de la charlatanería o parecer muy sospechosa. No obstante, como he afirmado en mis escritos previos, estas afirmaciones, por muy drásticas y sorprendentes que puedan parecer, son las enseñanzas documentadas de los Maestros de la Kabbalah. Se ha confirmado que los puntos tratados en las enseñanzas de la Kabbalah van directamente a la esencia de cualquier tema que la ciencia haya sido capaz de alcanzar.

Para entender la naturaleza humana, estudiamos no sólo sus dimensiones físicas y psicológicas, sino también sus implicaciones metafísicas. Requerimos una enorme concentración de la conciencia para escudriñar el laberinto de información innecesaria y a veces hasta errónea. En nuestro propio día a día, estamos completamente inundados de tanta información irrelevante que la tarea de separar lo correcto de lo incorrecto, lo importante de lo irrelevante, se vuelve demasiado abrumadora. Los asesores, los consejeros y otros similares siempre son llamados para ayudar a discernir lo bueno de lo malo.

Ampliando este concepto hasta el límite, el Zóhar considera la posibilidad de segregar lo bueno de lo malo incluso cuando se trata de la vida inanimada. De la misma forma que comprendemos por qué separamos lo bueno de lo malo, una tarea a la que nos enfrentamos a diario, también podemos empezar a ampliar nuestra conciencia referente a nuestra capacidad para actuar sobre la naturaleza física material.

La Era de Acuario ha dado lugar a nuevos fenómenos, impensables hace tan sólo un siglo. La separación y la fragmentación del átomo siguió a una era en la que la idea de la existencia del átomo como fuerza era desconocida para la ciencia. La energía atómica obviamente requiere un átomo. Tal criatura no había nacido en el mundo de la física hasta principios del siglo XX. No obstante, el átomo como idea — un substrato invisible de una sustancia elemental bajo el mundo de la manifestación física— ya se mencionaba en el Talmud. En el siglo XVIII, Newton escribió:

> "...Dios en el principio creó la materia compuesta de partículas sólidas, duras, impenetrables y móviles, de tales formas y tamaños, y con tales otras propiedades, y en tal proporción al espacio, como mejor convenía para el fin para el cual Él las formó".

James Clerk Maxwell, un famoso físico escocés, se dedicó igualmente a la idea newtoniana de un átomo duro, impenetrable y mecánico. En 1873, en su *Tratado sobre electricidad y magnetismo*, escribió:

> *"Aunque en el transcurso de las eras han ocurrido catástrofes y aún pueden ocurrir en los cielos, aunque los sistemas antiguos puedan ser disueltos y nuevos sistemas emerjan de sus ruinas, los átomos a partir de los cuales están construidos el Sol y otros cuerpos celestes —las piedras fundacionales del universo material— permanecerán intactos e indemnes".*

A finales de siglo, el físico alemán Max Planck estaba seguro de que si los átomos existían no podían ser puramente mecánicos. Él creía que el mundo exterior era algo que estaba ahí fuera, independiente del hombre, algo absoluto y fijo. Asimismo, él y aquellos que lo seguían sólo podían ver nuestro universo como algo que siempre está atravesando cambios y lentamente va deteriorándose hacia el azar, resultando al final en desorden y descomposición.

El cuanto cambió todo esto, pero dejó al físico sujetando una bolsa llena de sorpresas, haciéndose más preguntas que nunca. La visión anterior de un universo que se mueve en una sola dirección, hacia la muerte y el deterioro, cambió con la nueva era de la física, que permitía al universo ir igualmente hacia delante o hacia detrás. Así pues, la mariposa podía convertirse de nuevo en una oruga y un anciano en un niño. Lamentablemente, esta enseñanza mecanicista no proporciona ninguna explicación al hecho de que estas cosas no parecen suceder. El anciano no parece volver a convertirse en un niño.

Sin embargo, la doctrina de la reencarnación afirma que el hombre o la mujer ancianos sí vuelven a convertirse en un niño. El período ilusorio de la muerte al renacimiento pertenece al marco de referencia incierto e ilusorio al cual pertenece la mayor parte de la humanidad. Esto podría compararse a un pasajero del tren subterráneo que se sube en una estación, viaja en la oscuridad y llega a la siguiente. Simplemente porque el tren no es visible entre estaciones no altera de ninguna forma el sistema o la ruta hacia su destino. El hecho es que es el mismo tren, excepto por una ausencia ilusoria entre estaciones.

Esto también es cierto para un alma que viaja por la ruta del *tikún* hacia su destino. Al morir, el alma, al igual que el tren, parece desaparecer durante un breve tiempo entre estaciones. Pero el alma, al igual que el tren, vuelve a aparecer de nuevo. El cuerpo ilusorio parece descomponerse. No obstante, en el nivel de la realidad, tanto hacia delante como hacia atrás, gobiernan el orden y la eternidad.

La ciencia todavía no ha alcanzado una conciencia de este nivel de la realidad y, por lo tanto, se hunde en un abismo de oscuridad. Nadie ha expresado esta incertidumbre mejor que Robert Cecil, Rector de la Universidad de Oxford y ex Primer Ministro de Inglaterra, quien en 1894 catalogó el trabajo incompleto de la ciencia con respecto a los átomos en *Evolución: una retrospectiva. Discurso revisado ante la Asociación Británica de Ciencia Avanzada, Oxford, 1894, pág. 27:*

"Lo que el átomo de cada elemento es, ya sea un movimiento, o una cosa, o un vórtice, o un punto que tiene inercia, haya o no un límite a su divisibilidad y, si lo hay, cómo se impone ese límite, si la larga lista de elementos es final, o si cualquiera de ellos tiene algún origen común; todas estas cuestiones permanecen envueltas en una oscuridad más profunda que nunca".

Hace tan sólo un siglo no se sabía mucho sobre los átomos, pero ahora el átomo no sólo domina la existencia de nuestras propias vidas sino también puede ser la causa de la desaparición del planeta Tierra. La ciencia ha evolucionado desmesuradamente y, esencialmente, no tiene pautas morales ni éticas. ¿Qué juramento de lealtad se imponen los científicos a sí mismos? Sus resultados pueden ser aún más devastadores que los de la profesión médica. Después de todo, existe el Juramento Hipocrático, que inyecta algún tipo de responsabilidad en la profesión médica.

La influencia del comercio en todas las ciencias ha ocasionado un perturbador desequilibrio dentro de cada faceta de la existencia humana y ecológica. Recién ahora los efectos del comercio se han convertido en graves problemas. Igual que la industria petroquímica ha convencido a la industria agrícola de que la Madre Tierra, nuestro suelo, necesita invasiones masivas de químicos, las corporaciones farmacéuticas han convencido a la institución médica y a sus pacientes de que para conseguir una buena salud el cuerpo necesita tratamientos y supervisión médica continuos.

No escribí este libro para burlarme del comercio, la comunidad científica o la profesión médica. Mi intención aquí es doble: en primer lugar, quiero aumentar la conciencia de la humanidad durmiente y que esté al tanto de lo que está ocurriendo entre nosotros. Si hemos de creer las estadísticas del cáncer, el corazón, la artritis y otros estudios, parece que la mayoría de norteamericanos no goza de una salud perfecta, ni siquiera satisfactoria. Y si hay algunos que todavía afirman que las cosas están bien, entonces se nos recuerda cada día la amenazante epidemia del consumo de drogas que ya no nos deja vivir a salvo en nuestros propios hogares o caminar por nuestras calles sin preocuparnos por ladrones o atracadores.

En segundo lugar, quiero que la humanidad tome conciencia de un sistema con una larga tradición de dos mil años que Rav Shimón bar Yojái introdujo en su Zóhar y el cual es explicado más a fondo por Rav Yitsjak Luria en *La puerta de la Meditación* y *La puerta del Espíritu Santo*. Estas obras nos proporcionan las herramientas para obtener un control total y general de nuestro espacio interior cuando a nuestro alrededor todo se derrumba y todo el mundo busca entendimiento.

Richard Feynman, un conocido físico teórico, cuando se dirigió a los estudiantes del Instituto de Tecnología de California, planteó esta pregunta: "¿Qué significa entender algo?". Su entendimiento de las limitaciones humanas, más el reconocimiento de que esencialmente sólo utilizamos el cinco por ciento de nuestra mente mientras que el resto está dormido, forma su respuesta en su libro *Seis piezas fáciles: La física explicada por un genio*, 1995:

¿Qué significa "entender" algo? Podemos imaginar que este complicado orden de cosas móviles que constituye "el mundo" es algo parecido a una gran partida de ajedrez jugada por los dioses, y que nosotros somos los observadores del juego. No sabemos cuáles son las reglas del juego; todo lo que se nos permite hacer es mirar la partida. Por supuesto, si observamos el tiempo suficiente, puede que finalmente captemos unas pocas reglas. Las reglas del juego son a lo que nos referimos con física básica. Sin embargo, aunque supiéramos todas las reglas, puede que no podamos entender por qué se realiza un movimiento determinado en la partida, simplemente porque es demasiado complicado y nuestras mentes son limitadas. Si juegas ajedrez debes saber que es fácil aprender todas las reglas y, aún así, a menudo es muy difícil seleccionar el mejor movimiento o entender por qué un jugador se mueve como lo hace. Así ocurre también en la naturaleza, aunque mucho más; pero puede que finalmente podamos descubrir todas las reglas. En realidad, no tenemos todas las reglas ahora. (De vez en cuando ocurre algo como el enroque que todavía no entendemos). Además de no saber todas las reglas, lo que podemos explicar realmente con base en esas reglas es muy limitado, porque casi todas las situaciones son tan enormemente complicadas que no podemos seguir las jugadas de la partida utilizando las reglas, y mucho menos saber lo que va a pasar a continuación. Así pues, debemos limitarnos a la cuestión más básica de

las reglas del juego. Si conocemos las reglas, consideramos que "entendemos" el mundo.

La idea presentada por este famoso físico es que esencialmente el verdadero entendimiento parece un logro muy poco probable. Hay demasiadas cosas ahí fuera y su interconexión hace que el asunto sea aún más complicado. Entonces, ¿qué esperanza tiene el futuro para nosotros cuando todo con lo que nos relacionamos, o en lo que participamos, contiene tanta incertidumbre?

En el principio de incertidumbre, tal como lo presenta la ciencia, veo el diseño más grande de la Era de Acuario. Tras la profunda estructura de la física newtoniana clásica, que en sólo tres siglos había empezado a reformar totalmente la conciencia humana, yace un compromiso básico con una visión mecanicista de la vida. La tendencia era alejarse de la doctrina religiosa, que había dominado la vida de la gente durante tanto tiempo. Esta nueva civilización estaba profundamente comprometida con unas creencias de una naturaleza totalmente distinta a las de generaciones anteriores.

Esta percepción newtoniana, que ya no domina el pensamiento científico, era demasiado rígida. Por consiguiente, era necesaria una transformación completa en la nueva era de la física. No obstante, ahora volvemos a necesitar más cambios. Debemos actuar positivamente y con asertividad, pues nos encontramos al borde de la destrucción de toda la humanidad. La realidad ilusoria debe ser reemplazada por valores verdaderos. Si continuamos contaminando nuestras aguas para enriquecernos, pronto no tendremos agua clara y potable. Los beneficios ilusorios que vemos hoy, no serán sino la destrucción que veremos mañana. Cuando nos destrozamos los unos a los otros en los negocios para obtener un rápido beneficio, el resultado final tiene que ser aviones defectuosos, lluvia ácida y guerra. La Kabbalah y sus doctrinas están ahora preparadas para reemplazar la incertidumbre y la ilusión por la realidad y la integridad de una naturaleza eternamente providencial.

Las enseñanzas kabbalísticas proporcionan al individuo la capacidad de crear un espacio o universo interno y privado, en el que todas las rutinas de incertidumbre, caos, desorden y destrucción se consideran como estados ilusorios inefectivos. ¿Suena demasiado bueno para ser verdad? Aun así, la Biblia está repleta de descripciones y narraciones de este fenómeno de la Era de Acuario.

Convertirse en un estudiante de Kabbalah requiere un profundo compromiso con la cosmovisión kabbalística. El primer paso en este compromiso es la comprensión de que Satán, nuestro ego particular, es la fuerza que amenaza nuestra existencia misma. El ego es el factor subyacente de la expresión limitada de nuestra conciencia del cinco por ciento. Cuando todo a nuestro alrededor se ha convertido en incertidumbre, el ego nos prepara con un conveniente lapso de memoria. Nuestro ego nos convence de que todas nuestras decisiones y actividades son el resultado directo de nuestra propia mente y nuestros pensamientos conscientes. Como directores corporativos, tomamos decisiones que van en detrimento del bienestar de los consumidores, los pacientes y otros, así como nuestra descendencia y las generaciones siguientes. Al tomar decisiones comerciales, nos volvemos miopes y sólo abarcamos nuestras posturas actuales egoístas y nuestros beneficios inmediatos. Como resultado, todo el medio ambiente y la naturaleza al completo sufrirán enormemente a causa de nuestra injustificable falta de Deseo de Compartir en un nivel cuántico.

El paso siguiente en el proceso de compromiso requiere una mente abierta ante toda la información presentada por las enseñanzas kabbalísticas. Al principio puede parecer algo sencillo, pero teniendo en cuenta la programación inherente que la mayoría de nosotros hemos experimentado durante nuestros primeros años, la liberación de nuestras ideas preconcebidas es el factor más importante que evita que se produzca la revolución popular de la información. Superar este obstáculo requerirá un esfuerzo y un compromiso monumentales si lo que queremos es obtener el control sobre nuestro entorno contaminado.

La fragmentación en cada una de las facetas de nuestra vida ha originado en nosotros una naturaleza profundamente inhumana. Las grandes corporaciones formulan la manera en que vivimos y nos comportamos. La explotación de nuestros recursos naturales, la competencia desleal y el uso de la intimidación o el soborno son aspectos frecuentes en las actividades corporativas actuales. La maximización de las ganancias, que en sí misma es algo respetable, se convierte en el bien principal, excluyendo cualquier otra consideración. Para *tener éxito,* los ejecutivos corporativos deben renunciar a la humanidad que, con suerte, emplean en sus vidas personales. Cuando entran en los corredores de los grandes negocios, no hay espacio para los sentimientos y los remordimientos.

Ya sea por necesidad urgente o por iluminación espiritual, la inevitable revisión de nuestros conceptos y teorías básicas debe ser tan radical que surge la pregunta de si nuestro sistema actual sobrevivirá. Desde una cosmovisión kabbalística, los marcos de referencia actuales están obsoletos. Debemos enfocarnos de nuevo en la relevancia de las actitudes humanas, los estilos de vida y los valores reales. Debemos lidiar con las potencialidades humanas e integrarlas en la matriz subyacente de nuestro sistema global. En este sistema óptimo, el kabbalista ve un acuerdo de trabajo cooperativo entre lo espiritual y lo científico.

Para aquellos individuos preparados para aceptar las realidades verdaderas y obvias de la vida, procedamos a ver la perspectiva kabbalística sobre los dilemas a los que nos enfrentamos en la Era de Acuario. ¿Cómo superaremos sus inminentes desastres?

La primacía de la apariencia física es un hecho de la vida cotidiana del cual ni el científico ni el kabbalista pueden escapar. Ambos deben siempre volver de sus laboratorios o estados meditativos de conciencia a lo que comúnmente se refiere como el mundo de *bots* (barro). Por ahora, esta apariencia física mundana sigue ejerciendo su poder, siendo lo que casi nunca cambia ni un ápice a raíz de los descubrimientos de la ciencia o la Kabbalah. El Ministerio de Sanidad, armado con sus pruebas de laboratorio, advierte sobre los efectos nocivos del tabaquismo, y aun así millones de personas siguen fumando. El kabbalista regresa de su meditación para ofrecer la doctrina de la Restricción con el fin de crear efectos positivos en el individuo y el mundo, y aun así millones de personas siguen ignorando este mensaje.

El mundo todavía continúa en su feliz rumbo hacia la contaminación de los alimentos que comemos, el agua que bebemos y el aire que respiramos. ¿Por qué? Porque no podemos discernir o diferenciar entre lo que es real y lo que es ilusorio. La apariencia sigue siendo la misma. El aire que respiramos no ha tomado una apariencia distinta. Los alimentos que consumimos tienen incluso una mejor apariencia y más brillo. Los envases han mejorado. El agua, en su mayor parte, mantiene el mismo color visible y sabor. A pesar de los análisis de laboratorio, en realidad nada ha cambiado.

La búsqueda incesante de los fundamentos que hay bajo las apariencias externas por parte de la ciencia moderna ha dado una nueva validez a la creencia de que la apariencia física podría ser una ilusión artificial. Ahora estamos empezando a "leer entre líneas". Pero no hay nada más entre las líneas que lo que podemos observar. Simplemente hacemos uso de expresiones que no examinamos con la seriedad suficiente. Aun así, la ciencia ha alcanzado finalmente un nivel de conciencia. Incluso los científicos están de acuerdo en que no podemos considerar la realidad física como nada más que ilusoria.

Los resultados de la ciencia han sido más bien desconcertantes, por no decir rotundamente confusos. Los científicos no pueden dar una explicación completa de la "realidad" en un lenguaje accesible que pueda ser científicamente demostrable en un laboratorio, ni pueden probar la realidad de forma efectiva mediante la tecnología de tubos de ensayo. Parece que la existencia física manifestada debe dominar nuestro pensamiento y comportamiento, excluyendo la realidad no física y la causalidad subyacentes. La pregunta fundamental es: "¿Cómo existiremos en los dos mundos, el físico y el metafísico?". Debemos tener siempre presente que lo que percibimos en nuestro nivel mundano debe estar en conformidad con el Deseo de Recibir para Compartir. Debemos estar constantemente conscientes de que nuestras acciones cotidianas estén en armonía con los aspectos del compartir.

En la superficie, en la vida cotidiana, las cosas a menudo parecen no tener una forma organizada. Sin embargo, si miramos más detenidamente, parece haber un orden oculto. Tomemos por ejemplo los mensajes en código morse. Para alguien que desconoce el código, puede parecer una mezcla desordenada de sonidos, pero para el iniciado el código es una señal inteligente. Cuando la información está oculta en otra cosa, puede ser extremadamente difícil de descubrir.

Estos dos universos paralelos han sido identificados en términos de la realidad del Árbol de la Vida, el nivel verdadero y ordenado de conciencia, y la fase del Árbol del Conocimiento del Bien y del Mal de nuestra realidad ilusoria. Es aquí donde el azar, la incertidumbre, el caos, el deterioro, el desorden, la enfermedad y el infortunio hacen sentir su presencia. Esta incertidumbre sostiene que cuanto más miramos la realidad interna y verdadera del mundo subatómico, con menos claridad podemos distinguir las características de las partículas individuales. Los científicos están de acuerdo sin reparos en que cualquier objeto, como una silla, no existe físicamente hasta que el observador se fija en su presencia. En otras palabras, cuando me siento en la silla, la silla se ha convertido para mí en una realidad. Así pues, a todos los efectos, la silla existe y no existe, dependiendo de quién se fija en su presencia.

Este problema ya se ha tratado en el Zóhar.[81] La idea de dos realidades y de cómo "estar en ambos sitios al mismo tiempo" ha sido siempre conocida para el kabbalista.

> *"Entonces dirás a Aharón: Toma tu vara". ¿Por qué la vara de Aharón y no la de Moshé? Porque la vara de Moshé era más sagrada, la energía del Nombre Sagrado superior había sido grabada en ésta, y el Eterno no quería que se ensuciara entrando en contacto con las varas de los hechiceros egipcios... Rav Jiyá le preguntó a Rav Yosi: Ya que el Eterno sabía que los hechiceros egipcios eran capaces de convertir sus varas en serpientes, ¿por qué ordenó a Moshé y Aharón que realizaran esta señal ante el Faraón? No había nada espectacular en esto para él. Rav Yosi contestó: El dominio del Faraón se originó con la energía-inteligencia de la serpiente y, por lo tanto, su castigo comenzó con la serpiente. Cuando los hechiceros vieron cómo la vara de Aharón se convertía en una serpiente, se regocijaron porque sabían que podían hacer lo mismo. Pero entonces la serpiente de Aharón volvió a convertirse de nuevo en una vara, tal como está escrito: "Y la vara de*

Aharón se tragó sus varas".[82] *Ellos y el Faraón se quedaron atónitos, y se dieron cuenta de que había un poder superior en la Tierra.*

Así, Aharón mostró una doble señal, una arriba y una abajo. Una arriba demostrando al Faraón que había una serpiente superior que gobernaba sobre la de ellos. Y una abajo haciendo que la energía-inteligencia de la madera dominara a sus serpientes.

¿Piensas que los magos a los que se refiere estaban solamente produciendo ilusiones y fantasías? Sus varas realmente "se convirtieron en serpientes", las varas se manifestaron físicamente como serpientes. Y dijo Rav Yosi: Aun cuando sus serpientes volvieron a ser varas de nuevo, la vara de Aharón se las tragó. Tal como está escrito: "Y la vara de Aharón se tragó sus varas".

Muchas revelaciones asombrosas emergen del Zóhar, y cuando consideramos sus implicaciones, éstas deben y lograrán proporcionarnos algunas de las herramientas cruciales que necesitamos para enfrentarnos a la crisis de la polución y contaminación. La posibilidad del control de la mente sobre la materia está claramente demostrada por la capacidad de Aharón y de los hechiceros de convertir sus varas en serpientes y luego de nuevo en varas. Además, el Zóhar aprovecha la oportunidad para insistir en que este escenario es algo que existe en la realidad verdadera. Al estar familiarizado con la idea de que la técnica de la "sugestión" y de "ir más rápido de lo que el ojo puede ver" pueden haber estado involucradas en la narración bíblica, el Zóhar descifra el Código Bíblico para enfatizar el hecho de que lo que está involucrado en este enfrentamiento metafísico es el poder de la mente sobre la materia.

La interpretación zohárica de los versículos bíblicos es que las varas en realidad se convirtieron en serpientes, insistiendo en que sus hazañas no eran ilusiones o fantasías. Todos conocemos a Harry Houdini, el escapista, y Doug Henning, de quien se dice que puede hacer desaparecer la Estatua de la Libertad y un Boeing 747 ante la mirada de diez mil personas. Este no fue el caso en Egipto. Ellos tenían un asombroso poder de control sobre la estructura molecular y atómica de la materia.

Debemos mantenernos siempre conscientes de nuestro propio cuerpo físico, que consiste en un 99 por ciento de átomos y sólo un uno por ciento de materia. Obviamente, el dominio de nuestro cuerpo descansa en los átomos internos e invisibles. ¿Y qué son los átomos sino energía-inteligencia consistente en protones (conciencia positiva, energía-inteligencia del Deseo de Compartir), electrones (conciencia negativa, energía-inteligencia del Deseo de Recibir) y neutrones (la centralidad, energía-inteligencia de la conciencia del Deseo de Recibir para Compartir).[83]

La conciencia es un escenario cósmico. A pesar de los esfuerzos realizados por la institución científica para presentar la humanidad como algo que no tiene ningún papel dentro del mecanismo cósmico, la perspectiva kabbalística del hombre siempre lo ha colocado como la figura central dentro de nuestro cosmos. Pero hoy en día, más que nunca, la humanidad se ve a sí misma como un componente más de una enorme computadora. Para muchos, esa computadora es percibida como algo que ha superado la capacidad de un ser humano. Parece que el hombre no puede alterar ni rediseñar el cosmos.

El kabbalista dice que esto no es así. La Biblia decretó que el hombre ciertamente podía alterar y alteraría la influencia del orden cósmico. El Eterno reconoció la necesidad de un cosmos que permitiera la existencia de la mente como una entidad separada que puede actuar sobre la materia, haciendo que se comporte en aparente violación de las leyes y los principios naturales del universo.[84]

Otra asombrosa revelación, una más fascinante y pertinente a nuestro presente dilema ambiental, es la declaración bíblica: "La vara de Aharón se tragó sus varas". La idea de que las energías-inteligencias metafísicas dominan toda la materia física corpórea es sostenida por el Zóhar cuando declara: "Una arriba", demostrándole al Faraón que había una serpiente superior que gobernaba sobre su serpiente.

Cuando ocurrió el llamado milagro en el que la vara de Aharón se traga las varas de los hechiceros, el Zóhar concluye que una señal abajo "haciendo que la energía-inteligencia de la madera dominara a sus serpientes", indicaba que existía un sistema y un método en nuestro universo para vencer a la oscuridad y las energías-inteligencias negativas. La palabra "serpientes" es un código para la conciencia conectada con el Señor de la Oscuridad y relacionada con todas las manifestaciones negativas que existen con el único propósito de causar estragos y caos en nuestra vida. Ningún reino podía escapar a la ira del Señor de la Oscuridad cuando el dominio de nuestro medio ambiente fue entregado al imperio de su flota de la estrella de la muerte.

Los residuos nucleares, el aire contaminado, la lluvia ácida, las frutas y verduras envenenadas, la contaminación de los peces, todo ello ha confluido en nuestro presente para crear pánico entre la gente. Una oleada de revolución nunca antes soñada se ha apoderado de la conciencia del hombre de la calle. Para la mayoría de personas, comer está empezando a parecer algo peligroso, con riesgos reales. El Señor de la Oscuridad se ha apoderado de la estructura misma de nuestra vida.

Por el momento, el movimiento prudente sería dejar de respirar. La información recogida por la Agencia de Protección del Medio Ambiente (EPA) de Estados Unidos muestra que el aire puede ser mucho más venenoso de lo que se había pensado. La industria libera a diario miles de millones de kilos de sustancias tóxicas al aire. Por lo que parece, el aire debería llevar una advertencia del Ministerio de Sanidad declarando: "Deje de respirar ahora y reducirá significativamente graves riesgos para su salud".

Hagamos una pausa por un momento y examinemos los componentes fundamentales que han creado la crisis a la que ahora nos enfrentamos. Debemos explorar el origen de la polución y los residuos tóxicos antes de empezar a encontrar alguna solución sensata para eliminar estas fuerzas destructivas y evitar que invadan nuestro propio ser.

Un buen punto de partida para nuestra investigación es, como siempre, el código cósmico de la Biblia. El Zóhar declara que el Eterno creó dos constelaciones básicas.[85] Un poder cósmico equivalente del bien y el mal fue otorgado a estas dos constelaciones respectivamente. Así pues, los dos sistemas fundamentales del bien y el mal podían ahora ejercer influencia cósmica sobre el hombre. Entonces se inició la batalla entre el bien y el mal.

La idea del bien y el mal se originó como el Árbol del Conocimiento del Bien y del Mal, mencionado en la Biblia.[86] Es al pecado[87] a lo que Adán y la humanidad le deben su existencia corpórea. Nacido de la polución de toda la materia física por su conexión con el Árbol del Conocimiento, Adán rompió así la relación entre el Hombre y la conexión con el espacio exterior (el Árbol de la Vida).[88] Antes de esto, el Reino de la Realidad Superior y la existencia mundana de la Tierra eran de un solo pensamiento y estaban en perfecta armonía. Los manantiales y los canales a través de los cuales todas las cosas de la región Celestial superior fluían a los reinos inferiores estaban todavía activos, completos y plenamente compatibles. Las vasijas —todas las formas de existencia corpórea— y la Fuerza de Luz estaban todavía en perfecta sintonía una con la otra.

Cuando Adán pecó, la conexión con el "pensamiento" cósmico se quebró. El orden de las cosas se convirtió en caos. La Fuerza de Luz era sencillamente más de lo que se podía manejar. Esta energía cruda y pura de tanta intensidad no fue creada para nuestro mundo de acción.

El proceso de pensamiento del espacio exterior (Árbol de la Vida) estaba más allá de los límites del tiempo, el espacio y el movimiento. El Árbol del Conocimiento del Bien y del Mal, con todos sus factores limitantes, era insuficiente para canalizar la comunicación Celestial. Por consiguiente, el Código Bíblico continúa: "y cosieron hojas de higuera y se hicieron *hagorot* (vestimentas protectoras)",[89] las cuales eran ahora necesarias para sustentar la energía-inteligencia primaria de la Fuerza de Luz. Este nuevo desarrollo es similar al de los astronautas que hoy en día necesitan trajes espaciales especialmente diseñados para protegerse de los peligros del espacio exterior.

Ahora la doctrina de la desnudez se alinea cercanamente al concepto de la conexión con el espacio exterior. El alma individual retiene su propia existencia particular sólo en relación con su capacidad para sostener la energía-inteligencia de la Fuerza de Luz. De la misma forma que los cables eléctricos vivos o expuestos no tienen ningún propósito útil, cuando Adán y Eva fueron separados cósmicamente del proceso de pensamiento por su actividad pecaminosa, dejaron de estar de acuerdo con la interacción dinámica del todo absoluto. Su incapacidad para manejar la intensidad de la Fuerza de Luz los dejó desnudos.

Así pues, el comportamiento contaminado y pecaminoso de la humanidad está detrás de la crisis a la que nos enfrentamos en la actualidad. El asombroso poder del átomo es el resultado de un proceso en el que los núcleos de uranio se rompen en fragmentos. La creación de un átomo fragmentado ha llevado a un profundo desequilibrio ambiental que genera numerosos síntomas de mala salud y mala voluntad. La división del átomo es precisamente el perturbador escenario creado por el pecado de Adán.

Cada acción del hombre es conducida por los canales del cosmos, lo sepa el hombre o no. Cada terremoto, cada supernova, cada guerra, es el resultado directo de la violencia y el odio que hay en los corazones de los hombres. Tenemos, al alcance de nuestros dedos, la capacidad de recrear el Jardín de Edén. En su lugar, construimos cabezas nucleares y nos preparamos para un infierno atroz. Dos naciones en guerra escupen su venganza la una a la otra hasta que ambas acaban exhaustas. La nube de odio puede haberse desvanecido, pero el caos y el sufrimiento de las familias individuales permanece. La humanidad debería haber aprendido lo inútiles que son la guerra y el odio, pero la envidia y el mal de ojo siguen formando parte del panorama humano.

Por consiguiente, la polución y la contaminación, producidas por las actividades de la humanidad, pueden ser eliminadas por la capacidad del hombre de modificar su conducta hacia un enfoque más positivo. La única alternativa para aquellos que no sienten odio ni envidia por su prójimo, para aquellos que no dejan que su avaricia se infiltre en su propia esencia, es a través de la Luz del Creador, aprendida mediante las enseñanzas de la Kabbalah.

¿Dónde ha habido alguna vez un sistema que pueda alterar el destino cósmico? A pesar del aire polucionado y el agua contaminada, ¿pueden las personas positivas y espirituales permanecer inafectadas por nuestro medio ambiente caótico?

Suena como una extraña historia de ciencia ficción afirmar que las personas familiarizadas con las doctrinas de la Kabbalah pueden y lograrán disfrutar de agua fresca y no contaminada, cuando todas las personas a su alrededor busquen agua fresca sin encontrar ni una gota. El Zóhar y el Código Bíblico no consideran este fenómeno como algo más allá del entendimiento del pensamiento–conciencia de la humanidad. El Zóhar explica:[90]

> *"Y el Eterno le dijo a Moshé: 'Dile a Aharón: Toma tu vara y extiende tu mano sobre las aguas de Egipto, sobre sus ríos, sobre sus arroyos, sobre sus estanques y sobre todos sus depósitos de agua para que se conviertan en sangre'".*[91] *Rav Yehuda dijo: Debemos concentrarnos en este pasaje. ¿Cómo pudo haber ido él a todos estos lugares, a saber: a todas las aguas de Egipto y todos los estanques de toda la tierra de Egipto? [...] Él responde: "Las aguas de Egipto" son el Río Nilo. Todos los otros estanques y arroyos y manantiales y todas sus aguas se llenaban desde ahí. Por lo tanto, Aharón alzó su mano sólo para golpear al Nilo. Ven y ve que esto es así, porque está escrito: "Y Egipto no podía beber agua del Nilo".*[92] *Así pues, vemos que el Río incluye a todas las aguas de Egipto.*

Lo que el Zóhar deja muy evidente es el efecto cuántico de Aharón y su conciencia espiritual. El dominio de Aharón sobre la vasta extensión del cosmos fue demostrado cuando todas las aguas de Egipto se contaminaron de sangre. No había ninguna necesidad de que Aharón entrara en contacto directo con cada una de las aguas de Egipto.

El Zóhar continúa:

> *Ven y ve: el Firmamento que contiene el Sol y la Luna y las estrellas y las constelaciones es el lugar de reunión del agua, puesto que recibe toda el agua, a saber: todas las luces y las aguas de la Tierra, que es el Mundo Inferior, Maljut. Tan pronto como la Tierra recibe las aguas, las extiende y las divide a cada lado, y desde ahí todo es irrigado.*
>
> *Durante el tiempo en el que el Juicio [energía-inteligencia negativa] prevalece sobre el mundo, entonces el Mundo Inferior [físico], que es Maljut, no se nutre ni se conecta con las energías-inteligencias positivas del Firmamento Superior [del Sol y la Luna], sino que nutre del Lado Izquierdo que no está incluido en el Derecho. Entonces Maljut es llamada "La espada del Eterno está llena de sangre".[93] ¡Ay de aquellos que entonces se nutran de ella y sean sustentados por ella![94]*

Este breve resumen zohárico nos da una idea de la profunda diferencia entre la interpretación superficial del Código Bíblico y su comprensión como código cósmico por parte de los kabbalistas. La energía-inteligencia de cada versículo tiene una relevancia sobre la interacción dinámica del universo. Si se considera la totalidad del universo como una máquina enorme y compleja, entonces el hombre es el técnico que hace que las ruedas sigan girando, proporcionando combustible en el momento adecuado.

Esencialmente, la energía-inteligencia de la actuación y la actividad del hombre es lo que proporciona este combustible. Por consiguiente, la presencia del hombre tiene una importancia central debido a que esta se desarrolla ante un fondo de infinidad cósmica. La concepción mística de la Biblia es fundamental para el entendimiento del cosmos, junto con sus leyes y principios. La Biblia debe verse como un vasto *corpus simbolicum* de todo el mundo. A partir de este código cósmico de la realidad de la Creación, el inexpresable misterio del reino celestial se vuelve visible.

El versículo en Yeshayahu: "La espada del Eterno está llena de sangre", parece indicar la vulnerabilidad del agua y la conexión que el agua tiene con el lado del mal.[95] Cuando la negatividad del hombre prevalezca dentro del cosmos, el agua se convertirá en sangre o cualquier otra forma de contaminación. En otras palabras, la materia o sustancia material está sujeta al dominio de las energías-inteligencias positivas o negativas prevalentes en cualquier momento dado.

Las tres fuerzas fundamentales de nuestro universo, el Deseo de Recibir, el Deseo de Compartir y la Restricción (el Deseo de Recibir para Compartir), están contenidas dentro del átomo y están físicamente expresadas y manifestadas en todas las formas materiales. Estas tres fuerzas, designadas en la física como el electrón, el protón y el neutrón, representan las energías-inteligencias intrínsecas del pensamiento. El electrón hace manifiesta la energía-inteligencia de recibir de la

Columna Izquierda. El protón expresa el pensamiento de la energía-inteligencia de compartir o Columna Derecha. La misteriosa tarea de los neutrones es la de crear una unificación de las dos fuerzas opuestas, protón y electrón. En la visión kabbalística del neutrón, su característica inherente es la Columna Central de Restricción.[96]

La amenaza de polución y contaminación es el mayor peligro al que se enfrenta la humanidad hoy en día. Nuestra crisis actual es el resultado directo de la capacidad de la humanidad de invadir la estructura atómica. La preponderancia de la actividad humana negativa ha creado un dominio de la negatividad sobre todo el cosmos.

Por consiguiente, la polución y la contaminación reflejan este desequilibrio dentro del universo. El agua está influenciada y controlada por un factor de energía-inteligencia positiva, el protón. No obstante, con la enorme actividad humana negativa colándose por todas las rendijas de nuestra vida comunitaria, no es extraño que las fuerzas satánicas y del mal de la energía-inteligencia negativa del agua permanezcan ahora en control de nuestras aguas, nuestros alimentos y el medio ambiente global.

La situación aparentemente no tiene remedio, sin perspectiva de mejora. Si no fuera por el conocimiento kabbalístico, la futura ecología de nuestra civilización podría seguir en peligro y el fin de la Tierra podría ser una realidad probable. La verdad kabbalística sobre el tema es que para aquellos que sigan las doctrinas de la Kabbalah, el futuro no parece tan desalentador como uno podría imaginarse. La frase frecuentemente citada del Zóhar,[97] "Desafortunados aquellos que vivan en ese tiempo [la Era de Acuario], pero afortunados aquellos que vivan en ese tiempo", da fe de la existencia de una realidad cósmica dual. Así pues, parece existir un cosmos dentro de un cosmos.

Las enseñanzas de la Kabbalah nos proporcionan la oportunidad de separarnos de la realidad cósmica física y contaminada, y conectarnos con el total esencial unificado. "Dios", tal como señaló Einstein, "no juega a los dados con el universo". No es un productor cruel, antipático e insensible a las necesidades de la humanidad. A pesar de nuestras abrumadoras frustraciones globales, podemos hacer algo con nuestras vidas y nuestro mundo.

De hecho, en la Biblia se describe una situación similar, en la que el mundo entero estaba dominado y controlado por las fuerzas del mal, cuando se refiere al período del Éxodo y el Reino Medio de Egipto.[98] La idea de dos realidades cósmicas está explicada de forma más extensa en el Zóhar:

> *"La espada del Eterno está llena de sangre".[99] ¡Ay de aquellos que tengan que beber de esta copa! En tales momentos, el mar toma de ambos lados (central-positivo y negativo) y se divide en dos partes: blanca del lado de la Misericordia y roja del lado del Juicio. Así, era el destino de Egipto, a saber: el rojo, ser arrojado al Nilo, y el castigo fue infligido desde Arriba y Abajo.*

> *Por lo tanto, Israel, conectado con las energías-*
> *inteligencias centrales-positivas —la parte blanca*
> *de Maljut, la parte blanca de la realidad física*
> *ilusoria— bebió agua. Los egipcios, atraídos hacia*
> *la energía-inteligencia negativa del mal —el*
> *aspecto rojo de Maljut— bebieron sangre.*

> *Asimismo, no entiendas o interpretes la plaga de*
> *sangre como meramente una de naturaleza*
> *desagradable. Sino ven y ve la importante*
> *característica de esta plaga. Cuando los egipcios*
> *bebieron la sangre, entró en sus intestinos, hasta que*
> *decidieron comprar el agua de los israelitas, y*
> *entonces bebieron agua.*[100]

La separación de las dos realidades del universo se revela de forma asombrosa en la interpretación zohárica de la Primera Plaga, sangre. Los israelitas no se vieron afectados en modo alguno por las aguas que se convertían en sangre. Además, el control de los israelitas sobre el agua se extendía más allá de su entorno inmediato. En virtud del efecto cuántico, se aseguraron de que el agua comprada por sus compañeros israelitas, una vez purificada, permaneciera en un estado no adulterado aun cuando fuera bebida por los egipcios. Este esperanzador pensamiento del Código Bíblico y su instrumento descifrador, la Kabbalah, es precisamente lo que será necesario en nuestra Era de Acuario.

El verano de 1988 fue una revelación de cosas que están por venir, una experiencia de lo peor de la casa de los horrores. El inodoro del océano estaba devolviendo. Los residuos médicos empezaron a ser arrastrados a las playas, desde Long Island hasta la costa de Nueva Jersey. En el esfuerzo para restaurar nuestros océanos y nuestras granjas, como en otras luchas por un medio ambiente más puro, ganamos las batallas, pero no la guerra. En el momento en que se logra cada pequeña victoria, las fuerzas de la avaricia y la negatividad humana están trabajando contra ésta.

Quizás estas tempranas peleas sobre el medio ambiente escalarán a una conciencia global y un reconocimiento del hecho de que, en definitiva, toda la humanidad sufre de apetitos incontrolables. Quizás esta contaminación y polución servirán como modelo para que todo el mundo se una contra el enemigo común: la avaricia y el Deseo de Recibir para Sí Mismo. Posiblemente, el impacto que la avaricia ha causado marcará un cambio radical en nuestra consideración por la humanidad y todos los habitantes del planeta.

La invasión del ambiente marino debido a nuestro persistente vertido de toxinas humanas, residuos radioactivos y químicos, está ahora regresando para acosarnos. Parece no haber otra escapatoria que la realidad de que dentro de la Kabbalah se halla la salvación de la Tierra.

Hay secciones del Zóhar llamadas *Raayá Meheimná* (el Pastor Fiel), las enseñanzas que Moshé enseñó a Rav Shimón bar Yojái. Citamos ahora esto de una de dichas secciones del Zóhar:

> *"Pero los entendidos comprenderán",*[101] *pues ellos son del lado de Biná (Inteligencia), que es el Árbol de la Vida.*[102] *Y debido a esta gente sabia, está escrito en el Libro de Daniel: "Los entendidos brillarán como el resplandor [Zóhar] de los Firmamentos, y los que son instrumento y responsables de guiar a muchos a la rectitud espiritual, que ascienden en número al de las estrellas, por toda la eternidad".*[103] *Sólo en virtud de tu libro, Rav Shimón Bar Yojái, que es el Libro del Esplendor (Zóhar), Israel probará del Árbol de la Vida, que es el Zóhar. Sólo a través del instrumento del Zóhar la humanidad será sacada del exilio con compasión.*[104]

El Zóhar y el Libro de Daniel están unidos inextricablemente entre ellos. Su lenguaje es de origen arameo. Muchas leyendas han nacido en torno a Daniel en la tradición musulmana y cristiana, así como en la sabiduría popular judía. Una tradición mantenida entre los kabbalistas relata que Daniel y Mordejái regresaron de Jerusalén a Persia con las enseñanzas de la Kabbalah, que posteriormente se hizo conocida como la palabra escrita del Zóhar por el Sabio Rav Shimón bar Yojái. La doctrina kabbalística codificada en el *Libro de Esther* proporcionó a los judíos de Persia el armamento metafísico con el cual vencieron al malvado y holocáustico decreto de Amán contra el pueblo judío.[105]

El codificado *Libro de Daniel* está repleto de referencias a la Era de Acuario. El Zóhar devela sus misterios. Los secretos que una vez trajeron una Era de Acuario *temporal* a Persia ahora son nuestros. En la actualidad, esperamos una Era de Acuario permanente.

Durante siglos, hemos asumido que por muy complejo que un aspecto de la naturaleza pudiera parecer, la ciencia siempre encontraría la respuesta. Recientemente, y sólo en las últimas décadas, la comunidad científica ha tomado conciencia de que nos hallamos frente una variedad desconcertante y confusa de formas de vida con las cuales la nueva física es incapaz de lidiar adecuadamente. Por otro lado, cuanto más profunda es nuestra investigación, más simple se vuelve la tarea. Pronto estaremos en el umbral de toda una nueva era de la física.

La ruta de la nueva física del futuro, al menos para el hombre común, se encuentra más allá de la dimensión de la realidad física de nuestro mundo. La ruta nos permitirá ir más allá del espacio-tiempo en nuestro análisis. Un día abriremos una puerta no más grande que el ojo de una aguja y ante nosotros se abrirán las Puertas Celestiales, exponiendo la brillante interconexión del universo con toda su belleza y simplicidad.[106]

Con relación a la llegada de esa fecha, el Zóhar tiene más esperanzas que la ciencia, la cual debe confiar mayormente en el azar y la probabilidad. El *Libro del Esplendor* puede proporcionar un vínculo y un contacto directos con la energía-inteligencia universal, y puede presentar el mundo de la metafísica como una ciencia exacta y simplificada. La ciencia de la Kabbalah da respuesta a muchos de los aspectos enigmáticos de la naturaleza, y aun así sigue siendo elegantemente simple.

La cosmovisión del Zóhar de nuestro universo trasciende lo físico y ocupa un marco más allá del espacio-tiempo, mientras que la era moderna de la física permanece fija y limitada a los marcos tal como fueron presentados por Einstein. La visión kabbalística de la realidad que hemos descrito está basada en una percepción profunda de las narraciones y los relatos codificados de la Biblia. La descripción proporcionada por la Biblia suena bastante similar a la descripción de los sistemas modernos del espacio. Esta descripción enfatiza la conexión con el espacio exterior como los sistemas de energía-inteligencia denominados el Árbol de la Vida.[107]

> *Rav Elazar dijo: Un día el Eterno reestablecerá el mundo y fortalecerá el espíritu de los hijos del hombre para que prolonguen sus días para siempre. Tal como está escrito: "Porque según los días de los árboles serán los días de Mi pueblo".[108] Esto es una alusión a Moshé, a través de quien se entregó la Ley y quien otorgó la vida del Árbol de la Vida a los hombres. Y en verdad, si Israel no hubiera pecado con el Becerro de Oro,[109] habrían estado a salvo de la muerte, puesto que el Árbol de la Vida habría sido descendido sobre ellos.[110]*

Moshé proporcionó una conexión cósmica para los hijos de Israel que controlaría los factores del deterioro dentro de la realidad del Árbol del Conocimiento, incluyendo la inmortalidad eterna. Moshé atrajo la fuerza de energía cósmica positiva que lo incluye todo conectándose a esta fuente de energía desde el Árbol de la Vida.

Todos los incidentes bíblicos sugieren conceptos que nos llevarán de nuestro conocido mundo material de la experiencia humana a una visión de la realidad sutil y hermosa. Las enseñanzas kabbalísticas forman gran parte del hilo universal de nuestro orden cósmico, el Árbol de la Vida.

FISIÓN O FUSIÓN

FISIÓN O FUSIÓN

MIENTRAS ESCRIBO ESTE CAPÍTULO, LA CARRERA POR LA FUSIÓN, EXPLICADA EN gran detalle en las siguientes páginas, ha iniciado una histeria científica con la esperanza universal de que estamos cerca de enjaular el poder del universo dentro de una planta de suministros corriente. La fusión no genera gases invernadero como nuestros reactores nucleares actuales, que calientan el planeta o elevan los niveles del mar y provocan sequías. La fusión no emite los gases que han creado la lluvia ácida que está destruyendo los bosques de la Tierra. Con la fusión, la radioactividad es tan baja que no requeriría un sistema complejo de eliminación de residuos ni de los lugares que se necesitan actualmente para enterrar los residuos radioactivos.

La idea de la fusión ha provocado una gran cantidad de nuevos pensamientos sobre el enfoque científico de la energía. Los libros de texto nos enseñaron que sólo hay una forma de persuadir a los núcleos atómicos para que se fusionen. Ese método era la fuerza bruta. Al menos, la fusión nos ha llevado a darnos cuenta de que lo que es más puede muy bien ser menos,[111] y lo que es menos en realidad es más. De repente, el científico ha sido despertado a la dura realidad de que frío podría ser mejor que caliente.

Pero puede que me esté adelantando a mí mismo y a mis lectores. ¿Qué tiene que ver la fisión o la fusión con las doctrinas de la Kabbalah? ¿Tiene la Era de Acuario algún interés en estas nuevas y paradójicas aplicaciones científicas?

El tema de este capítulo es la conexión entre nuestra realidad física ilusoria y la perspectiva kabbalística del mundo. La física solamente está preocupada por los objetos y los acontecimientos de naturaleza inanimada. La Kabbalah, si es que ha de ser completamente satisfactoria, debe abarcar todas las realidades físicas y metafísicas, y debe lidiar con las cuestiones del pensamiento y del alma, incluidos los problemas de la actividad humana.

Max Planck, el físico del siglo XX que descubrió la teoría cuántica, no creía que la búsqueda de una unidad subyacente en la naturaleza llevara al misticismo. Sin embargo, admitió que los científicos han aprendido que el punto de partida de sus investigaciones no se halla únicamente en las percepciones sensoriales. "La ciencia", dice Planck, "no puede existir sin una pequeña porción de la metafísica".[112]

Después de todo, la naturaleza intangible forma parte de nuestro universo. Cualquier entendimiento del mundo que afirme ser genuinamente total y completo debe tener en cuenta las leyes de naturaleza intangible. Rav Shimón bar Yojái, autor del Zóhar, abordó enfáticamente este punto en el Zóhar, cuando preguntó: "¿Cómo podemos estar seguros de la interpretación que el Zóhar hace del plano metafísico?".

> *Y para aquellas personas que no conocen, pero tienen un deseo de entender, reflexionen sobre aquello que está revelado y manifestado (en este mundo) y*

conocerán aquello que está oculto, puesto que todo (lo físico y lo metafísico) es lo mismo. Pues todo lo que el Eterno ha creado de una forma corpórea tiene un patrón basado en lo que está arriba".[113]

Así pues, aprendemos la sublime enseñanza zohárica: cuando la Kabbalah revela la esencia de los elementos invisibles, su interpretación de lo oculto no puede entrar en conflicto, ni lo hará, con las posteriores acciones e interacciones reveladas.[114] El Zóhar nos brinda conocimiento instantáneo e inmediato sobre la raíz de cualquier asunto. Este conocimiento seminal elimina la necesidad de pasar por los procedimientos habituales de ensayo y error, acción y reacción, y es independiente de las fluctuaciones del tiempo, el espacio y el movimiento.

Esta afirmación nos lleva de regreso a la idea de fusión y fisión. Ni este libro ni el autor se declaran expertos en las ciencias físicas. Las ideas presentadas aquí son, por necesidad, suficientemente simples para que cualquier persona las entienda. Aunque algunos de los conceptos puedan resultar extraños o aparentemente difíciles en un primer contacto, con un poco de esfuerzo adicional del lector, la comprensión total del material está al alcance de todos.

La fisión nuclear, dicho simplemente, se refiere a dividir átomos y está basada en un concepto relacionado con la división y la fragmentación. Por otro lado, la fusión nuclear es una reacción termonuclear en la que los núcleos atómicos de un elemento ligero se transforman en núcleos de un elemento más pesado, lo cual produce la liberación de una gran cantidad de energía.

Kabbalísticamente, las lecciones que pueden aprenderse de estos dos caminos *divergentes* que proporcionan energía son profundas. Debido a sus implicaciones metafísicas, la fusión y la fisión han eludido el interés de los pensadores intelectuales y los científicos. La pregunta principal que debe plantearse es: "¿Por qué la fisión precedió a la fusión?". Además, la fusión, con su extrema simplicidad, puede producir toda la electricidad que el mundo necesita de una forma barata, limpia y equitativa. Los países en vías de desarrollo podrían producir toda la energía que necesitan. La fusión es mucho más segura que la energía atómica convencional, en la cual la reacción que divide el átomo puede ocasionar caos.

El primer mensaje que debe emerger de la experiencia de la fisión es que produce muchos subproductos peligrosos. Sin siquiera considerar los efectos de una guerra nuclear, el daño para nuestra salud y nuestro medio ambiente ha sido enorme y horrible, mucho peor que lo que podíamos imaginar. El tema de los residuos radioactivos es una situación para la cual no se ha encontrado ni se encontrará ninguna solución. Los peligros de los reactores nucleares en sí, tal como pone en evidencia el accidente de Chernóbil que aún sigue vivo en nuestra memoria, son una amenaza para la salud y la seguridad de millones de personas. Aun las cantidades más pequeñas de residuos radioactivos pueden producir mutaciones y enfermedades.

La fisión es un proceso en el que los núcleos del uranio se dividen en fragmentos, la mayoría de los cuales son sustancias radioactivas. Como ya enfaticé en el capítulo anterior, las raíces más profundas de nuestra crisis de polución actual se hallan en los patrones de comportamiento y la actividad del ser humano. Como ya ha afirmado el Zóhar, debido al pecado de Adán y la conexión con el Árbol del Conocimiento, la humanidad sigue sufriendo bajo el peso de una sociedad fragmentada. La fragmentación interior del hombre refleja su visión del mundo exterior a él como un conglomerado de sociedades y acontecimientos separados. Esta perspectiva fragmentada puede ser vista como la razón principal de la serie de crisis ambientales y sociales que hay en la actualidad. Esta fragmentación ha traído una creciente ola de violencia, tanto en el sistema familiar como en nuestra sociedad. Nuestra vida es puesta en riesgo con mucha frecuencia, tanto mental como físicamente.

Por consiguiente, mientras nuestra visión del mundo sea fragmentada, mientras estemos bajo el hechizo del Deseo de Recibir para Sí Mismo, estaremos sujetos a los peligros de la fisión o la fragmentación. Así pues, emergió una conciencia colectiva de fragmentación que dirigía y forzaba a los científicos y los físicos a embarcarse en un camino de investigación fragmentada, la cual trajo la dura realidad de la era nuclear a toda la humanidad.

Durante los años setenta, la física fundamental se dispuso a unificar nuestro mundo extraño y complejo en un marco conceptual único. Los últimos descubrimientos abrieron el camino hacia un nuevo concepto radical de un universo unificado. El nuevo paradigma conceptual se denomina teorías de la Gran Unificación o TGU. Aunque la mecánica newtoniana —una visión fragmentada de nuestro universo— fue perfectamente adecuada durante 200 años, se convirtió en una baja instantánea de la "nueva era de la física". Mientras que la física newtoniana separaba y alienaba al hombre del universo, la nueva física establecía una perspectiva de totalidad cuántica.

De vez en cuando, surge un verdadero genio. Albert Einstein fue uno de ellos, la conciencia innata perfecta. Einstein, como todos los verdaderos genios, nació con una capacidad para la conexión cósmica. A diferencia de los buscadores espirituales, él no tenía que esforzarse para conectar. Pero las preguntas que deben hacerse son: "¿Reveló o no reveló algo que había existido previamente? ¿Inventó algo nuevo? Los científicos colegas de Einstein, al explorar la estructura del universo y concebir nuevas herramientas y aparatos tecnológicos, ¿han alterado radicalmente el estado de la existencia?". No. Un genio, lejos de ser el iniciador de nuevos conceptos e invenciones, tal como suele creerse, es en realidad el canal para la unidad cósmica.

En cualquier momento dado, por alguna razón específica, cuando la inteligencia cósmica esté preparada para la revelación, alguien será elegido para la tarea. Una inteligencia particular que describa un aspecto de nuestro universo existente debe ahora expresarse de forma manifiesta. Las preguntas sobre "¿quién y por qué, y por qué ahora?" están inevitablemente ligadas al concepto de la reencarnación. ¿Quién? Alguien a través de quien esta nueva inteligencia sea aceptada. ¿Por qué? Para proporcionar otro vínculo hacia la iluminación suprema. ¿Por qué ahora? Basándose en la actividad de la humanidad en ese preciso momento o algunas revelaciones metafísicas radicales, nuestra gran computadora cósmica establece contacto con los nuevos componentes y la información se libera.

En realidad, esta energía intelectual no nace del individuo que revela la información, sino más bien de la enorme contribución de la actividad colectiva de la raza humana o la contribución de la energía-inteligencia metafísica dentro del cosmos. En 1905, Rav Yehuda Áshlag, fundador del Centro de Investigación de la Kabbalah en Jerusalén, decodificó el misterio de las teorías de Rav Yitsjak Luria sobre la relatividad y los universos paralelos. *Sólo entonces*, no por casualidad, la ciencia en general, y Albert Einstein en particular, empezaron sus revelaciones de las teorías de la relatividad general.

Sin embargo, en la época de Rav Áshlag, las enseñanzas de la Kabbalah no se habían difundido. De hecho, si la Kabbalah hubiera sido aceptada mundialmente como lo es en la actualidad, la idea de la fragmentación o fisión podría haber sido fácilmente reconocida como negativa y peligrosa para el bienestar de los habitantes de la Tierra. No obstante, desde los años sesenta, millones de personas se han familiarizado con la visión kabbalística de nuestro universo. El estudio y el escaneo visual del Zóhar ha penetrado e impregnado el cosmos con una "luz de realidad", como una cerilla encendida en una habitación oscura.

El universo, declara el Zóhar, es un concepto colectivo u holístico-integral. Hay claramente un vínculo sutil entre la realidad del mundo microscópico o metafísico y el mundo macroscópico conocido y físico (ilusorio). Así pues, no podemos separar la realidad cuántica de la estructura del universo entero. El estado de una revelación individual —sea fisión o fusión— es significativo sólo cuando se considera en el contexto del todo. Los universos microscópicos (metafísicos) y macroscópicos (lo físico ilusorio) están interconectados y entrelazados como un solo tapiz. Nunca pueden ser separados.

Esta idea de que existe un orden no percibido y holístico-integral en el universo no se originó en absoluto con la física moderna. La Kabbalah es la *primera* y *única* autoridad que presentó la doctrina de un orden cósmico en el que los asuntos de la humanidad se reflejan en la organización del cosmos y luego son irradiados de vuelta —como un satélite— para manifestarse en términos físicos estrictos y estados de revelación. La revelación de la primera fisión y luego la fusión son ejemplos perfectos de cómo y por qué se acabaron revelando en nuestro mundo.

La actividad negativa de la humanidad invadió la estructura cósmica y activó el universo del Árbol del Conocimiento. El resultado, irradiado de vuelta, fue la revelación de Einstein de la *fisión* atómica. El universo del Árbol del Conocimiento contiene las características esenciales del deterioro, el caos y el desorden. Así pues, no es de extrañar que la conciencia de la humanidad sobre la fisión deba, necesariamente, llevar consigo las peligrosas consecuencias de la polución, la lluvia ácida y los residuos nucleares. Estos horrores representan los componentes caóticos del universo del Árbol del Conocimiento.

La conciencia de energía-inteligencia negativa ha sido la marca de la humanidad desde la Caída de Adán.[115] El problema conceptual, que se halla en el centro del caos universal, es la confusión entre los procesos y los orígenes. En lugar de preguntarnos por qué ocurren la enfermedad, la polución y otras desgracias, e intentar eliminar las condiciones que nos llevan hacia éstas, los investigadores intentan entender las formas en las que funciona el caos para luego poder invadirlas e interferir en él. Lo mismo ocurre con el gobierno y los políticos, que tienden a ser ciegos a los *orígenes* del desorden y el conflicto. En su lugar, se concentran en los procesos externos, en los actos visibles de crímenes y violencia, en lugar de los elementos ocultos y metafísicos que causan el caos y la violencia evidentes.

Es vital para nuestro bienestar que ahora cambiemos la situación. Sin embargo, este proceso revolucionario sólo es posible si somos capaces, como sociedad, de cambiar al nuevo modelo cuántico y holístico-integral. Un enfoque holístico-integral debe consistir mayormente en una revisión de esa red de patrones, sean económicos, sociales o políticos, de los cuales surgen los conflictos, las luchas y la fragmentación. El origen sigue siendo la actividad humana.

Examinemos ahora brevemente el Zóhar,[116] en el cual, hace unos 2.000 años, se presentó la idea del cuanto. Ahora ha llegado el momento de aplicar las técnicas kabbalísticas en todos los niveles: individual, nacional, internacional y global.

> *"Y si ustedes dicen: '¿Qué vamos a comer el séptimo año…?'".*[117] *Rav Yehuda abrió la discusión con: "Confía en el Eterno, y haz el bien; habita en la tierra, y cultiva con emuná [de la palabra Amén]".*[118] *Pues cuando uno se adhiere a la Emuná Celestial, para estar así conectado con la Fuerza de Luz, no hay nadie en todo el mundo que pueda lastimarlo.*[119]

> *Ven y ve: ¿Qué significa "y haz el bien"? Una acción abajo despierta una actividad arriba; cuando llevas a cabo una buena acción abajo, entonces lo bueno de arriba, conocido por la palabra codificada Tsadik [justo], se despierta. Entonces puedes "habitar en la tierra" con confianza, comer de su fruto y deleitarte en él.*

> *Sin embargo, si uno no despierta el Tsadik Cósmico con acciones positivas, entonces el Tsadik se distancia de la persona, y luego la tierra se convierte en un horno ardiente, y el fuego arde para consumir el mundo… Por lo tanto, si preguntas "¿Qué comeremos en el séptimo año?", la respuesta es: "Ofreceré Mi bendición sobre ustedes en el sexto año", igual que está escrito en otro lugar: "Miren que el Eterno les ha dado en el sexto día pan para dos días".*[120]

No hay duda de los fuertes elementos metafísicos que subyacen bajo gran parte de las nuevas perspectivas referentes a nuestro mundo. Los túneles del tiempo abren abundantes posibilidades en la creencia de que hay más en el mundo de lo que los ojos pueden ver. Resulta especialmente atractivo el fuerte sabor holístico-integral de la medicina alternativa.

El Zóhar es muy claro en su determinación de que el hombre y el cosmos son aspectos inseparables —y que se apoyan mutuamente— de la realidad del total unificado que lo abarca todo. No puedes tener una cosa sin la otra. Hay una unidad en el universo que habla por sí sola y dice que, si no lo consideramos todo, nuestras conclusiones no son nada.

También hay otra lección que se presenta en el fragmento anterior del Zóhar. Hemos sido educativamente programados y bombardeados por los medios de la siguiente manera: "Si tienes un dolor de cabeza, tómate algo para lograr un alivio rápido y *temporal*". "Cuando tengas problemas financieros, reza para que los fondos necesarios vengan a ti". Lo que parece que pasamos por alto en nuestro enfoque de la vida es que nuestras peticiones siempre se presentan de forma fragmentada. No estamos acostumbrados a pedirlo *todo*. Así pues, siempre nos conformamos con menos. ¿Significa esto que si pidiéramos que todas nuestras necesidades —las conocidas y las desconocidas— fueran satisfechas, el buen Eterno nos concedería todos nuestros deseos? La respuesta del Zóhar es un enfático sí.

La razón por la cual la humanidad no ha hecho mucho progreso en esta dirección es que existimos en un marco fragmentado. Por consiguiente, no estamos acostumbrados a pensar o actuar de forma cuántica. Esto requiere una nueva y *total* revisión de la conciencia global y debe considerarse una tarea que es nada menos que una revolución universal sin violencia. El Zóhar es una obra con el potencial de cambiar radicalmente nuestras vidas. Las enseñanzas zoháricas contienen explicaciones convincentes sobre por qué muchas cosas parecen ir mal en el mundo.

El poder de la energía-inteligencia contenida dentro de las palabras del Zóhar puede hacerlo posible. Es la garantía que nos ofreció Moshé, el maestro de los maestros. La asombrosa Fuerza de Luz que emerge del Zóhar puede transformar nuestra sociedad de personas duras, fragmentadas y mecánicas en una comunidad suave y orientada a lo holístico-integral. Rav Shimón bar Yojái[121] declaró que después del deterioro del tiempo y la desintegración, vendrá un punto de inflexión. Un poderoso faro de Luz que ha estado oculto regresará en la Era de Acuario. Habrá movimiento, pero no será ocasionado por la violencia o la fuerza. Los viejos sistemas serán dejados de lado y se reintroducirán los nuevos sistemas.

Tenemos crisis muy reales y graves con las que debemos lidiar y, aun así, no hay soluciones a la vista. La tesis básica de este libro es que nuestros desastres ambientales y la creciente ola de crímenes y violencia universal son esencialmente una crisis de actividad humana negativa, ocasionada por una crisis de percepción fragmentada. Como todas las demás crisis a las que se enfrentan actualmente los gobiernos, deriva del hecho de que estamos aplicando conceptos de una perspectiva obsoleta del mundo —la cosmovisión fragmentada de la mecánica cartesiana-newtoniana— a una realidad que ya no puede funcionar con base en estos conceptos.

El problema se agrava aún más porque el mundo se está volviendo más interconectado a nivel global, empujando a las distintas culturas a encajar y confiando en que todo saldrá bien. La falta de confianza y las sospechas, precipitadas por las diferencias de valores, no desaparecerán simplemente porque se nos *diga* que una nueva visión de la realidad, un cambio en nuestras percepciones y nuestros valores deba ocurrir. No se podrá dar, ni se dará, un cambio de paradigma, hasta que llegue el momento en que el cosmos sea limpiado de todos los residuos y la polución creados por los humanos. El Zóhar ha dejado esto perfectamente claro.

Entonces, ¿por dónde empezamos? Las diversas manifestaciones e implementaciones de este "nuevo" paradigma son el tema de este libro. Los años sesenta y setenta generaron toda una nueva categoría de movimientos que todavía siguen presentes en la actualidad. La revolución, lamentablemente violenta en ocasiones, y la rebelión, a veces desencaminada, conviven en la estructura de todos los pueblos y las nacionalidades.

Hasta ahora, la mayoría de estas causas que empezaron con gran entusiasmo parecen haber perdido la fuerza. Los fundadores originales se retiraron finalmente cuando los resultados no satisficieron sus expectativas. La razón subyacente por la cual estos movimientos desaparecen es su fracaso en reconocer la cohesión cuántica en todos los pueblos y el cosmos. Ningún movimiento local o nacional tendrá éxito en el logro de sus objetivos mientras estas causas mantengan sus percepciones fragmentadas y regionales. Debemos aprender, y aprenderemos, que somos una sociedad holística-integral en la que todas las cosas y las personas están afectando a la persona individual.

Esta afirmación no implica que debemos perder nuestra identidad o individualidad en respuesta al factor de la interconexión cuántica. Cada persona, cada nación, representa un aspecto diferente del total que lo abarca todo. Pero ¿cómo podemos proporcionar un marco conceptual coherente que nos ayude a reconocer nuestros objetivos comunes? Afrontémoslo, actualmente rige el sálvese quien pueda. Elevar nuestra conciencia a este nuevo paradigma es un objetivo que pocos ven alcanzable, al menos en un futuro predecible.

Lo único en lo que estamos todos de acuerdo es que es necesario algún cambio. En las preguntas sobre *qué* cambio se necesita y, lo que es más importante, *cómo* implementar cualquier nuevo marco conceptual, es donde empiezan a aparecer los desacuerdos. La verdad es que la mayoría de nosotros hemos llegado a la conclusión de que realmente no hay ninguna esperanza para el futuro, así que es mejor que aprovechemos plenamente lo que queda del presente.

Este libro ha planteado algunas serias dudas sobre nuestro futuro. De ninguna forma es una crítica de las acciones pasadas de los individuos, las corporaciones o los gobiernos. Estas mismas condiciones han existido desde tiempos inmemoriales, y han sido reemplazadas sólo para acabar ocasionando los mismos fracasos que en el pasado. El Zóhar, que ha estado con nosotros durante dos mil años, puede proporcionarnos algunos de los ingredientes que han faltado en nuestras sociedades previas. El factor esencial que puede cambiar —y cambiará— todas las sociedades de nuestro universo es una infusión adicional de energía-inteligencia positiva, tal como afirma claramente el Zóhar. Con esta infusión positiva en nuestro universo, la humanidad, que determina cómo se comporta nuestro mundo —puro o contaminado—, tendrá más posibilidades de crear positividad.

Estamos tan inundados por las actitudes abrumadoramente negativas que actualmente impregnan y forman parte de la estructura misma de nuestra sociedad que se vuelve difícil, aun para aquellos que tienen un deseo natural de compartir con su prójimo y respetarlo. La atmósfera cósmica nos empuja a reaccionar exageradamente en situaciones en las que, si el clima fuera más propicio, todos nos comportaríamos seguramente de una forma positiva y adecuada para las especies superiores de la creación del Eterno. Una vez más, fusión en lugar de fisión.

La misma idea ya fue expresada por el conocido Kabbalista Najmánides, Rav Moshé ben Najmán (1194-1270), conocido también por el acrónimo Rambán, en su comentario del versículo bíblico: "Y el Eterno le dijo a Moshé: 'Yo endureceré el corazón del Faraón'".[122] Najmánides cuestiona el significado y la implicación del versículo, puesto que parece ser contrario a la doctrina del libre albedrío y la determinación. Si ciertamente, cuestiona Najmánides, el Faraón hubiese decidido no quedarse como el espectador pasivo de una situación que ya había considerado peligrosa y desagradable, ¿por qué invadió el Eterno su espacio y su marco? ¿Por qué no se le permitió al Faraón ejercer su libre albedrío[123] y decidir liberar a sus esclavos israelitas? Sólo un necio podría burlarse y olvidar los acontecimientos que estaban acosando y consumiendo al Imperio del Reino Medio. Si las tendencias presentes continuaban, la muerte inminente y el colapso final eran una certeza.

Cambios importantes tomaron al Faraón por sorpresa, y fue difícil controlar la manifestación de las plagas. Por el contrario, la posibilidad de lo que estaba por venir, la severidad de las plagas, fue en aumento. La probabilidad del desastre ciertamente era muy convincente, incluso para un emperador lleno de ego.

Por consiguiente, Najmánides, enfrentado a estas insalvables objeciones, llegó a interpretar el versículo anterior del Libro de Éxodo con la siguiente exégesis: "El endurecimiento del corazón del Faraón" era simplemente un proceso de restauración de la influencia cósmica al momento precedente a las plagas. El marco de referencia presente del Faraón fue reemplazado por su conciencia de pensamiento original cuando las plagas no interferían ni invadían su infraestructura. Él se dirigió a través de un túnel del tiempo hacia el pasado, hasta el momento en que se vio a sí mismo como gobernante y poderoso emperador de su Imperio del Reino Medio.

Ahora el Faraón se enfrentaba a la decisión de si liberaba a sus esclavos según las órdenes de Moshé, o demostraba el asombroso poder de su gobierno. No obstante, en aquel momento, su experiencia con la derrota no desempeñó ningún papel activo. El sufrimiento y las dificultades que él y todo su reino habían atravesado no tuvieron ningún papel determinante en sus decisiones presentes ni futuras. Esto podría compararse con una cinta de casete en la que se ha cortado y empalmado una sección en particular y se ha colocado en animación suspendida. En el cerebro humano, el acontecimiento no pasa desapercibido, puesto que la sección cortada y empalmada sigue estando en el "disco duro" del cerebro y puede ser devuelta a la memoria consciente en cualquier momento.

Las operaciones de la memoria humana son extraordinarias. Prácticamente todo lo que uno experimenta en la vida es guardado en la memoria. Estos recuerdos enterrados son asombrosos en sus hilos de asociaciones lógicos y significativos. Las operaciones del cerebro guardan la información en secuencias ordenadas y la organiza según su utilidad y relevancia. Y, aun así, a pesar de todas las investigaciones disponibles, el conocimiento científico no puede explicar cómo diferentes pedazos de la memoria se asocian de una manera coherente o cómo ocurre la concatenación de recuerdos.

La elegancia de los sistemas de recuperación de nuestra memoria es tan misteriosa que sólo tenemos una débil apreciación de sus operaciones. La investigación científica puede describir muchos factores que influyen en la memoria y los recuerdos. Sin embargo, la ciencia sabe muy poco sobre cómo una intención de recordar algo puede localizar el recuerdo apropiado, y en otras ocasiones el proceso de recordar no llega a nada.

No obstante, la mente inconsciente tiene su propia realidad y sustancia, por muy etérea que esa realidad pueda ser. Una de las curiosidades de la ciencia moderna es cómo algo en la mente evita el recuerdo inmediato de fragmentos de información que están en la punta de nuestra lengua enterradas en el inconsciente, hasta que la palabra o frase requerida lucha por salir de la memoria y mágicamente la información aparece. Algo en la mente debe saber cómo y cuándo refrescar nuestra memoria, mientras que otras veces no podemos recordar en absoluto.

Dentro del ámbito del pensamiento humano, el conocimiento científico es escaso. El fenómeno de la conciencia es quizás la propiedad más mágica de la mente que desafía al entendimiento. Es un concepto estropeado. Por supuesto, el Zóhar sabe qué condiciones son necesarias para recordar o recuperar la memoria. El código es "fusión" o "fisión". Este libro no lidia con todo el ámbito de la mente, pero el Zóhar[124] nos proporciona las claves sobre cómo la mente recluta del banco de memoria para llevar a cabo sus deseos, y cómo la mente puede abstraer la esencia de una experiencia. La fusión o la fisión es lo que determina el alcance y el tipo de recuerdo.

Puesto que el poder y la conciencia del Faraón enfatizaban el elemento de fisión o fragmentación, la concentración del Eterno en los acontecimientos secuenciales, causando que éstos fueran fragmentados, no era un problema. Extraer una sección o pedazo de información de la memoria del Faraón no era una hazaña inusual. Puesto que el Faraón tenía un control y una conexión asombrosos con el Deseo de Recibir para Sí Mismo, la causa subyacente de la fisión y la fragmentación, el Eterno "endureció el corazón de Faraón" evitando que recordara alguno de los acontecimientos precedentes.

El Faraón fue entonces empujado a una situación en la que su energía-inteligencia negativa anterior no influyera en su decisión presente. Había un cosmos equilibrado, ni negativo ni positivo. El libre albedrío para el gobernante egipcio fue restaurado. La función física del cuerpo humano podía ahora expresar libremente la actividad mental del pensamiento, que en el caso del Faraón era negativa. Al Faraón se le permitió la libre expresión de su deseo sin reconocer los resultados que su negatividad traería sobre su casa y su pueblo.

Si la creación emergente tiene alguna posibilidad de sobrevivir bajo la carga vital,[125] aunque terrible, del libre albedrío del hombre, el universo y el mundo de la humanidad tendrían que ser creados con mucho cuidado. El propósito esencial de leer y escanear visualmente el Zóhar es restaurar todo el cosmos a su estado natural de equilibrio. La fusión es el hilo fundamental que se entrelaza a lo largo del Zóhar.

Sólo el Zóhar,[126] con su confección en arameo, sería adecuado como herramienta del pensamiento del Eterno en los días finales de Acuario. Esperamos que la sociedad como un todo se comporte moral y responsablemente, y reparar el daño ecológico que hemos causado. Hasta ahora, los pasos que hemos dado para remediar nuestro medio ambiente enfermo han fracasado miserablemente en generar algún cambio en nuestro bienestar. Todos estamos rotundamente de acuerdo en que la mayoría de los problemas emocionales y médicos actuales tienen sus orígenes en los numerosos estreses de la vida. El asombroso poder de la energía-inteligencia del Zóhar es el método más directo para proporcionar soluciones efectivas para solventar los problemas. El Zóhar puede ser un maestro sanador. El problema al que nos enfrentamos hoy en día es: "¿Cómo podemos aprender más sobre sus enseñanzas para que podamos curarnos a nosotros mismos y mejorar nuestro bienestar?".

Como mínimo, el escaneo visual del Zóhar combina la inteligencia de fusión de sus letras arameas con la parte de la mente similar a una computadora. Muchos científicos que estudian el cerebro lo comparan con una computadora, mientras ignoran lo obvio: que algo fuera de la computadora decide qué pedirle a la computadora que haga. En el proceso de escaneo visual del Zóhar, la mente consciente activa alguna cualidad relacionada con este concepto. Nuestras computadoras mentales, energizadas por la energía-inteligencia del Zóhar, se conectan entonces con el paradigma de la certeza de nuestro universo. Los resultados son sorprendentes.

Sin embargo, en conclusión, debo repetir que el proceso y el procedimiento de conectarse con el asombroso poder del cosmos requiere una actitud de conciencia de fusión. Dos de las preguntas más cruciales a las que nos enfrentamos cuando intentamos entender cómo nuestra mente y nuestras actitudes afectan a nuestro cuerpo y nuestro bienestar general son: "¿Por qué no somos conscientes de que nuestras funciones corporales internas están fallando mucho antes de sentir dolor o malestar?" y "¿Por qué le toma a un médico 15 o 25 años hablarnos sobre una condición emergente actual que 'repentinamente' se volvió observable?".

La culpable es la fisión. Nuestra falta de conciencia es visible en cualquier variación de la experiencia humana. Si podemos descubrir por qué tenemos percepciones deficientes de nuestro funcionamiento interno, entonces estaremos más cerca de penetrar en el conocimiento de nuestra conciencia y prevenir las crisis en nuestro bienestar. Las enseñanzas de la Kabbalah son para el individuo lo mismo que un sextante para un navegante. Para hacer que funcione, se necesita una actitud de fusión.

Capítulo Cinco

EL ESTRÉS

EL ESTRÉS

SE HA ACEPTADO UNIVERSALMENTE QUE LA MAYORÍA DE LOS PROBLEMAS mentales y físicos actuales tienen su origen en el estrés de la vida. Sin embargo, en ningún otro sitio hay tanta confusión, falta de información y de dirección como en las causas de los trastornos del estrés y su tratamiento en los mundos terapéuticos de la psiquiatría y la medicina.

Aunque la investigación médica del síndrome del estrés ha llevado a acrecentar el entendimiento de su papel central en todos los aspectos de las dolencias, la gran e inusual incidencia de enfermedades cardíacas en Norteamérica ilustra los decepcionantes resultados al tratar enfermedades asociadas con el estrés. Hoy, más que nunca, hay una arrolladora sensación de amenaza a la vida. El deterioro del medio ambiente, el crimen, la violencia en las calles y la drogadicción han demostrado ser demasiado difíciles de manejar. Los agentes del orden público están sintiendo el estrés de luchar en una guerra que no parecen ganar. Nuestras escuelas y vecindarios se han convertido en mercados de droga al aire libre. Por primera vez, los adolescentes, nuestra generación futura, han superado a los adultos en los porcentajes de crímenes graves cometidos per cápita.

El estrés se ha convertido en el objetivo que desempeña un papel crucial en el dilema de casi todo el mundo. Las úlceras son probablemente el clásico ejemplo de una enfermedad psicosomática. Las personas en profesiones estresantes tienen más probabilidades de desarrollar úlceras con mayor frecuencia que otras. Esto no significa necesariamente que la afección de la úlcera pertenezca al ámbito privado de los ejecutivos. No obstante, donde el estilo de vida tiene un ritmo más lento y apacible, la incidencia de úlceras y otras enfermedades relacionadas con el estrés es menos prevalente.

Las consecuencias del síndrome del estrés incluyen la forma en que el estrés causa estragos en los patrones del sueño. Podemos estar inquietos mientras dormimos o tener dificultades para conciliar el sueño. Después, cuando estamos despiertos, desde luego que nos sentimos irritados y habitualmente exhaustos. El estrés es responsable del colapso de nuestro biorritmo natural, del que dependen enormemente nuestra salud y nuestro bienestar.

Hay incluso algunos investigadores médicos que están preparados para llegar al extremo de considerar que cualquier enfermedad se origina de alguna forma en problemas relacionados con el estrés. ¿Cómo enfocan los profesionales de la salud y los investigadores médicos la definición o la naturaleza del estrés? En la actualidad, hay muy poca definición en relación con la descripción de la esencia, las características o las tendencias que provocan la enfermedad o el colapso de nuestro bienestar. Sin embargo, hay infinitos ejemplos de qué tipo de cosas causan estrés pero, en última instancia, no pueden explicar o describir lo que es realmente el estrés.

Cuando las personas expresan que están sufriendo bajo la presión del estrés, están hablando en realidad de una condición o situación en sus vidas que les ha generado una gran cantidad de tensión. Entonces, el estrés es *tensión*. Las dificultades financieras, los problemas familiares, la inseguridad laboral y una multitud de cosas que causan estrés son definidas por los investigadores como las razones subyacentes del estrés, pero no son una definición de lo que es el estrés.

Esta lista es una descripción de situaciones que desencadenan el estrés en nuestro interior. Intentar definir el estrés es obviamente bastante diferente a definir algo de nuestro ámbito físico (ilusorio). Cuando se trata de cosas en el ámbito físico, creemos que podemos proporcionar descripciones de sus propiedades o características específicas a través de la experimentación de tubo de ensayo.

No obstante, el estrés sigue formando parte del ámbito de la metafísica. Si preocuparse es simplemente una actividad para resolver problemas, entonces ¿por qué la preocupación lleva a la ansiedad emocional? Werner Heisenberg, el aclamado físico alemán y Premio Nobel, respondió a esta pregunta con su principio de incertidumbre. Dicho simplemente, la premisa de este principio es que nunca podemos confiar plenamente en nuestros sentidos, y probablemente lo que vemos es una realidad cuestionable. El hecho de que no tengamos certeza en este mundo es lo que crea preocupación y ansiedad en la mayoría de nosotros.

Si acudimos a nuestro diccionario para buscar la definición de preocuparse, surgen más preguntas que respuestas satisfactorias. El diccionario estándar define preocuparse de la siguiente manera: "Tener una mente intranquila; sentir ansiedad con respecto a algo". Así es como solemos ver la preocupación. ¿Implica esto que si vivimos una situación de "intranquilidad" el resultado será el estrés? Si en nuestro negocio hay dudas sobre qué dirección es la mejor, ¿debe considerarse esto como una situación de "intranquilidad"? Volar en avión, por ejemplo, es muy emocionante para algunos y una pesadilla para otros. Algunas personas se preocupan cuando cruzan la calle. Otros se niegan a abandonar sus casas por miedo a lo que les pueda pasar una vez que estén fuera de la seguridad de su fuerte o prisión humana. Por otro lado, el miedo a que entren ladrones en nuestra casa es también una razón para preocuparse.

¿Qué distingue a los que son aprensivos de los que no lo son? ¿Por qué algunas personas se preocupan por cosas a las que otros no prestan atención? Cada uno de nosotros está preocupado por lo que le depara el futuro. Es esta incertidumbre la que invade nuestra mente, causando ansiedad y cosas similares. Pero, por otro lado, ¿qué parece ser diferente en el siglo XX que no existiera antes? La incertidumbre de antaño es la misma que la de hoy. Nadie escapa de sus garras.

La práctica psiquiátrica estándar interfiere con el proceso de curación suprimiendo los síntomas. La verdadera terapia debería consistir en facilitar el proceso natural de curación del cuerpo al proporcionar una atmósfera emocional y metafísica de apoyo al paciente. En lugar de suprimir el proceso, que consiste de síntomas, debería permitirse que los síntomas se intensificaran para permitir una evaluación y una prognosis adecuadas.

La extensión del enfoque biomédico en la medicina física al tratamiento de las enfermedades mentales ha sido muy ineficiente. Se ha desperdiciado una gran cantidad de tiempo y esfuerzo para intentar llegar a un sistema de diagnóstico básico de trastornos mentales sin tomar en cuenta que, al final, la búsqueda de este tipo de diagnóstico basado en lo físico probará ser inútil para la mayoría de trastornos mentales.

La visión cartesiana de los investigadores médicos a menudo impide que los psiquiatras observen los aspectos beneficiosos y el valor potencial de lo que llamamos enfermedad. La enfermedad ha llegado a considerarse un enemigo contra el que se debe luchar y al que se tiene que destruir. Un punto de vista tan estrecho no hace uso de los sutiles aspectos espirituales y psicológicos de los trastornos mentales y, por consiguiente, impide que los investigadores lleguen a métodos terapéuticos beneficiosos para curar a los que están físicamente y mentalmente enfermos.

Así pues, resulta intrigante y muy irónico que los médicos mismos sean los que más sufren como resultado de tener una visión cartesiana de la salud. Ellos ignoran completamente las circunstancias estresantes en sus propias vidas personales. Los médicos viven de 10 a 15 años menos que la persona promedio. No sólo tienen tasas elevadas de enfermedades físicas, sino que también siguen encabezando la lista del alcoholismo, el suicidio y otras patologías sociales.

Sabemos que muchas de las teorías profesionales sobre el estrés son ilógicas y a menudo confusas. Vivimos en una sociedad completamente dominada por el síndrome del estrés. Enfermedades relacionadas con el estrés, que no existían hace un siglo, continúan aumentando a un ritmo alarmante sin mostrar ninguna señal de mejora. Esto, en mi opinión, es el resultado directo de que los médicos evadan las cuestiones esenciales: "¿Qué es el estrés y por qué afecta a algunos y no a otros?". El hecho de no adoptar el enfoque kabbalístico de la lógica —preguntar *por qué*— es la causa fundamental de una sociedad llena de estrés. Continuamos utilizando una lógica y unos procedimientos anticuados. Preferimos la solución instantánea, temporal, en lugar de investigar el origen.

Desde un punto de vista kabbalístico, entender la naturaleza del estrés y cómo lidiar con perturbaciones estresantes no empieza, ni puede *originarse* nunca, en los mecanismos fisiológicos del cuerpo. La mayoría de los investigadores clínicos del estrés afirman que tanto las reacciones físicas como las emocionales que producen esa "cosa" llamada estrés son causadas por una agitación de los mecanismos del cuerpo. Ellos creen que cuando las personas están estresadas, el cuerpo responde activando lo que los profesionales médicos consideran mecanismos de defensa, como un aumento de la frecuencia cardíaca y de la presión arterial, así como otros cambios corporales que irrumpen para ayudar al cuerpo a defenderse.

La confusión aumenta a medida que exploramos el fenómeno del estrés. De acuerdo con la investigación médica, ¿es el estrés algo que se origina fuera de nosotros, como resultado de una condición desagradable? Cuando vamos al cine y vemos una película de terror, nuestro corazón empieza a latir más deprisa, nuestra respiración se vuelve irregular y nuestra presión sanguínea se eleva. ¿Es la película el factor estresante? ¿Y es la angustia la condición que experimenta nuestro cuerpo físico tras exponerse a esta película de terror? ¿Es el estrés algo interno que estimula los nervios que causan una reacción en cadena?

Aunque los profesionales médicos pueden identificar los cambios bioquímicos que ocurren durante algunas reacciones externas estresantes, todavía no pueden explicar cómo el estrés puede activar el sistema nervioso. Tampoco pueden explicar cómo nuestros nervios pueden actuar sobre algunas partes de nuestro cuerpo y no sobre otras. Asimismo, ¿por qué algunos se ven afectados por la película de terror y otros no?

Los médicos definen el estrés como una "fuerza" ejercida sobre el cuerpo que tiende a presionarlo y a veces deformarlo. En otras palabras, el estrés es algún acontecimiento externo que siembra el caos desde el exterior. Esto parece estar en desacuerdo con los investigadores médicos que se aferran a la opinión de que el estrés es nuestra reacción a algo que ocurre dentro. Esta aparente contradicción, como aprenderemos más adelante, proviene de la división cartesiana en la que emergieron dos campos que tienen poca comunicación entre ellos.

Los médicos están interesados en el tratamiento del cuerpo. Los psiquiatras y psicólogos están interesados en la curación de la mente. La brecha entre ellos resulta en un serio obstáculo para entender el papel del estrés y los estados emocionales en el desarrollo de las enfermedades físicas y mentales. La conexión entre los estados mentales y el cáncer, por ejemplo, hace siglos que se conoce. El kabbalista y el talmudista reportan este vínculo, que se originó dentro de nuestro Código Cósmico, la Biblia, mucho antes de que la profesión médica evolucionara hacia lo que es hoy en día.[127]

La razón de la falta de comunicación entre los profesionales de la salud física y los psiquiatras es esencialmente la falta de confianza que los médicos tienen al tratar a los pacientes en el nivel del pensamiento o metafísico. Ven el modelo biológico como la base de la vida. La actividad mental es un fenómeno secundario, si es que se considera en absoluto.

Por lo tanto, no debe sorprendernos que el factor del estrés en la medicina siga siendo un fenómeno a menudo confuso y mal entendido, totalmente rechazado por la mayoría de médicos. La evasión de la naturaleza espiritual de la mente ha caracterizado a nuestra sociedad tecnológica moderna, tal como refleja el hecho de que el tratamiento está pensado para controlar los síntomas, no para curar la enfermedad en sí. Por consiguiente, el estrés, un componente metafísico del hombre, es ignorado por la ciencia de la medicina cartesiana.

Ya hemos establecido la cualidad no física distintiva del estrés. Desde un punto de vista kabbalístico, el llamado estrés psicológico de las relaciones insatisfactorias, tratado por muchos profesionales como estrés causado por interacciones fallidas, aun se considera de origen sintomático. El estrés que se origina en causas externas y físicas, como los conflictos con el jefe, la suegra o los compañeros de trabajo, *no* es en sí mismo intrínsecamente estresante. Una suegra no es un familiar inherentemente estresante.

Nos enfocamos en las personas —madres, padres, socios de empresa— como la fuente de las enfermedades psicosomáticas. Pero, desde una perspectiva kabbalística, estos objetivos no pueden considerarse el origen del estrés. Según la Kabbalah, considerar el estrés como una situación en la que la mente malinterpreta un incidente externo como desfavorable o peligroso es una extensión del enfoque biomédico de la enfermedad física. La inteligencia, la mente y el cerebro son también componentes de un sistema corporal, físico y material integrado. Como tal, un diagnóstico sólo del cuerpo físico probará ser inútil para determinar la causa del estrés.

Estos factores no son los acontecimientos críticos en el estrés y las reacciones del estrés. Los sistemas intelectuales de la humanidad que interactúan con la conducta personal y la actividad emocional, junto con una multitud de otras misteriosas funciones de la mente, cuando se crea incomodidad, ansiedad o preocupación como una expresión de las reacciones de estrés, no pueden ser incluidos en la definición kabbalística del estrés. Esta definición comúnmente entendida no es válida.

La respuesta a la pregunta de cómo y por qué reaccionamos al estrés en la forma particular en que lo hacemos debe necesariamente encontrarse fuera del ámbito físico, ilusorio y material. Cuando ustedes, mis lectores, se familiaricen con el ahora famoso principio de incertidumbre de Werner Heisenberg, el mito en torno al estrés desaparecerá gradualmente. Él afirmaba que la naturaleza siempre corre un velo sobre su rostro cuando un científico intenta obtener información precisa.

Heisenberg produjo su propio lenguaje utilizando paquetes de herramientas conceptuales para describir la realidad y su contraparte paralela, la realidad física ilusoria. Él creía que toda la realidad física, que incluye las partículas subatómicas, cambia a antojo del observador humano. Y puesto que la realidad cuántica implica que debemos tener prácticamente todo el universo en cuenta cuando buscamos la verdadera causa de cualquier acontecimiento físico, bien podríamos decir adiós a la física, es decir, a la física que se ha practicado durante los últimos siglos.

Para añadir confusión al tema, Niels Bohr, el famoso físico danés del siglo XX, dijo: "Si no lo ves, no está ahí". Pero ciertamente el mundo que está ahí fuera existe, lo estemos mirando o no. La silla sobre la cual estoy sentado puede haber desaparecido subatómicamente, pero no es probable que me caiga al suelo. La respuesta está en la conciencia de la mente. El elemento de la mente parece ser esencial para nuestra observación del mundo real. En otras palabras, puesto que hemos decidido sentarnos en una silla, la silla física responde a nuestra conciencia de que la silla existe.

No hay duda de que este tipo de pensamiento sobre el mundo físico e ilusorio es nuevo para la mente occidental, y aún más para los no instruidos en la materia. De hecho, todo esto puede ser totalmente confuso para el hombre común. Aun así, debemos referirnos a ello para ilustrar lo poco familiarizados que estamos con este mundo físico. Después de todo, si el estrés viene de mi suegra, entonces el principio de incertidumbre y Neils Bohr sugieren que yo, en mi mente, debo considerar que mi suegra se ha marchado al Polo Norte, sin tener acceso a un teléfono.

En un matiz más serio, podemos preguntarnos: si los físicos —Neils Bohr y sus colegas— en efecto están en lo correcto en sus conclusiones referentes a la realidad, entonces ¿por qué una persona con cáncer no puede enviar señales nerviosas para potenciar las defensas y hacer que el cuerpo luche más agresivamente contra la enfermedad? ¿Por qué el paciente no puede lidiar con la enfermedad de la misma forma que el físico afirma que puede relacionarse con una silla? "Si no la ves, no está ahí".

El asunto es que hay una gran falta de comunicación entre los científicos que investigan los fundamentos de la naturaleza y los investigadores médicos. La información que fluye del sector científico debe relacionarse con el campo médico, así como con el hombre común. Hasta hace poco, los científicos no habían prestado mucha atención a los vínculos entre los factores psicológicos y las defensas inmunitarias del cuerpo contra las enfermedades graves. A menudo han desestimado la idea de que exista tal interconexión, a pesar de que la creciente investigación demuestra que la mente desempeña un papel vital en la salud.

Si llevamos un paso más allá la declaración del físico "si no lo ves, no está ahí", el tema del estrés se vuelve aún más confuso. ¿Cómo empiezan las reacciones al estrés? ¿Por qué deben las percepciones de las relaciones sociales alcanzar un estado desfavorable? El principio de incertidumbre de por sí nos lleva directamente a las consecuencias de la imprevisibilidad y, por lo tanto, del cuestionamiento. De repente, podemos ver que los acontecimientos que ocurren no son necesariamente percibidos con precisión. Así pues, las percepciones, favorables o desfavorables, son en realidad un producto de nuestra imaginación.

Si el estrés, como muchos sustentan, es un desequilibrio del organismo en respuesta a las influencias ambientales, entonces sus consecuencias deben considerarse inciertas. ¿Por qué estas consecuencias se vuelven dañinas? Además, a pesar de numerosos estudios que parecen indicar que los estados prolongados de estrés suprimen el sistema inmunitario del cuerpo, este vínculo entre el estrés y la enfermedad debe necesariamente ser considerado ilusorio. El pleno reconocimiento del principio de incertidumbre dará un gran vuelco a la investigación médica. Ya no nos ocuparemos de los síntomas y las probabilidades, sino más bien del cuidadoso estudio del origen del estrés, tal como recomienda la perspectiva kabbalística de la realidad.

Necesitamos este vuelco urgentemente. Las enfermedades degenerativas que son características de nuestra época y que constituyen el problema principal de enfermedad y muerte se originan y surgen del exceso de estrés. En este punto, nos falta información sobre el origen del estrés. Para llegar a una respuesta razonable o para empezar a resolver problemas a partir de fragmentos de información válida, o peor aún, de información errónea, no podemos empezar huyendo de la realidad. La necesidad de estar informados se ha convertido en parte de la terapia. La autoayuda, junto con técnicas de la conciencia, han demostrado ser tanto o más útil que los medicamentos. El estrés no depende de la existencia del cerebro como tampoco un músico depende de la existencia de su violín, aunque ambos instrumentos son necesarios para la expresión en el mundo físico. Cuando realmente comprendemos este punto de vista, entonces podemos empezar a abordar el estudio del estrés, con la meditación como su instrumento terapéutico. La conciencia del alma existía antes del nacimiento. Esta es la primera realidad fundamental de la reencarnación.

Antes de empezar nuestra investigación de la estrecha interconexión entre lo físico y el proceso de la Fuerza de Luz, necesitamos aclarar el término "psicosomático". En la medicina convencional, era utilizado para referirse a una enfermedad o trastorno para el cual no se podía establecer una causa física explícitamente diagnosticada. Por consiguiente, sólo se podían tratar los síntomas y la mayoría de trastornos regresaban. A pesar de la extensa literatura sobre el papel que tiene la mente en el desarrollo de las enfermedades, se ha dedicado muy poco tiempo a explorar los orígenes de estas influencias o los métodos para alterarlas.

La pista para intentarlo yace en el hecho de que estas fuerzas y estos procesos no sólo desempeñan un papel significativo en el proceso de enfermarse, sino que también pueden y deben operar dentro del proceso de curación. El primer paso en este tipo de "autocuración", una parte integral del estudio de la Kabbalah, debe incluir el reconocimiento por parte del paciente de que él o ella debe participar conscientemente en el entendimiento del *origen* y el desarrollo de la enfermedad. Sin este reconocimiento y conciencia, el paciente no logrará conectar con el proceso de curación.

Lo que no "sabemos" es aquello con lo que todavía no hemos entrado en contacto. "Adán conoció a Eva, su mujer, y ella concibió y dio a luz a Kayín".[128] Una dificultad obvia con este versículo del Código Cósmico Bíblico es: "¿Cómo puede el mero acto de conocer crear un embarazo?". El Zóhar explica esto simplemente como la diferencia entre información y conocimiento. El conocimiento es la conexión. El conocimiento es energía-inteligencia. "Obviamente, hubo una relación sexual física entre Adán y Eva", afirma el Zóhar. "Pero ¿por qué la Biblia hace uso de la palabra conocer para indicar una relación sexual, cuando hay disponibles otras palabras apropiadas en hebreo?". "El versículo de Génesis", continúa el Zóhar, "indica que cuando hay conocimiento, entonces se establece un contacto directo".[129]

Por consiguiente, cuando las personas ignoran el origen de su enfermedad, deben abdicar, y a menudo lo hacen, de toda libertad para controlar sus vidas. Aunque estemos condicionados por la estructura cartesiana, puede que incluso nos rehusemos a considerar la posibilidad de que hayamos participado en nuestra propia enfermedad. Entonces entregamos libremente el control de nuestra vida al médico o el psiquiatra, en cuyas manos nos colocamos ciegamente. Una de las dificultades principales en las técnicas kabbalísticas está en el concepto de la responsabilidad del paciente.

El conocimiento, tal como he mencionado previamente, es esencial para las técnicas de curación de la Kabbalah. Es por esta misma razón que he escrito extensamente sobre la mecánica básica. Las técnicas kabbalísticas tienen requerimientos para sus practicantes. Pero, una vez más, desde una perspectiva kabbalística de nuestro mundo, nunca estuvimos destinados a comportarnos como nada más que un complejo organismo viviente mecánico.

En la física, el paradigma mecanicista tenía que ser abandonado en el nivel de lo invisible. Trascender el modelo biomédico debe resultar, y resultará, en una gran revolución de la ciencia médica. Debido a la influencia de la Era de Acuario, es probable que prevalezca sobre todo el planeta una nueva visión de la realidad, un cambio fundamental en nuestras percepciones y valores. El hombre es llamado una vez más a tomar las riendas de un universo galopante y desbocado. El comportamiento violento y temerario de la sociedad exige que el control sobre nuestro destino regrese a las personas, junto con un gobierno adecuado y sensato.

Esta afirmación no implica en absoluto que el gobierno, dadas las circunstancias, no esté haciéndolo lo mejor que puede. Enfrentado a los crecientes peligros para nuestro ecosistema —la polución del aire, la toxicidad en los alimentos y el agua—, los expertos en varios campos gubernamentales ya no pueden lidiar de forma efectiva con los problemas urgentes que han surgido en la última década. Los "consejeros del gobierno" y los "comités de expertos" de ayer admiten que son incapaces de resolver los problemas más urgentes del mundo. En su propia confusión y defensa, suelen citar la preponderancia de nuevas situaciones, de nuevas circunstancias, junto con cambios irrelevantes en modelos conceptuales obsoletos.

Así pues, permitámonos ahora empezar nuestra investigación de este fenómeno conocido como estrés desde una cosmovisión kabbalística. A diferencia de las fluctuaciones y las decadencias culturales previas, la crisis a la que nos enfrentamos actualmente no es una crisis ordinaria. La fase de gran transición que está experimentando ahora la humanidad será más drástica que cualquiera de los ciclos precedentes en la historia humana. Estas transformaciones dinámicas no ocurren muy a menudo.

Según el Zóhar, ha habido varias transformaciones que han tenido lugar en la historia documentada de la humanidad, y entre ellas están el surgimiento del judaísmo con la Revelación en el Monte Sinaí[130] y el éxodo de los israelitas de Egipto.[131] La transformación a la que nos estamos enfrentando ahora puede que sea más drástica que cualquiera de las anteriores. Las preguntas a las que nos enfrentamos son: "¿De qué tratan estos cambios?" y "¿Por qué *ahora*?". Puesto que la transición es más extensiva e involucra a todo el universo —celestial y terrestre— no es la base o la causa de nuestra agitación actual. Como he mencionado en muchas ocasiones, los acontecimientos expresados en un nivel físico nunca pueden considerarse como causa. Todas las expresiones manifestadas físicamente son meramente extensiones de un pensamiento, una conciencia metafísica de energía-inteligencia. El pensamiento o lo incognoscible sigue siendo la causa primordial de los acontecimientos que ocurren en nuestro planeta. Los hechos o incidentes de naturaleza física y observable son sucesos secundarios que resultan de causas primarias.[132]

El Zóhar[133] nos proporciona una pista de las respuestas a las preguntas planteadas en un discurso sobre la Era de Acuario:

> *Rav Shimón alzó sus manos, lloró y dijo: ¡Ay de aquel que se encuentre en ese período; bendita sea la porción de aquel que esté presente y tenga la divina capacidad de ser seleccionado para ese tiempo! Con respecto a ese tiempo, se ha proclamado: "los refinaré como se refina la plata, y los probaré como se prueba el oro".*[134]

El Zóhar[135] también afirma:

> *… en los días del Mesías, ya no será necesario que uno le pida a su prójimo "enséñame sabiduría", pues está escrito: "Y no tendrán que enseñar más cada uno a su prójimo y cada cual a su hermano, diciendo: 'Conoce al Eterno', porque todos Me conocerán, desde el más pequeño hasta el más grande".*[136]

El Zóhar expresa aquí la idea de que la era mesiánica dará comienzo en un período de iluminación sin precedentes. El mesianismo, que representa la esencia de la esperanza y el optimismo, está vinculado con y depende del verdadero conocimiento, la sublime sabiduría de la Kabbalah. Con la diseminación del Zóhar a nivel mundial, que se está expandiendo a un ritmo cada vez mayor, la realización de la profecía de Yirmiyá: "todos Me *conocerán*", está más cerca de la realidad que nunca antes en la historia. El conocimiento es la conexión con todo el cosmos. Y podemos preguntarnos: ¿por qué el conocimiento es tan esencial en esta Era de Acuario?

El conocimiento, que se origina dentro del *software* del Zóhar, permite a la humanidad tener acceso a un conocimiento cuántico del universo. La posibilidad de elevar nuestro nivel de conciencia está garantizada al instalar este *software* universal en nuestra propia computadora *mental* personal.

El conocimiento, desde una cosmovisión kabbalística, es una energía-inteligencia más poderosa que cualquier otro sistema de energía utilizado con fines energéticos. El conocimiento permite a la humanidad relacionarse y establecer el circuito adecuado con el asombroso poder y energía del cosmos. El conocimiento del *Álef Bet*, el Zóhar y otros materiales kabbalísticos sumamente cargados impiden que se produzca un agotamiento de nuestro sistema mental y físico. La energía-inteligencia establecida por el circuito kabbalístico es el mismo elemento que puede fusionar la energía del cosmos —más poderoso que la energía del Sol— con los seres humanos.

La pregunta que debe plantearse en este momento es: "¿Por qué el profeta Yirmiyá considera el *conocimiento* como esencial durante la Era de Acuario y no durante otros períodos significativos de la historia documentada?". La Era de Acuario (el tiempo de los días del Mesías) dará paso a una infusión sin precedentes de la energía-inteligencia de la Luz, tal como indica el segmento del Zóhar[137] citado anteriormente. Esto podría compararse a que todo el universo viviera junto a cables de alta tensión donde los campos de energía son intensos. Sin los canales de circuito humanos adecuados que permitan un flujo uniforme y regular de esta asombrosa energía-inteligencia de Luz mesiánica, la humanidad permanecerá en un estado de choque eléctrico todo el día. Esto sería similar a tener nuestro dedo metido en un tomacorriente todo el día sin la posibilidad de sacarlo. Esta condición será constante sin ningún alivio, ni siquiera temporal.

El Zóhar, *Vayikrá* 59:385-388, explica:

> *Ven y ve: Mientras Moshé estaba vivo, solía controlar que Israel no pecara. Y debido a que Moshé estaba entre ellos, no habrá una generación como esa hasta los días del Mesías. Más aun aquellos que se hallan frente al mismo Rav Shimón, quien está por encima de todos.*

> *... ¡Ay del mundo cuando Rav Shimón parta de él, y las fuentes de la sabiduría sean selladas del mundo, y los hombres busquen palabras de sabiduría, pero no habrá nadie que las imparta! Y la Torá será interpretada erróneamente porque no habrá nadie familiarizado con la sabiduría... Rav Yehuda dijo: Un día el Eterno revelará los misterios ocultos de la Biblia en el tiempo del Mesías porque*

"la tierra estará llena de conocimiento de HaShem como las aguas llenan el mar".[138]

El Zóhar alberga más esperanza con respecto a la llegada de la Era de Acuario que una ciencia que debe confiar mayormente en el azar y la probabilidad. El Zóhar, también conocido como el *Libro del Esplendor*, proporciona un vínculo y un contacto directos con la energía-inteligencia universal que hemos discutido previamente. La ciencia de la Kabbalah ciertamente da respuesta a muchos de los aspectos enigmáticos de la naturaleza, y aun así sigue siendo elegantemente simple.

Lo que nos aguarda es una sobrecarga de la energía-inteligencia de Acuario, más intensa que cualquier otra que experimentamos ahora. La lectura o el escaneo visual del Zóhar creará un receptáculo personal ajustable con las letras adecuadas que nos proporcionará la capacidad de recibir este asombroso poder de energía sin quemarnos en el proceso.

La pregunta que puede estar cruzando su mente ahora es: "¿Cómo será posible que yo pueda conectarme con el Zóhar y hacer uso de éste? Yo no tengo ni idea de cómo leer el material. Y aunque *yo* pudiera leer las letras hebreas, no tengo la menor idea de lo que significan".

Para aquellos que consideran que la humanidad tiene una inteligencia inferior a la de una computadora sí que hay un problema.

Sin embargo, si algunos de ustedes se consideran al menos con el mismo nivel de inteligencia que una computadora, les hago una sugerencia: vayan a su supermercado habitual y observen la caja de cobro. Allí verán cómo el cajero pasa un producto comprado sobre un escáner con una curiosa configuración cuadrada conocida como código de barras, que suele aparecer en la parte trasera de los productos que se colocan frente al escáner. El cajero les dirá que el escáner envía inmediatamente esta información a una computadora que, a su vez, transmite el precio de compra a la caja registradora casi a la velocidad de la luz.

Esta es precisamente la interrelación que existe entre tus ojos y la computadora de tu mente. El escaneo del Zóhar establece de forma inmediata la información en nuestro *software* mental. Podría compararse con transferir información de un disquete a otro. Ahora poseemos el programa de *software* a través del cual nos conectamos con el disco duro cósmico de la realidad en la que la certeza, ayer, hoy y mañana son uno solo. El deterioro y el caos no existen en el ámbito de la realidad.

Para potenciar nuestro entendimiento de la Era de Acuario, debemos preguntarnos: "¿Qué ocurre con la tan comentada Era de Acuario, con su promesa de armonía y entendimiento, simpatía y abundancia de amor?". Nunca antes hemos merodeado tan cerca del umbral del desastre nuclear.

Según la sabiduría kabbalística, el mundo físico es tan sólo una incidencia en la infinita pantalla de la realidad, una alteración estática temporal, una pequeña perturbación de la paz infinita. La realidad física del espacio-tiempo que experimenta la humanidad es meramente un patrón de interferencia que existe sólo en un fugaz instante en el que hemos vivido como entidades físicas. Esta realidad física estará aquí solamente hasta ese momento, al final de nuestro proceso de corrección, en el que el universo se desprograme de la existencia.

¿Qué prueba puede ofrecer el kabbalista para corroborar unas afirmaciones tan aparentemente extravagantes teniendo en cuenta que no parecemos estar más cerca de la resolución de nuestros problemas de lo que lo estuvieron nuestros primeros ancestros? Ciertamente, en todo caso la situación parece haber empeorado. ¿Cómo pueden la fe y el optimismo del kabbalista permanecer inafectados con los espectros de la guerra, el terrorismo y la proliferación nuclear acechando como negras nubes en el horizonte de la conciencia humana?

El kabbalista ve la lucha de la ciencia por alcanzar más con menos como un reflejo del esfuerzo del hombre por rasgar sus vestiduras de oscuridad y dar un paso hacia la Luz una vez más. Por lo tanto, estos desarrollos, cuando son vistos desde una perspectiva kabbalística, revelan una tendencia innata en el hombre a despojarse del agobiante atuendo de lo físico y acoger lo Infinito.

La Luz nunca descansa. Siempre está empujándonos a la culminación del proceso cósmico, la Corrección Final. En esta Era de Acuario, nos insta incesantemente hacia ese estado de conciencia elevado e intenso. Con cada día que pasa, la fuerza de energía de la Luz se intensifica en niveles cada vez mayores para brindarnos la oportunidad de eliminar la energía-inteligencia negativa y acabar para siempre con la necesidad del Pan de la Vergüenza.[139]

Cuanto mayor es la revelación de la Luz, mayor es la presión sobre nosotros para revelarla. Hay un antiguo refrán kabbalístico que dice: "Es mayor el deseo de amamantar de la vaca que el deseo de mamar del ternero". Lo que el kabbalista ve hoy en día es un aumento de la presión, una aceleración del proceso conectivo que augura el comienzo del fin de un largo y arduo proceso de ajuste y rectificación espiritual, y para muchos individuos, el amanecer de una Nueva Era.

Por consiguiente, el estrés se origina con la plenitud, con la Luz, Cuyo deseo es potenciar y satisfacer los deseos de la vasija, la humanidad. En esta Era de Acuario, la Luz ya no limita su Deseo de Compartir, ni considera la dimensión presente de nuestra capacidad para recibir plenitud. No. La Luz dirige ahora su plenitud hacia la totalidad del potencial de la energía-inteligencia del deseo de cada individuo.

No obstante, si uno no está instruido en la doctrina de la Restricción,[140] entonces tiene que ocurrir un intenso desgaste. De la misma forma, el individuo cuya práctica de la Restricción se ha arraigado en su computadora mental, obtendrá el máximo beneficio de la Era de Acuario.

Por lo tanto, el Zóhar declara las paradójicas circunstancias que rodearán a la humanidad durante la Era de Acuario. "Ay de aquellos que estén presentes en ese tiempo", se refiere a aquellos incapaces de contener el enorme flujo de Luz, mientras que las personas con inclinaciones espirituales obtendrán los beneficios del nacimiento de esta Nueva Era. El Zóhar asigna la porción beneficiosa de su declaración "benditos aquellos que estén presentes en ese tiempo" a aquellas personas que han tomado el control de su Deseo de Recibir para Sí Mismos.

Lo que parece desprenderse de lo anterior es la sorprendente revelación kabbalística de que *el estrés es la Luz* luchando por satisfacer los insaciables deseos de la humanidad. A diferencia de la idea común de que el estrés está detrás de numerosas enfermedades que han surgido en el siglo pasado, la visión kabbalística es lo contrario. La Fuerza de Luz es el elemento vital necesario para potenciar nuestro bienestar físico y mental.

La ciencia médica y el hombre quieren aliviar los efectos del estrés. Esto lo indica el extendido uso de tranquilizantes, narcóticos, cigarrillos y alcohol. Como resultado, liberar al cuerpo del estrés se ha convertido en una frenética búsqueda de mayor satisfacción y placer. La comodidad y los logros materiales proporcionan un cierto grado de satisfacción, pero el estado de plenitud, o la ausencia de éste, es lo que determina la calidad global de las experiencias de vida de una persona. Si el estrés puede llenar las actividades cotidianas de una persona de ansiedad e insatisfacción, entonces la asunción generalizada es que el alivio del estrés resultará en el opuesto psicológico del estrés: un sistema nervioso tranquilo y que funciona dinámicamente. Sin embargo, ese no ha sido el caso.

Los límites excesivos del estrés pueden incluso limitar la toma de decisiones productiva. Liberar al cuerpo del estrés se entiende erróneamente como un proceso que puede revelar reservas de energía e inteligencia. Este alivio temporal del estrés, sea con el uso de drogas o medicamentos, puede mejorar momentáneamente la ejecución y el pensamiento efectivo y constructivo. Hemos sido programados desde el nacimiento para valorar el alivio rápido y temporal. No obstante, con gran disgusto y decepción, caemos presa de una avalancha de problemas insospechados, y a veces abrumadores, que no estamos preparados para manejar.

La inestabilidad es el sello de una persona estresada. El ritmo acelerado de nuestra sociedad exige que la gente alivie *rápidamente* su estrés interno y empiece a utilizar sus plenas facultades para resolver las crisis creadas por la creciente fragmentación cultural y social. Debemos volvernos extremadamente flexibles. Tenemos que ajustarnos para satisfacer una extensa variedad de exigencias rápidamente cambiantes sin incurrir en el estrés excesivo. Estamos constantemente a la carrera y preocupados por meternos en situaciones estresantes y escapar de éstas.

Así pues, no debe sorprendernos que las estadísticas médicas actuales indiquen que somos una sociedad que viaja de una situación estresante a una infinita variedad de otras. Quizás nos hemos embarcado en el camino equivocado, uno que sustenta la enfermedad en nuestras vidas. La posibilidad de que logremos una solución permanente parece tan remota como el logro de una mejora en nuestra salud, nuestra estabilidad emocional y nuestro rendimiento.

Este libro describe un método mediante el cual podemos lograr esta solución permanente alentando —sí, alentando— el estrés acumulado. Después de todo, la adquisición de un aumento del estrés es uno de los indicadores de que un mayor grado de Luz o plenitud está destinado para mí. ¿Debo declinarlo? ¿Debo rechazar esta maravillosa oportunidad para el aumento y la mejora de mi bienestar físico y mental?

Esta idea novedosa parece totalmente contraria a nuestras ideas innatas referentes al estrés. Aun así, consideremos una situación similar en la que el estrés y el cuerpo entran en conflicto el uno con el otro. Imaginemos que hemos decidido abrir un negocio que fabrica un producto que requiere maquinaria pesada. Debemos considerar el requerimiento de la capacidad de carga del suelo que va a estar soportando las máquinas. Asumiendo que las máquinas exceden los límites proporcionados por la estructura del suelo, ¿nuestra decisión de continuar con el negocio implicará la eliminación de la maquinaria actual y su reemplazo por un equipamiento más pequeño y ligero?

Sólo un necio llega a este tipo de conclusión. La solución alternativa es apuntalar el suelo para permitir que el equipamiento existente, o incluso uno más pesado, sirva a las demandas de fabricación actuales y futuras del negocio. La maquinaria en este caso puede compararse con la Fuerza de Luz, mientras que el suelo debe compararse con nuestro Deseo de Recibir para Sí Mismo o energía-inteligencia del cuerpo. La Restricción o resistencia a la plenitud proveniente de la Fuerza de Luz es el prerrequisito para la expansión de nuestras vasijas.

El grado en el cual la Fuerza de Luz asume una característica beneficiosa o estresante depende de nuestra capacidad para dirigir y tener las riendas de la Fuerza de Luz. Y en la medida en la que todos nosotros manejemos o lidiemos exitosamente con lo que comparte, la energía-inteligencia benefactora, las recompensas se traducen en bienestar físico y mental.

Explorar métodos a través de los cuales el factor del estrés — es decir la Fuerza de Luz— puede ser reducido e incluso eliminado, resulta en un ciclo interminable de estrés recurrente. La Fuerza de Luz no se ve afectada o influenciada por nuestro deseo de retirarnos de su energía-inteligencia. Su deseo fundamental es compartir, y nada de lo que hagamos puede evitar que la Fuerza de Luz logre su objetivo.

Es esencial que entendamos la naturaleza del estrés. Para la mayoría de personas, la Fuerza de Luz puede parecer un enemigo que coloca sobre ellos energía-inteligencia no deseada. La paradoja es que la plenitud y la satisfacción son la esencia de la Fuerza de Luz. Así pues, aunque puede que prefiramos deshacernos de la carga de reforzar o expandir nuestra vasija mediante la doctrina de la Restricción, debemos afrontar la inevitable consecuencia de una Fuerza de Luz reducida y, posteriormente, una disminución de la plenitud. Al estar en un estado de plenitud disminuida, podemos esperar estar en un estado constante de frustración debido a que nuestro Deseo de Recibir está siendo ignorado.

Y aquí estamos, atrapados entre el demonio y la profundidad del mar azul. Si no hemos expandido apropiadamente las dimensiones de recibir de nuestra vasija, entonces la Fuerza de Luz ejerce demasiada presión sobre nosotros por cada centímetro cuadrado. Por otro lado, rechazar la beneficencia de la Luz no logra satisfacer nuestro Deseo de Recibir natural y llevarnos a estar satisfechos con "todo".

El uso de tranquilizantes u otras drogas que alivian el estrés es sólo un recurso temporal. En efecto, lo que realmente está sucediendo es que la energía-inteligencia del cuerpo está perdiendo o se le está quitando su conciencia. Cuando alguien toma varias bebidas alcohólicas, deja o abandona el limitado alcance instintivo de la inteligencia del cuerpo, el Deseo de Recibir para Sí Mismo.[141] Entonces el alma se eleva a la libertad desde la esclavitud infligida por las cadenas de la inteligencia del cuerpo. El alma, cuya esencia de su energía-inteligencia es el Deseo de Recibir para Compartir, ha regresado de nuevo y acoge a la Fuerza de Luz.

El alivio, el *ligero mareo* que se experimenta enseguida, es un resultado directo de que el alma haya acogido a la Fuerza de Luz sin las obstrucciones y limitaciones habituales que la energía-inteligencia del cuerpo impone sobre el alma. La energía-inteligencia del cuerpo ha sido adormecida temporalmente. Ha sucumbido al ataque de drogas, alcohol u otras medicaciones. El resultado es una especie de euforia inducida por estas propiedades artificiales en guerra contra el enemigo: nuestro cuerpo.

No obstante, el problema es el viaje de regreso. Los efectos de los métodos artificiales permanecen sólo durante un tiempo limitado. La energía-inteligencia del cuerpo, que libra una batalla constante para lograr su objetivo,[142] recupera su conciencia. Luego retoma la batalla contra la conciencia del alma para ejercer el control sobre nuestras actividades. A nuestra conciencia del alma se le ha proporcionado un viaje gratuito para *encontrarse* con la Fuerza de Luz. Nuestras almas han probado la dicha de la Luz eterna. Sin embargo, nuestra inteligencia del cuerpo —la fuerza de limitación causada por su característico Deseo de Recibir para Sí Mismo— *no participó activamente* en esta escapada.

La infinita Fuerza de Luz no tiene relación o longitud de ondas comunicativas con la inteligencia del cuerpo. Ambas son diametralmente opuestas entre ellas. Sirven a propósitos opuestos. La Fuerza de Luz, una extensión del Eterno, sólo conoce el atributo de compartir. La conciencia esencial del alma es el Deseo de Recibir para Compartir. No obstante, la función del cuerpo es infundir la conciencia del Deseo de Recibir para Sí Mismo.[143]

Por consiguiente, tras el regreso del alma al lugar material y corporal en el que habita, la conciencia del alma experimenta de nuevo la limitación de estar insatisfecha, invocada por la conciencia del cuerpo. Sin embargo, ahora la dicotomía entre el alma y el cuerpo ha sido ensanchada por el reciente contacto ilimitado del alma con la Fuerza de Luz. La conciencia corporal continúa su camino de división, fragmentación y falta de plenitud debido a su Deseo de Recibir para Sí Mismo característico y esencial.

El Deseo de Recibir para Sí Mismo se opone a la doctrina de las relaciones cuánticas. Su pensamiento-inteligencia, por su propia naturaleza, piensa en y procura aquellas actividades que le benefician sólo a sí mismo. Nunca hay ninguna consideración más allá del alcance y el marco del yo. Por consiguiente, debido a su perspectiva limitada, la conciencia corporal no puede tener, ni tiene, el deseo de expandir las dimensiones de su vasija. Esto es sin duda una paradoja.

Sin embargo, así funcionan las leyes y los principios de nuestro universo. Al rechazar el Deseo de Recibir para Sí Mismo, igual que sucede con el filamento de una bombilla, se logra el objetivo contrario. El brillo de una bombilla está determinado por el tamaño del filamento, no por la corriente que corre a través del sistema de cables. La corriente es la misma, sea cual sea el aparato que está conectado a ésta: un aire acondicionado, con una gran demanda, o una bombilla de cinco vatios, con una pequeña demanda.

La Restricción, un concepto al cual la conciencia corporal no se suscribe, es una respuesta necesaria a la Fuerza de Luz. La misma naturaleza de la conciencia corporal es una de ilusión y finitud. Su alcance es limitado y está en conflicto directo con el Deseo de Compartir del alma. Así, después de que al alma se le haya dado libre acceso a la Fuerza de Luz, al regresar encuentra el cuerpo más repulsivo que nunca. Atrapada en esta lucha mundana por la supervivencia, el alma desea regresar de nuevo para obtener una refrescante y constante estimulación de la Fuerza de Luz.

La Fuerza de Luz desea acoger al alma, pero sólo se lo impide la doctrina de "no hay coerción en la espiritualidad". El alma, cuya intención es unirse con la Fuerza de Luz unificada que lo abarca todo, debe primero cumplir el requisito de transformar la conciencia corporal de un Deseo de Recibir para Sí Mismo a uno de Compartir. Por lo tanto, la lucha interna dentro de nosotros se vuelve más intensa. Las alternativas y soluciones son pocas.

Tenemos pocas opciones para aliviar la crisis del estrés. Debemos buscar la transformación de la conciencia corporal para Sí Mismo en una de Compartir. En este proceso, la conciencia corporal atraviesa una expansión de la concienciación y la receptividad. Y, como hemos visto, la Fuerza de Luz disfruta ahora de una mayor afinidad con la conciencia corporal, y está permitido por la ley cósmica aumentar su porción de beneficencia al cuerpo.

Al aumentar y reforzar la capacidad de la conciencia corporal de rechazar la Luz (Restricción), la intensidad de la Fuerza de Luz se incrementa enormemente, satisfaciendo aún más el deseo y la necesidad del cuerpo. La conciencia corporal y la conciencia del alma experimentan una mayor afinidad la una con la otra, permitiendo así que la Fuerza de Luz se vuelva una fuerza integral dentro de la psique del hombre. El factor estrés ha sido aliviado, o totalmente eliminado, debido a que la Fuerza de Luz ya no se considera una intrusa.

Aunque la Fuerza de Luz hace todos los intentos para hacer que su presencia sea conocida y experimentada poderosamente dentro de la conciencia de la humanidad, ya no se considera un "factor de carga". Cuando nuestra vasija se refuerza y se reprograma, puede esperarse el *opuesto* psicológico y fisiológico del estrés. El resultado inevitable es una mejora de la calidad general de nuestro bienestar emocional y físico.

Si, por otra parte, no logramos mejorar la energía-inteligencia del cuerpo a una de Compartir, entonces debemos pasar por el trauma y la búsqueda frenética de una mayor satisfacción. Mientras el cuerpo, la vasija, sea *incapaz* de acoger a la Fuerza de Luz, la experiencia de agotamiento o saturación se convierten en una recurrencia cotidiana. El uso de dosis cada vez mayores y más frecuentes de represores artificiales para aliviar los efectos del estrés no sirve a otro propósito salvo aumentar el efecto insensibilizador en nuestra conciencia corporal.

La Luz no se desvanecerá. Debemos hacer espacio para que la Luz entre en la conciencia de la humanidad. La conexión con la Fuerza de Luz en la Era de Acuario ya no está reservada para aquellos que merecen su influencia. Todos los habitantes de la Tierra caerán ahora bajo su demanda de revelación. La única opción que tenemos es aumentar nuestra vasija hasta su máxima capacidad, y acoger toda la Fuerza de Luz que está destinada para nosotros.

Reducir la capacidad de nuestro Deseo de Recibir mediante incentivos artificiales no tiene ninguna influencia sobre el comportamiento de la Fuerza de Luz. La Fuerza de Luz seguirá haciendo un esfuerzo continuo para satisfacer "los Deseos de Recibir de la humanidad" y mejorar el bienestar físico y mental de la humanidad. Esta es la esencia de la Fuerza de Luz. Sin su beneficencia, la humanidad debe soportar el dolor, el sufrimiento, la incertidumbre y la ausencia de plenitud.

Adormecer el Deseo de Recibir a través de las drogas o el alcohol es privar a las personas de su derecho innato de disfrutar de la Fuerza de Luz que todo lo abarca. Practicar cualquier forma de meditación sólo con el propósito de aquietar un cuerpo estresado tendrá los mismos efectos negativos que el uso de represores artificiales. Ninguno de los dos métodos logran lidiar adecuadamente con la Fuerza de Luz.

Por el contrario, el estudio de la Kabbalah describe un método para alcanzar la plenitud *aumentando* el estrés acumulado por la Fuerza de Luz. Esto también proporciona a la conciencia corporal un grado ampliado de integración con la Fuerza de Luz, mientras que logra estabilidad y satisfacción para el sistema nervioso y cada estructura integral de nuestro cuerpo.

El estudio de la Kabbalah nos permite obtener un profundo estado de descanso que repara el daño provocado por el exceso de estrés previo, ya que la Fuerza de Luz vaporiza las obstrucciones del cuerpo. Estas manchas negras que aparecen en los rayos X son meras indicaciones del *impasse* creado por la conciencia corporal al obstaculizar el flujo constante de la Fuerza de Luz. Aumentar el nivel de la Fuerza de Luz promueve una mejor salud y avances en la estabilidad emocional y la conducta de aquellos que lo practican.

Nuestro fracaso en satisfacer las demandas de las tensiones acumuladas de la vida diaria, ocasionado por la crisis de la vida moderna, yace en nuestra incapacidad de asegurar la Fuerza de Luz en nuestra conciencia. El uso extendido de medicaciones adictivas y dañinas para el alivio del estrés excesivo y enfermedades asociadas debe ser considerado una complicación del problema del estrés, no una solución a éste. Debemos desarrollar la capacidad absoluta de aprovechar la Fuerza de Luz para lograr y mantener la plenitud de vida en medio de estos tiempos difíciles. Sin duda, el estudio de la Kabbalah y el uso de la Meditación Kabbalística, cuando se practican adecuadamente, pueden mejorar nuestra vida diaria de las formas más inimaginables.

LAS DIEZ SEFIROT

EL TRIÁNGULO SUPERIOR

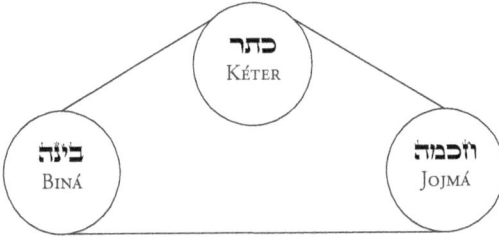

כתר
KÉTER

בינה
BINÁ

וזכמה
JOJMÁ

LAS SIETE SEFIROT INFERIORES
Siete formas y niveles de inteligencia cósmica:
La manifestación de la Fuerza de Luz

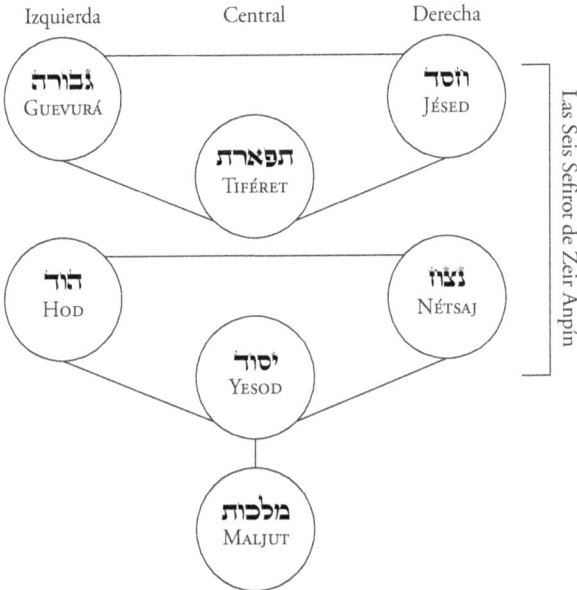

Izquierda — Central — Derecha

גבורה
GUEVURÁ

וזסד
JÉSED

תפארת
TIFÉRET

הוד
HOD

נצח
NÉTSAJ

Las Seis Sefirot de Zeir Anpín

יסוד
YESOD

מלכות
MALJUT

Estos mensajes codificados de la inteligencia (ADN metafísico) representan
nuestro gran sistema solar y la división cósmica de la Tierra. Las Siete
Sefirot están contenidas en el corazón y el alma de los planetas.
El revestimiento exterior de cada planeta es un aspecto de la conciencia corporal.

193

EL MUNDO EXTERIOR Y EL MUNDO INTERIOR
DEL HOMBRE

Capítulo Seis

EL MUNDO EXTERIOR Y EL MUNDO INTERIOR DEL HOMBRE

TENEMOS UN ALMA, Y DEBEMOS APRENDER A UTILIZARLA. Hay dos niveles en el hombre: la conciencia interna del alma o nivel de la realidad y la conciencia externa del cuerpo, a la que nos referimos como el nivel físico e ilusorio y que se ha desarrollado en el capítulo anterior.

Antes del pecado de Adán, que fue la negación de la Fuerza de Luz, todo el universo existía y permanecía conectado al nivel de *Rúaj*,[144] libre de las demandas del espacio y el tiempo, y sin la sombra de la entropía y la muerte. La conciencia corporal estaba completamente dominada por la conciencia del alma. No obstante, cuando ocurrió la caída o el pecado de Adán, cayó de ese estado bendito de conciencia en *Néfesh*, donde la conciencia corporal podía levantar su fea cabeza, arrastrando al mundo con él.[145] Desde entonces, sus descendientes han estado luchando para recuperar el Edén de Su creación.

Hay muchos estados de conciencia y no todos son benignos. Pero debido a que el hombre nunca puede separarse del universo, todos esos estados, incluso el más bajo, contienen un poder con el cual sólo los necios jugarían. La única defensa del alma, mientras viaja a través de la infinidad de niveles que conforman el universo metafísico, es alcanzar la unión[1] con la

---

1 (N. del T.) El autor está usando un juego de palabras que sólo funciona en inglés. La palabra que usa en inglés es *atonement* que significa expiación y al mismo tiempo si se divide como *at-one-ment* significa ser uno con la Luz del Creador.

Fuerza de Luz. Uno de los mejores mapas de rutas que aclara el camino a seguir hasta ese objetivo son las enseñanzas kabbalísticas.

La revelación del Zóhar, con su cuidadoso escrutinio de la anatomía física y espiritual del individuo, nos permite aprender exactamente lo que existe en el ámbito de la galaxia, así como en el ámbito de los objetos celestiales aún por descubrir. El Zóhar afirma:[146]

> *Sobre el hombre descansa todo el movimiento y los hilos del universo. Porque no hay un miembro en el cuerpo humano que no tenga su contraparte en el universo como un todo. Pues el cuerpo del hombre está dividido y subdividido en secciones y todas ellas están suspendidas sobre niveles de diferentes campos magnéticos e inteligencias, a través de los cuales cada una reacciona e interactúa con la otra para formar un organismo aun permaneciendo independiente, así el universo entero está basado sobre niveles paralelos y distintos por los cuales cada sección, cada segmento del universo, está relacionado e interrelacionado con el otro.*

Dos afirmaciones extraordinarias emergen del Zóhar. El hombre, según los parámetros kabbalísticos, es el productor y el director decisivo del movimiento en este universo. Asimismo, el hombre es como una fotocopia de todo lo que hay, tanto en el reino celestial como en el reino terrestre de nuestro universo. Ambas declaraciones tienden a sonar increíbles a la luz de la última tecnología espacial del hombre, en la que el único lugar donde el hombre ha caminado más allá de la Tierra es la Luna.

Puede que el científico puro sacuda su cabeza con desesperación ante la declaración zohárica anterior, pero el Zóhar lo deja claro: el cuerpo del hombre está relacionado con toda nuestra galaxia y nuestro universo. Un dinamismo inherente impulsa la conclusión zohárica de que todo el cosmos consiste en conciencia del alma y conciencia corporal. Esta revelación, por y en sí misma, es arrolladora. Conectar la idea de la conciencia al cosmos es lo que yo considero la declaración zohárica más osada de todas.

El Salmista, el Rey David, desarrolla más extensamente este concepto cuando escribe: "Los Cielos proclaman la gloria del Creador, y la expansión anuncia la obra de Sus manos. Un día transmite el mensaje al otro día, y una noche a la otra noche revela sabiduría".[147] Debemos también notar que las posiciones de las fuerzas de energía no deben verse como si deambularan por ahí al azar. Es nuestra incapacidad para definir y reconocer las distintas entidades de inteligencia en el nivel subatómico o celestial lo que nos impide acceder a conceptos bien definidos.

Rav Shimón bar Yojái, quien alcanzó un grado extremadamente elevado de estado alterado de conciencia, no encontró dificultad en definir con precisión lo que estaba ocurriendo. Él podía tener acceso a información que hacía del futuro absoluto y el pasado realidades muy distintas. Asumiendo que estemos ahora preparados para la nueva era de la infinidad, ¿cómo recopilamos este nuevo tipo de información?

El autor del Zóhar previó este brillante período Acuariano y proporcionó parte del conocimiento que ahora se vuelve necesario.

El Zóhar describe la íntima relación entre el ámbito celeste del cosmos y el ámbito terrestre del hombre. Esta relación explica nuestra fascinación compulsiva con lo desconocido que está ahí fuera en nuestro universo, una fascinación que ha existido desde que pusimos atención en la estructura y el orden del universo. Nuestra preocupación por la conexión cósmica surgió cuando se estableció firmemente una conciencia fundamental de la enorme y profunda dimensión del Reino Celestial y de su poderosa influencia sobre nuestros asuntos.

Por consiguiente, la asunción de una dualidad cósmica es un paso adelante muy osado y revolucionario en nuestra comprensión del poder de la mente subconsciente. En los últimos trescientos años ha habido muchos intentos científicos de explicar y describir la enorme disposición y el hermoso diseño de este universo que ahora habitamos. Sin embargo, estos intentos han dejado muchas de las conclusiones pendiendo de un hilo. Los científicos todavía se aferran a la creencia de que el entendimiento de nuestro cosmos no está en la iniciación original de su estructura y organización primigenias, sino más bien en el entendimiento de sus leyes y sus principios de la naturaleza que mantienen el sistema cósmico y lo obligan a funcionar de forma ordenada.

Ignorar el propósito detrás de cada causa y efecto, simplemente porque este tema es muy complejo y sutil, es una salida fácil para la física. La probabilidad, que todavía representa un importante papel en la física subatómica, no logra lidiar adecuadamente con el Reino Celestial, que se encuentra más allá de la influencia gravitacional. Una incertidumbre tal puede suponer el final del camino para la física y las ciencias exactas. Rav Shimón bar Yojái, en su Zóhar, se dio cuenta de que, para enfrentarse a lo desconocido, es necesario investigar y descubrir la causa de los acontecimientos, una tarea que presenta una dificultad con la cual los físicos contemporáneos no pueden lidiar.

Los kabbalistas describen el cosmos con base en las energías-inteligencias positivas y negativas. La conciencia interna inmaterial de los cuerpos celestes, igual que el alma del hombre, está en comunicación directa con la Fuerza de Luz. Los siete planetas actúan como canales orbitales para las siete formas y niveles difusos de inteligencia cósmica conocidas como las Siete Sefirot.[148]

Desde una cosmovisión kabbalística, simplemente consideramos el interior, de la misma forma que un físico investiga más adentro, hacia el mundo elusivo de los fenómenos subatómicos. Por ejemplo, en lugar de tomar el Sol como la fuerza primordial de energía, el punto de vista zohárico afirma que todas las formas manifestadas, o energía, son meramente el resultado de canales de emisiones cósmicas naturales e inteligentes de la Fuerza de Luz. La Fuerza de Luz se envuelve dentro de vasijas o canales orbitales. Estos faros cósmicos se originan todos en la Fuerza de Luz.[149] El cosmos se vuelve variado a medida que pasa a través de estos canales terrestres diversificados.

No resulta sorprendente cuando estas inteligencias cósmicas son descubiertas y vistas como mensajeras de la Fuerza de Luz, sembrando la Tierra de formas inteligentes orgánicas y complejas. Estos mensajes codificados inteligentes y encapsulados, conocidos como *sefirot* o ADN metafísico, son las fuerzas primordiales que representan nuestro gran sistema solar y la división cósmica de la Tierra. Un día, algunas de las mentes más talentosas de la humanidad podrán decodificar estos mensajes interestelares y descubrir las civilizaciones inteligentes del espacio exterior que son y siempre han sido conocidas por el kabbalista. En pocas palabras, estos mensajes extraterrestres son las formas complejas de las *sefirot* que encapsulan a la Fuerza de Luz.

Lo que parece emerger de la revelación del Zóhar es que las formas de inteligencia que emanan de estas *sefirot* son directamente responsables de nuestra manifestación universal. Y lo que es más importante, son las fuerzas que impulsan nuestras actividades cotidianas. Estos seres avanzados extraterrestres y no corpóreos, en un sistema solar parecido al nuestro, dirigen las estructuras que orbitan en nuestro propio universo y posteriormente muestran los distintos grados cuantificados de la Fuerza de Luz. Toda la vida baila al son de las influencias astrales, tal como lo demuestran más claramente los fenómenos cíclicos.

Las fuerzas extraterrestres invisibles afectan y decididamente determinan los vaivenes de muchos fenómenos relacionados con la humanidad. Al seguir el rastro de los ciclos de vaivenes de la vida terrestre, y al identificar estos ciclos, las curiosas fluctuaciones sugieren claramente un patrón metafísico que se parece mucho a lo que el ADN es para nosotros.

Los planetas y los signos del Zodíaco marcan su huella celestial sobre la faz de la Tierra. Esto podría compararse con el alma del hombre, que hace que un individuo sea claramente distinto a otro. El alma es la responsable de la creatividad de una persona, del libre albedrío y de las emociones como el amor, el odio, el miedo y los instintos de lucha. Las siete entidades no materiales (Sefirot) dan origen a la diversidad individual del universo y la Tierra.

No obstante, las Siete Sefirot, el corazón y el alma de cada planeta, están contenidas dentro de una cáscara física corpórea observada por los habitantes de la Tierra. La cáscara conocida y observable de cada planeta es, según el Zóhar, un aspecto de la conciencia corporal. Como tal, las limitaciones habituales pertenecientes a la conciencia corporal del hombre se aplican también al Reino Celestial. La conciencia corporal, ya sea que exista en la humanidad o en el Reino Celestial, es lo que causa que se formen capas sobre capas de negatividad alrededor de la persona. Cuanto mayor es el Deseo de Recibir para Sí Mismo, más ciegos nos volvemos a la Fuerza de Luz.

La ilusión de oscuridad que nos ocasiona la conciencia corporal es la causa de los problemas y las dificultades. Cuando se coloca en una posición o condición de vulnerabilidad, la humanidad accede robóticamente a la conciencia corporal de la influencia celestial. Cuando las influencias negativas de la región Celestial reinan sobre el universo, la humanidad, sin el beneficio de un escudo de seguridad, se inunda de caos, desorden e infortunio. En ocasiones, incluso su salud puede estar en peligro. Si, por ejemplo, el Deseo de Recibir para Sí Mismo se apodera de una persona durante la dominación zodiacal de Cáncer, ese individuo ha accedido a la enfermedad del cáncer.

Desde un punto de vista kabbalístico, la temida enfermedad del cáncer tiene su origen y su comienzo durante el dominio del signo zodiacal de Cáncer. No es un accidente que Avraham el Patriarca diera el nombre de Cáncer al cuarto signo del Zodíaco. Esto se hizo con el propósito expreso de compartir información con los lectores de la primera publicación sobre la Kabbalah, el *Séfer Yetsirá* o Libro de la Formación.[150] Si el nombre fuera un aspecto insignificante de la entidad que lo recibe, entonces Avraham podría haber especificado cualquier nombre entre muchos para este signo del Zodíaco.[151]

Asimismo, el signo del cangrejo, que se manifiesta durante el mes hebreo de *Tamuz* (Cáncer), no tendría la profunda relevancia que tiene si los nombres no tuvieran trascendencia. El propósito de la aparición del cangrejo en la constelación celestial fue para proporcionar un conocimiento sobre la conciencia corporal de este mes. Como se ha mencionado previamente: "Los Cielos declaran la gloria del Creador".

Un buen punto de partida para nuestra investigación de la conciencia corporal del cangrejo es su manera de locomoción. Al caminar o arrastrarse, la mayoría de los miembros de la especie de los cangrejos muestran la característica peculiar de andar de lado; un procedimiento inusual para ir de un lado a otro. Sin embargo, si miramos más detenidamente esta peculiaridad, llegamos a algunas consideraciones interesantes. Existen algunas marcadas diferencias entre caminar hacia delante y caminar de lado. La distancia que se cubre es mucho mayor con el movimiento hacia delante. Al caminar de lado sólo puede moverse un solo pie o lado cada vez, y en una travesía lateral no tiene lugar una actividad continua.

¿Qué implica esta característica distintiva? ¿Cómo y por qué el signo del Zodíaco de Cáncer se relaciona con el cangrejo? El Salmista lo explicó con su declaración: "Los Cielos proclaman la gloria del Creador", e implicó que los signos del Zodíaco revelan la energía-inteligencia interna de un mes en particular. La causa y la razón subyacente del cáncer está vinculada y correlacionada con la idea de la fragmentación y la discontinuidad, características del Deseo de Recibir para Sí Mismo.

Avanzar de lado evita el movimiento continuo, a diferencia del movimiento hacia delante. Antes de que el lado izquierdo comience su actividad, el lado derecho debe detener totalmente su movimiento. Intenta caminar de lado hacia la izquierda. Antes de que puedas poner tu pie izquierdo en movimiento, tu pie derecho debe descansar junto al pie izquierdo y durante un momento nuestro cuerpo debe estar quieto. Cuando caminamos hacia delante, los dos pies están siempre moviéndose.

La conciencia del alma o interna existe como un circuito continuo y eterno de energía, sin ninguna interrupción en su flujo de la energía-inteligencia. La conciencia corporal representa y simboliza una ilusión constante de un flujo interrumpido y fragmentado de la energía-inteligencia que resulta en caos y desorden. Por consiguiente, el cangrejo representa el símbolo del cáncer, el cual, en esencia, describe el cortocircuito y la interrupción de un flujo de energía.

El predominio de un Deseo de Recibir para Sí Mismo es la naturaleza del cangrejo. Por lo tanto, su esencia interna de conciencia corporal determinó su movimiento físicamente manifestado y el signo de su dirección. El problema esencial de la enfermedad del cáncer y del caos que crea en nosotros parte del hecho de que la energía-inteligencia de un Deseo de Recibir para Sí Mismo penetró e invadió la completitud y la unidad del individuo.

Las células de un cuerpo humano son creadas como —y están conectadas con— un todo unificado de conciencia del alma que todo lo abarca. Durante el transcurso de la vida, si un individuo se vuelve vulnerable a la falta de plenitud y el cortocircuito del Deseo de Recibir para Sí Mismo durante el mes de Cáncer, él o ella se convierte en una víctima del azote del cáncer. La pérdida de un ser amado u otras desgracias empujan al individuo a un estado de depresión, lo cual significa que una falta de plenitud envuelve a la persona. Esta condición crea una afinidad dominada enteramente por la conciencia corporal. Cuando uno está totalmente consumido en asuntos de la carne, la enfermedad obtiene el permiso para entrar.

En tanto que el signo del Zodíaco de Cáncer gobierna durante el mes hebreo de *Tamuz*, las personas que sucumben a un estado de infelicidad o de falta de plenitud son inmediatamente arrastradas a la conciencia corporal de la influencia Celestial de Cáncer. El origen o el comienzo del caos tiene lugar durante este mes de Cáncer. Así pues, es esencial que vayamos con mucho cuidado para evitar caer en la trampa de la depresión, la infelicidad y otros estados mentales de carencia similares durante el mes del cangrejo. Conectar con la conciencia corporal del cangrejo nos deja abiertos a su peligrosa influencia cósmica.

Lo que quiero decir es que la influencia Celestial combina una forma dual de energía-inteligencia. La conciencia del alma positiva de las entidades Celestiales regula y determina los momentos brillantes y felices de nuestra existencia. Por otro lado, la conciencia corporal representa el lado más oscuro de la existencia, invocando y ejerciendo la influencia del caos, la enfermedad y el infortunio en nuestra vida. La sociedad sufre entonces el trauma del desorden y la destrucción, y busca un programa ilusorio y temporal que pueda aliviar las presiones ocasionadas por causas que parecen indeterminables. En realidad, el culpable, la causa subyacente, se encuentra en la conciencia corporal de la región Celestial y no dentro del plano terrestre.

Las soluciones a un problema que no incluyen una descripción y un entendimiento precisos de su origen no son soluciones viables. El razonamiento sintomático simplemente ignora las causas verdaderas y básicas del comportamiento avasallador y enigmático de la humanidad. Debemos darnos cuenta de que ha habido muy pocos cambios en el área de progreso social. Puede que hagamos bien en girarnos en otras direcciones para entender qué hace que la gente se comporte como lo hace.

La técnica de la Kabbalah puede apoyar y en efecto apoya al hombre en su búsqueda de una vida repleta de satisfacción y bendiciones. Para asegurar la plenitud, debemos sentirnos unificados con la conciencia del alma de todo el cosmos. El concepto de la conciencia del alma se extiende más allá de la región Celestial de los planetas y los signos del Zodíaco de nuestra constelación.

No debería sorprendernos si las computadoras y otros aparatos de alta tecnología empiezan a exhibir su propia conciencia. Tanto los diseñadores que crean los programas como los consumidores que utilizan estas máquinas dejan todos su marca en estos aparatos. Cuanto más nos acercamos a las partículas subatómicas y los átomos, más somos atraídos hacia la psicología y la conciencia robótica de estos instrumentos de comunicación. Estos instrumentos no tienen libre albedrío por y en sí mismos, pero tienen una conciencia interna para actuar tal como se les ha ordenado.

El aspecto material y corpóreo de estas máquinas de información entra dentro de la categoría de conciencia corporal. Como tal, están sujetas al entorno y la asociación negativos, y son influenciadas por éstos. La mesa de un restaurante previamente ocupada por unos individuos negativos debe ser evitada. Sus vibraciones continúan su influencia negativa a través de la conciencia corporal de las sillas y las mesas. Si no has disfrutado de tu comida en uno de tus restaurantes preferidos, ¡puede que la culpa sea de la mesa y no del chef!

Sintonizarse con el entorno es tan esencial como familiarizarse con el tipo de comida que comemos o la compañía que elegimos. Antes de mudarnos a un nuevo apartamento o una nueva casa, debemos estar plenamente informados sobre sus anteriores ocupantes. Las vibraciones continúan haciendo sentir su presencia después de que los ocupantes se hayan marchado. Si las desgracias o el pesar han sido la marca de los anteriores habitantes, entonces los nuevos inquilinos pueden esperar que esta energía-inteligencia negativa continúe y tenga una influencia en sus vidas y sus relaciones.

La idea de que las vibraciones de los ocupantes anteriores extiendan su influencia a sus nuevos ocupantes ha sido elaborada por el Zóhar[152] y tratada en la sección bíblica de Levítico.

> *Rav Yitsjak iba a casa de su padre cuando vio a un hombre que se apartaba del camino con una carga atada a su hombro. Él le dijo: ¿Qué es este bulto que llevas sobre tus hombros? Pero el hombre no le contestó. Así que lo siguió hasta que lo vio entrar en una cueva. Fue tras él y vio cómo una nube ascendía del suelo, mientras el hombre entraba en un agujero y lo perdía de vista. Rav Yitsjak salió de la cueva atemorizado.*

> *Mientras estaba sentado, Rav Yehuda y Rav Jizkiyá pasaron por allí. Él se acercó a ellos y les contó lo que*

había sucedido. Rav Yehuda dijo: Gracias a Dios por liberarte. Esa cueva es donde están los leprosos de Serunyá. Todos los habitantes de ese pueblo son hechiceros y van al desierto a conseguir serpientes negras, de diez años o más, y al no tener cuidado con éstas, se convierten en leprosos. Todas sus artes mágicas están en esa cueva.

De camino, se encontraron con un hombre que llevaba con él a un niño enfermo atado a un asno. Le preguntaron por qué el niño iba atado. Él contestó: Vivo en un pueblo de arameos. Mi hijo solía estudiar la Torá cada día. Durante tres años viví en la misma casa y nunca observé nada malo. Un día que mi hijo entró en esta casa para repetir su lección, un espíritu maligno pasó delante de él y le torció los ojos, la boca y las manos. No puede hablar. Así que voy a la cueva de leprosos de Serunyá para preguntar si ellos pueden enseñarme a curarlo.

Rav Yehuda le dijo: ¿Conoces a alguna otra persona que haya sido lastimada anteriormente en esa casa? Él contestó: Sé que hace mucho tiempo un hombre fue lastimado allí, pero la mayoría pensó que fue una enfermedad, algunos dijeron que fue por el espíritu maligno de la casa. Sin embargo, desde entonces muchas personas han estado en la casa sin sufrir ningún daño. Ellos dijeron: Esto demuestra la veracidad de lo que dijeron los compañeros. ¡Ay de aquellos que ignoran sus palabras! Rav Yehuda dijo: "¡Ay de aquel que construye su casa con iniquidad!".[153] *Porque donde hay rectitud, todos los espíritus malignos se marchan de allí.*

No obstante, el primero que llegue a ese lugar, toma posesión de éste. Rav Jizkiyá dijo: Si es así, ¿el Santo Nombre está en el mismo nivel que los espíritus impuros? Él contestó: No es así, si el Espíritu Santo está allí primero, ningún espíritu maligno puede ser visto allí, ni mucho menos acercarse. Pero si el espíritu maligno está allí primero, el Nombre Santo no puede descansar sobre él.

...Lo mejor es abandonar la casa. Pero si esto no puede hacerse, debe ser reconstruida con madera fresca y piedras y un poco más lejos del lugar anterior, con la mención del Santo Nombre.

Lo que parece emerger de este fragmento del Zóhar es que los objetos inanimados no son en realidad tan inertes como pensábamos. El aire, la tierra y las piedras están hechos de moléculas y átomos vibrantes. Éstos están formados por partículas que interactúan las unas con las otras, creando y destruyendo otras partículas. Los átomos de los elementos y nuestro cuerpo participan colectivamente en una danza cósmica de energía y actividad. Las cosas que están ahí fuera no son independientes de nosotros. Todas las personas y todas las cosas actúan e interactúan unas sobre las otras.

Por consiguiente, las distintas conciencias del alma y conciencias corporales de nuestro universo se combinan para crear e influir en las actividades y los movimientos las unas de las otras. Parece haber poco espacio para que la humanidad actúe o se comporte de una forma que pueda permitir el libre albedrío y la determinación. De hecho, este concepto está detrás de la teoría cuántica y lleva a algunos científicos a concluir que el hombre vive en un universo libre en el que no puede hacerse a nadie responsable de sus acciones. Después de todo, puesto que la influencia exterior es tan masiva e intensa, ¿qué grado de libre albedrío tiene la humanidad?

Llevando esta idea al extremo, un asesino puede declarar en su defensa que fuerzas más allá de su control fueron responsables de sus actividades criminales. Por el momento, podemos considerarnos afortunados de que el conocimiento y la información científica no se hayan convertido en parte del dominio público.

A pesar de estas conclusiones, la Revelación en el Monte Sinaí indica que hay espacio para el libre albedrío. Los Diez Enunciados, que incluyen las prohibiciones de la actividad criminal, ponen claramente de manifiesto un grado de control en el proceso de toma de decisiones de la humanidad. Aunque por un lado estamos continuamente bombardeados por una variedad infinita de pensamientos, la cosmovisión kabbalística es que podemos ejercer y ciertamente ejercemos la libre elección.[154]

Todas las señales apuntan en la misma dirección. Las influencias externas contribuyen en gran medida en nuestro comportamiento y la manera en que hacemos las cosas. No hay forma de que podamos hacer que estas energías-inteligencias simplemente se desvanezcan. Forman parte de nuestro panorama universal. Éstas nos asistirán y apoyarán nuestros objetivos o crearán una especie de entorno caótico en el que las cosas empiezan a ir mal. Hacer uso de la energía-inteligencia positiva de nuestro cosmos o crear escudos de seguridad para protegernos de la actividad cósmica negativa es de lo que trata el estudio de la Kabbalah.

Puesto que somos sumamente conscientes de nuestras limitaciones y los prejuicios inherentes con los que nacimos, nuestra conciencia colectiva nos ofrece pocas posibilidades de lograr una actitud cuántica positiva. Cuando escaneamos visualmente el Zóhar y practicamos la Meditación Kabbalística, propiciamos un nivel cósmico más positivo de energía-inteligencia para nosotros mismos, el mundo y el universo.

A la vez que evita deliberadamente ideas preconcebidas o nexos políticos, la Kabbalah trata de despertar la conciencia del individuo y el reconocimiento del gran potencial de la humanidad. La técnica de la Kabbalah permitirá e inducirá a toda la humanidad a darse cuenta de que *todo aquello que sirve a la conciencia colectiva de la humanidad sirve también a las necesidades del individuo.*

Hay otro tema importante sobre el que se ha escrito mucho y, aun así, siento que se ha obtenido muy poca claridad sobre éste. Me refiero al tema de la mente subconsciente y su poder.

La mente del hombre y sus procesos mentales siempre han parecido tan misteriosos y fascinantes como el universo mismo. Hace muy poco que la investigación de la naturaleza de la mente se ha integrado al dominio de la ciencia experimental. Sin embargo, cuanta más luz se arroja sobre la naturaleza de nuestros procesos mentales, más preguntas surgen.

La inteligencia es, con creces, una de las características humanas más deseables, pero la palabra *inteligencia* no significa lo mismo para todos. Algunos afirman que se refiere a una capacidad para llevar a cabo con éxito las funciones mentales. Pero nosotros preguntamos: "¿Qué funciones se consideran relevantes?". Las capacidades de razonamiento tienen algo que ver con la inteligencia; la memoria desempeña un papel dentro del ámbito de la inteligencia.

¿Qué ocurre con aquellas personas cuya inventiva es extraordinaria pero cuya memoria falla justo cuando se requiere esa pieza vital de información? ¿Qué pasa con aquellos que supuestamente pertenecen al otro extremo del tótem, las personas con síndrome del savant? Este término se aplica a los individuos que tienen grandes dificultades para llevar a cabo importantes funciones mentales cotidianas, a la vez que muestran algunas capacidades extraordinariamente brillantes.

Hasta día de hoy, los test de inteligencia han frustrado a muchos psiquiatras y analistas. El coeficiente intelectual, también conocido como CI, ha necesitado ser constantemente revisado simplemente porque los estímulos cotidianos en los cuales se apoyan los test están cambiando constantemente. Esto ha causado una gran decepción a la hora de encontrar el método para medir la capacidad intelectual.

El test de CI fue diseñado en los años veinte, principalmente para niños y jóvenes. Estos test no son muy útiles o eficientes para probar a adultos. La razón de su éxito limitado a los niños es el limitado alcance de exposición a la vida que la mayoría de niños presenta. Aunque los test de inteligencia son tremendamente útiles, y sin duda estarán con nosotros durante mucho tiempo, los expertos en salud mental todavía no están seguros de qué mide realmente este criterio.

Hasta hace unos veinte años, la mayoría de psicólogos creía que la inteligencia estaba gobernada por la herencia y por lo tanto era invariable a lo largo de la vida de una persona. En la medida en que los test de CI miden la inteligencia, hay fuertes indicaciones de que la inteligencia puede cambiar durante la vida de un individuo. Cuanta más gente se probaba, más difícil se volvía ignorar la contundente evidencia de que la inteligencia puede aumentar, siendo la educación uno de los factores que más contribuyen a ese aumento.

Con el descubrimiento de esta evidencia, la antigua pregunta vuelve de nuevo a nuestra mente: entonces, ¿qué es la inteligencia? Afrontemos la cruda verdad de que a pesar de toda la investigación e información científica que hemos acumulado durante los años, todavía no nos hemos acercado a una clara definición de lo que constituye la inteligencia. Ningún test que haya sido inventado puede medir realmente la inteligencia pura, la inteligencia totalmente exenta de —y no influenciada por— los efectos de la experiencia del proceso de aprendizaje. Un desempeño superior a la media puede indicar una experiencia superior a la media. Unos buenos hábitos de estudio, junto con un entorno generalmente propicio para la mejora de las capacidades intelectuales, se verá con frecuencia reflejado en la puntuación de un niño en el test de inteligencia.

Por otro lado, la visión kabbalística de la inteligencia es completamente relativa y depende de cada individuo único y particular. Desde un punto de vista kabbalístico, en esencia no hay criterios con los cuales medir la inteligencia de una persona. Las mediciones más completas, que lamentablemente están ocultas, están relacionadas con la encarnación previa de una persona. No obstante, como resultado del proceso de *tikún*,[155] un individuo, independientemente del entorno social, la familia y otros factores, puede iniciar una espiral de crecimiento intelectual.

Los niveles de inteligencia son conocidos por sus nombres kabbalísticos codificados, en los cuales el kabbalista puede reconocer el nivel específico de inteligencia. Las *sefirot*, o niveles de conciencia, se dividen en cinco grados —Kéter, Jojmá, Biná, Zeir Anpín y Maljut— hacia los cuales la humanidad puede aspirar y alcanzar niveles superiores de conciencia y creatividad.[156] Desde un punto de vista kabbalístico, no existe tal cosa como el poder de la mente subconsciente. La mente de cada persona proporciona las mismas aptitudes y capacidades. La mente es meramente un canal.

La diferencia en el uso que se hace de la mente se basa simplemente y únicamente en el "deseo" que cada uno tenga de crecer espiritualmente.[157] Adquirir el conocimiento y la comprensión a través de la cual hacer uso de estos asombrosos niveles de conciencia cósmica es definitivamente un objetivo beneficioso. Los psiquiatras y psicólogos han confundido la mente subconsciente con la conciencia, que ya existe en el cosmos. La mente es meramente el canal a través del cual nos conectamos con los distintos niveles de conciencia que pertenecen al Reino Superior del cosmos.

Desde un punto de vista kabbalístico, no existe el poder oculto de nuestra mente subconsciente. Mucha gente de todo el mundo con inclinaciones espirituales ya ha empezado su viaje para adquirir la inteligencia infinita que todos podemos poseer. Cuando digo gente con inclinaciones espirituales quiero decir esas personas que han llegado a darse cuenta de que deben esforzarse por lograr una conciencia de compartir e introducir el principio de Restricción en sus vidas de forma cotidiana.

La inteligencia infinita del cosmos, que no está sujeta al tiempo, el espacio y el movimiento, puede revelar todo lo que necesitamos saber en cada momento, siempre que estemos *receptivos* y con una *mente abierta*. Sus fuerzas, aunque invisibles, son poderosas. Podemos atraer el asombroso poder del cosmos a voluntad, aumentando nuestra conciencia y nuestro conocimiento más allá de lo que nunca pudimos imaginar. Podemos traer a nuestra vida más poder y riqueza, más dicha y felicidad y, lo que es más importante, más salud, aprendiendo a revelar y a hacer uso del poder oculto del cosmos a través de la canalización de la mente.

Esta gran reserva de benevolencia cósmica nos pertenece a todos. Sin embargo, sólo aquellos que obtienen el conocimiento y la comprensión necesarios para expandir la capacidad y las aptitudes de su poder mental pueden ser los receptores de esta fuente infinita de sabiduría. Es nuestro derecho y nuestro privilegio descubrir este mundo interior de conciencia. Aunque es invisible, sus fuerzas son asombrosas y poderosas. Éstas pueden permitirnos encontrar la solución para cada problema y, lo que es aún más importante, la causa original de cada efecto.

Intrínsecamente sólo existe una única mente. No obstante, la mente posee dos conjuntos funcionales de conciencia. Estas dos funciones están directamente conectadas con las doctrinas kabbalísticas de la conciencia de la Luz Interna y la conciencia de la Luz Circundante.[158]

Antes de explicar la doctrina de la conciencia de la Luz Circundante, voy a dedicar unas veinte páginas a la doctrina kabbalística de conciencia de la Luz Interna, que engloba los conceptos de la actividad inconsciente o subconsciente, así como la mente, el cerebro, el dormir, los sueños, el sistema inmunitario, el coeficiente de inteligencia y el proceso de *tikún*.

La conciencia de la Luz Interna consiste en la mente racional consciente y la mente no racional inconsciente, ambas expresadas por el individuo. La conciencia consciente es un proceso automático del cerebro físico. Aunque los científicos afirman que hay una relación entre la conciencia y el cerebro, en realidad no saben cuál es esa relación. Por el momento, lo que puede considerarse como la mente-conciencia entra en la categoría de la conciencia de la Luz Interna.

La actividad mental inconsciente o subconsciente de la mente se considera la estructura invisible de la mente. Los científicos médicos han evadido la idea de que haya ningún intelecto por debajo de la conciencia consciente. Los problemas psicosomáticos o emocionales, o las personas que se preocupan sin motivo, son algunos de los resultados conductuales de una actividad mental anormal que produce luchas subconscientes estresantes. El papel del inconsciente en los trastornos emocionales rara vez es mencionado por los psiquiatras, a pesar de la capacidad única de la mente para formar imágenes o conceptos abstractos que pueden crear cambios físicos en el cuerpo.

La realidad consciente y la realidad inconsciente son únicas e independientes. Están establecidas dentro de cada persona en ese nivel de inteligencia, que depende enteramente de los preceptos de la reencarnación de vidas pasadas. Por lo tanto, en cierta medida, estos niveles pueden ser medidos. Estos niveles de actividad independientes conscientes y subconscientes rara vez cambian o se expanden.

La conciencia de la Luz Interna está sujeta el *tikún* personal de cada individuo. Como tal, nuestra conciencia consciente total, junto con nuestro subconsciente, es limitada y está poseída por la fragmentación del tiempo, el espacio y el movimiento. Los orígenes del comportamiento humano pueden ser rastreados hasta encarnaciones previas y *no* están afectados por las diferentes circunstancias de los entornos humanos.

La mente es similar a una computadora que está programada de una forma particular y luego procesará la información consecuentemente. Las encarnaciones previas determinan el programa particular para nuestra mente. La estimulación u observaciones ambientales serán procesadas por nuestra computadora mental programada. La mente es un producto inmaterial, único e intangible de nuestras vidas anteriores que procesa la información que le proporciona el entorno. Después de digerir adecuadamente el material, la mente llega a conclusiones. Entonces la mente comunica sus hallazgos al cerebro.

En cierta forma, la mente posee la capacidad de regular y controlar el cerebro. El cerebro, como producto de la actividad mental, controla las funciones de naturaleza eléctrica y química de todo el cuerpo. El cerebro, según las enseñanzas kabbalísticas, es el Kéter (Corona) o la semilla de todas las manifestaciones y actividades físicas.[159] Por consiguiente, una vez el óvulo ha sido fecundado y el bebé aumenta de tamaño, cambia en proporción y se convierte en un humano más reconocible. La cabeza aparece primero, seguida de la aparición de los esbozos de las extremidades.

El kabbalista siempre busca las causas primarias. La cabeza es el Kéter del desarrollo humano. Su energía-inteligencia interna consiste en la Sefirá Kéter, que tiene el asombroso poder de incluirlo todo. Similar a la semilla de un árbol,[160] que incluye y engloba todas las manifestaciones físicas futuras, el cerebro posee el asombroso poder de controlar y regular la distribución de su poder mental producido por el registro de la computadora mental.

El asombroso poder de la mente para dirigir los procesos electroquímicos del cuerpo humano con tal precisión se encuentra más allá de nuestra capacidad de comprensión. De alguna forma, la mente establece objetivos para completar una tarea específica. Al controlar ciertas actividades fisiológicas, la mente incluso proyecta los resultados de lo que tiene que lograr en el proceso. Ciertamente, según las enseñanzas kabbalísticas, la tarea que debe completarse ya ha sido establecida mucho antes de que los elementos del cerebro sean convocados con el fin de realizar las funciones necesarias para llevar a cabo la intención de la mente.

La idea que ha sido captada por la mente ya incluye lo que se necesita hacer para lograr su objetivo, así como las intenciones y las decisiones para controlar los procesos neurofisiológicos necesarios para alcanzar su objetivo. Para apreciar este extraordinario poder de la mente, sólo tenemos que considerar la gran cantidad de información por adelantado que proporcionan las anteriores encarnaciones de la mente. Debido a la "conciencia robótica" intrínseca de la mente, no existen defectos o errores en la transmisión de información al cerebro. La función del cerebro es la de ejecutar las intenciones y las decisiones de la mente en el nivel físico.

El pensamiento abstracto, el razonamiento avanzado, el aprendizaje, el juicio y la planificación serían todos imposibles sin la altamente desarrollada mente humana. Pero la mente humana es mucho más que un centro de energía de actividad intelectual. La mente regula, dirige y coordina todas las impresiones sensoriales que recibimos, todas las emociones que sentimos. Debido a nuestro proceso de *tikún* individual, que está vinculado con nuestras propias vidas anteriores, podemos tener una idea de por qué cada uno de nosotros ve las mismas cosas de manera algo distinta. Podemos entender por qué reaccionamos de forma diferente a las mismas circunstancias. Dicho brevemente, nuestro proceso de tikún individual es lo que diferencia a un ser humano de otro.

He comparado la mente y el cerebro con la computadora. De igual forma que las computadoras dependen de instrucciones para hacer primero una cosa y luego otra, la mente-cerebro sigue las instrucciones del programa del proceso de *tikún*. Pero *ahí* es donde se detienen todas las comparaciones con la computadora. Mientras que una computadora procesa la información paso a paso, el cerebro, con sus billones de conexiones neuronales entrecruzadas, procesa la información a lo largo de millones de caminos multidireccionales, todos al mismo tiempo. Una computadora no puede decidir que está malgastando su talento o si debe embarcarse en un nuevo estilo de vida. Una computadora no puede alterar drásticamente su propio programa. Sin embargo, una persona con un cerebro humano debe reprogramarse a sí misma antes de moverse en una nueva dirección.

El cerebro, la estación de mando del sistema nervioso, controla nuestras actividades, así como el funcionamiento de nuestros órganos internos. Es la computadora que conecta la mente y el cerebro. También es la capacidad intrínseca de la mente-cerebro humano de ejercer el libre albedrío. El proceso de *tikún* permite a cada persona alterar su programa mental, ocasionando así cambios en la manifestación final del nuevo programa adquirido por el cerebro.

Comparado con los otros órganos del cuerpo, el cerebro es el más importante. Uno de los fenómenos más extraordinarios con relación al cerebro es su insensibilidad al dolor. El tejido cerebral rara vez duele, aun cuando un cirujano lo corta con su bisturí. No obstante, el cerebro está sujeto a lo que se conoce como "dolor referido", el dolor que surge en una parte del cuerpo y que hace que duela la superficie de la cabeza. Lo que este fenómeno indica es que el cerebro pertenece a nuestra conciencia y al mundo que nos rodea. El cerebro es la ciudadela del espíritu humano. El cerebro, si bien es un órgano físico del cuerpo humano, también puede ser visto como algo que pertenece al mundo invisible y metafísico que nos rodea.

El cerebro espera sus instrucciones de la computadora mental procesada por el *tikún*, que aparentemente permanece siempre oculta para el cerebro físico. Hasta el día de hoy, la mayoría de los expertos todavía no entiende todo sobre la mente. Este misterio continuará prevaleciendo. La mente y su vínculo con el cuerpo humano y el cerebro continuarán necesariamente siendo un misterio, puesto que la mente es metafísica y dirige su registro a través de la corona del cuerpo humano: el cerebro.

La gran brecha que la ciencia debe salvar en el conocimiento de la mente sigue siendo la siguiente: "¿Cómo se traducen las acciones del sistema nervioso en la conciencia?". "¿Qué papel tiene el cerebro en este escenario?". A medida que se descubren nuevos conocimientos, la ciencia está haciendo rectificaciones y reemplazando puntos de vista anteriores. El resultado es la creación de preguntas cada vez más complicadas, mientras que la pregunta clave sigue sin ser contestada: "¿Qué es la mente?".

Rav Yitsjak Luria (el Arí), con el trazo de su pluma, puso fin a los misterios concernientes a la compleja estructura anatómica del cerebro.

> *El cerebro recibe el nombre de Dáat (Conocimiento), pues la Sefirá de Kéter (Corona) está vinculada y conectada con el cerebro.*[161] *Kéter es el vínculo entre la Fuerza de Luz y el cerebro, debido a que es una esencia que incluye a ambos.*[162]

Lo que parece concluir el Arí es que la energía-inteligencia interna del cerebro, conocida por su código Kéter (Corona), tiene la capacidad de conectar con la inteligencia metafísica, en este caso con nuestra computadora mental particular. La segunda cualidad del cerebro es que engloba a todo el cuerpo. De ahí la capacidad del cerebro de controlar y regular toda la estructura física humana, que para un rey está simbolizado por la corona. A veces, la corona se conecta con un cuerpo físico, coronando así al individuo como rey. En otras ocasiones, la corona es el símbolo o la representación metafísica de lo que simboliza una corona.

Por lo tanto, el cerebro sirve un doble propósito. El primero es canalizar el registro de su computadora mental. El segundo es manifestar las instrucciones y regular su movimiento dinámico dentro de nuestro cuerpo físico o corpóreo. Sin embargo, los científicos, así como el filósofo René Descartes, hicieron una división total entre el cuerpo y la mente. Por consiguiente, una vez que la naturaleza inclusiva de la mente fue admitida, surgieron una multitud de nuevos problemas, muchos de los cuales siguen sin tener respuesta hasta el día de hoy. Si la mente es aceptada como la conocedora de todos los complejos temas y relaciones de la vida, "¿cómo sabe la mente esto y se relaciona con ello?".

El cerebro era —y todavía es— visto como un almacén lleno de todo tipo de mobiliario. Todas esas cosas —la intuición, el *déjà vu*, los destellos de creatividad, todo lo que conocemos sobre el mundo que nos rodea— tienen que ser explicadas. Los realistas obstinados, conocidos como los empíricos, se niegan a reconocer el concepto de ideas innatas. Se niegan a aceptar la idea de que un cerebro nazca con una *pequeña* provisión básica de mobiliario —la Luz Interna—, a pesar de las pruebas contundentes que apoyan esta idea. Las computadoras, diseñadas para imitar el proceso de pensamiento humano tanto como sea posible, siguen ignorando el oscuro mundo del inconsciente. El misterioso reino del inconsciente es, kabbalísticamente hablando, la mente o nuestra computadora mental diseñada en nuestras vidas anteriores y encarnaciones previas.

Las complejas maquinaciones del cerebro proporcionan un destello de nuestra propia computadora mental metafísica y universal. Para apreciar la vastedad y la casi infinita capacidad de la mente, que permanecerán ocultas eternamente a cualquier modo físico de detección, examinemos brevemente la asombrosa complejidad de nuestro sistema nervioso. Redes completas de células nerviosas corren por todo el cuerpo, conectando cada pedazo distante de tejido con los más de diez mil millones de neuronas del cerebro gobernante. La Fuerza de Luz o los impulsos eléctricos viajan a través de estas superautopistas, conectando la infraestructura a velocidades de hasta 400 kilómetros por hora. Éstos realizan unos saltos increíbles a través de las angostas brechas que hay entre las células. Este sistema de comunicación supera con creces a cualquier sistema de telecomunicaciones de alta tecnología diseñado por el hombre. Las diversas redes llevan a cabo de forma simultánea una deslumbrante variedad de tareas.

Sea cual sea la naturaleza de la mente o de nuestra computadora mental, los mecanismos a través de los cuales se expresa están más allá de las creencias científicas. Por consiguiente, cuando consideramos la mente, ¿dónde y desde qué lugar pueden los científicos empezar su investigación o indagación? Los científicos se enfrentan a problemas y obstáculos insuperables cuando lidian con el expresivo cerebro. Por lo tanto, la examinación del proceso mental o de cómo funciona la mente, es un estudio que no tiene punto de partida. El creciente dilema al que se enfrentan los psiquiatras y otros investigadores continúa sin disminuir. Hoy en día, difícilmente encontrarás un neurocientífico que piense que la mente existe aparte de las funciones del cerebro y el cuerpo físico. No obstante, lo que algunos investigadores han llamado "el espíritu de la máquina", continúa apareciendo en sus esfuerzos de describir científicamente la conciencia humana y el pensamiento inconsciente. La respuesta yace inequívocamente en al ámbito de la metafísica, el nivel de la realidad donde el modelo bioquímico llega a un abrupto final.

Otro aspecto de la existencia humana que apoya la teoría kabbalística del fenómeno de la Luz Interna es el sueño. Como media, nos pasamos casi un tercio de nuestras vidas durmiendo. Sin embargo, sabemos poco acerca de cuál es precisamente el propósito del sueño.

Algunos investigadores creen que el sueño tiene algún propósito restaurador. Nuestro cuerpo necesita dormir, pero ¿cómo y por qué proporciona el sueño estas necesidades? ¿Por qué nos despertamos revitalizados? Hasta el día de hoy, las respuestas siguen sin estar claras. La ciencia sabe muy poco sobre la constante vida nocturna del cerebro. No fue hasta los años cincuenta que los investigadores de la Universidad de Chicago descubrieron que las personas hacen periódicamente movimientos rápidos con los ojos mientras duermen. Cuando estos sujetos eran despertados durante estos movimientos, testificaban que habían estado soñando.

Los investigadores también determinaron que el pulso se acelera durante los sueños y que el patrón de ondas cerebrales se vuelve parecido al de alguien que está en estado de alerta. Es una vida nocturna muy activa la del cerebro, cuya enorme y compleja actividad nunca le permite el lujo de disfrutar de unas vacaciones o de un día de descanso. Con toda esta actividad, combinada con las numerosas tareas que el cerebro tiene que regular, controlar e iniciar, todas al mismo tiempo, no debe sorprendernos que nuestros psiquiátricos estén completamente llenos. De hecho, con la carga que lleva la mente día y noche, es un milagro que todos nosotros no hayamos acabado en un psiquiátrico.

EL PODER DEL UNO

El fenómeno del sueño, combinado con todos los emocionantes misterios que lo rodean, demuestra concluyentemente que sin duda existe un "espíritu en la máquina del cerebro". El espíritu es nuestra Luz Interna, la mente, nuestra computadora mental. No hay *ninguna otra* lógica que pueda explicar la asombrosa capacidad del cerebro para funcionar 24 horas al día durante años sin parar. Aunque hay muchas similitudes entre la forma en que funcionan las máquinas electrónicas y las funciones cerebrales, nadie ha dado un paso al frente para afirmar que algún día una máquina hecha por el hombre igualará el rendimiento del cerebro.

Tanto el cerebro como la computadora procesan el material bruto entrante con la ayuda de complejos sistemas de circuitos. Ambos demuestran tener sistemas intrínsecos para almacenar grandes cantidades de información en sus depósitos de memoria. No obstante, el cerebro recurre a información almacenada que no ha experimentado anteriormente; al menos no en esta vida. El cerebro infinito es inigualable. La computadora, por el contrario, sólo puede acceder a la información almacenada que ha sido colocada allí por un programador o un programa.

El tema de los sueños y del dormir requiere una investigación completa y exhaustiva, la cual se lleva a cabo extensivamente en el estudio de la Kabbalah. El propósito de este capítulo es solamente presentar una sólida argumentación a favor de la existencia de una computadora mental, completamente independiente de la actividad intelectual del cerebro y no sujeta a ésta. Aunque el cerebro regula y coordina todos los movimientos voluntarios e involuntarios, las manifestaciones físicas expresadas por nuestro cerebro reflejan simplemente nuestra conciencia robótica. Es nuestro centro mental, la mente, lo que inicia todas las actividades, las cuales son entonces expresadas por la impresión de nuestro cerebro.

Una falta prolongada de sueño resulta en una incapacidad de funcionar normalmente. De repente nos encontramos en una condición por la cual tenemos dificultades para llevar a cabo tareas mentales y físicas. Los experimentos con la privación del sueño revelan que una persona puede presentar una vulnerabilidad extrema. Él o ella puede incluso alucinar y demostrar otros signos de enfermedad mental. La privación del sueño es el método principal utilizado por algunas sectas y gobiernos para lograr un "lavado de cerebro".

¿Por qué las personas que tienen problemas para dormir sufren de una multitud de enfermedades emocionales y físicas, además de sentirse siempre fatigadas a pesar de estar tumbadas en la cama y descansar días y días? Con el tiempo, los somníferos hacen que el insomnio empeore en lugar de mejorar. No existe ninguna pastilla que propicie un sueño normal.

Pero volvamos ahora a nuestra pregunta original: "¿Por qué es necesario dormir?". Esta pregunta ha sido siempre planteada por el Zóhar. El sueño mejorará y beneficiará enormemente el bienestar físico y mental de un individuo, y logrará el objetivo esencial de la Kabbalah. Mi propósito en llamar la atención sobre el siguiente fragmento del Zóhar es indicar la necesidad de tomar conciencia y conocimiento de lo que "mueve" a nuestro cerebro. El alma es la encapsulación total de la Luz Interna original. *La mente es nuestra alma.* Según el Zóhar:[163]

> *... el alma asciende, regresando a su fuente que le ajusta, arriba, mientras que el cuerpo está tan quieto como una piedra, volviendo así a su fuente de origen. Mientras está en ese estado, el cuerpo está rodeado por las influencias del lado oscuro (conciencia corporal negativa), con el resultado de que sus manos se contaminan y permanecen así hasta que son lavadas por la mañana, como se explica en otro lugar. Allí todas las almas son absorbidas dentro del todo unificado universal, la Fuerza de Vida... Las almas entonces reemergen, es decir: vuelven a nacer; siendo cada alma tan fresca y nueva como en su anterior nacimiento. Este es el significado secreto de las palabras "son nuevas cada mañana... ¡grande es Tu Fe!".[164]*

El versículo anterior, Lamentaciones 3:23, significa que las almas son nuevas cada mañana, y las palabras "grande es Tu Fe" se refieren al deseo de la Fuerza de Luz de absorberlas y luego soltarlas como recién nacidas.

El alma, afirma el Zóhar, requiere una pausa que la revitalice. Después de una batalla diaria con el cuerpo, su adversario, el alma necesita una infusión de energía para continuar su lucha con la conciencia corporal hasta el final de la vida. La conciencia del alma es del Deseo de Recibir para Compartir. La conciencia corporal persigue la indulgencia del Deseo de Recibir para Sí Mismo. La batalla continúa con ambas partes pagando un alto precio. El alma se ve a sí misma como el enemigo del cuerpo.

El objetivo de la conciencia del cuerpo, con respecto al alma, es evitar que el alma logre su *tikún* o corrección.[165] No obstante, el cuerpo proporciona al alma una oportunidad para eliminar el Pan de la Vergüenza.[166] Sin una conciencia corporal, la idea del libre albedrío no es una realidad. La creación del mundo físico observable, incluidos el espacio y el tiempo, permiten al hombre alcanzar el objetivo de una expresión corpórea del Deseo de Recibir para Sí Mismo.

Así pues, el sueño es una función necesaria para el alma, cuya necesidad de éste es imperiosa. El alma, después de un encuentro de todo un día con el cuerpo, está totalmente agotada. Si no fuera por el acuerdo del Creador de que nuestro cuerpo pierda su conciencia "bélica" y caiga dormido, la humanidad dejaría de funcionar. Al caer en un estado natural de suspensión de la actividad consciente, el alma tiene ahora la oportunidad de regresar a su origen para ser recargada.

La conciencia corporal es como una sanguijuela, ya que busca y roba cualquier energía de su enemigo, el alma. Si intentamos permanecer despiertos durante 48 horas, lo más probable es que no podamos. El alma, la Fuerza de Vida de nuestro cuerpo, necesita energía mientras siga conectada al cuerpo. El único descanso para el alma es que el cuerpo la suelte, que le permita —como se expresa hermosamente en el Zóhar— ser "absorbida dentro del todo unificado universal, la Fuerza de Vida".

Con frecuencia, quienes sufren de insomnio culpan a los colchones viejos y usados o a los vecinos ruidosos, entre una multitud de otras causas. El Zóhar parece poner la culpa en el umbral de nuestra conciencia corporal. Podríamos estar complaciendo a nuestro cuerpo con muchos de los lujos que tanto le apetecen, es decir, su Deseo de Recibir. La bendición de estar dormido es que la conciencia del cuerpo deja de estar consciente de su existencia.

Por este mismo motivo he indicado a lo largo de todo este libro que el cuerpo físico y la conciencia corporal son dos conceptos distintos. El primero no requiere descanso o sueño. La prueba de ello son las 24 horas de actividad de nuestro cuerpo. El corazón desempeña su función durante todo el día, y que el Cielo nos ayude si no lo hiciera. El cerebro está tan activo durante el sueño como durante la vigilia, contrariamente a la idea popular de que el estado de sueño es un estado de quietud. Nuestro cerebro, aun cuando estamos dormidos, consume el 20 por ciento del oxígeno que entra en nuestro cuerpo. Nuestro cerebro, estemos despiertos o dormidos, está siempre funcionando. No se mueve, ni necesita descansar.

La conciencia corporal, el Deseo de Recibir para Sí Mismo de la humanidad, "está tan quieto como una piedra" mientras duerme. Este acuerdo fue necesario para permitirle al alma rejuvenecerse a sí misma después de su agotadora batalla diaria con nuestra conciencia corporal. Por lo tanto, la idea en torno al fenómeno del sueño se centra en la capacidad de poner a dormir la energía-inteligencia interna de nuestra conciencia corporal.

El culpable y causa inicial de *todos* los obstáculos físicos y las enfermedades de la humanidad está ligado y conectado a los descontrolados estragos de la conciencia corporal. El cuerpo mismo fue creado con poderes de curación internos que son bien conocidos en la investigación médica. Un sistema inmunitario tiene un arsenal impresionante de armamento para mantener a raya las enfermedades. Los glóbulos blancos fagocitos, así como otras sustancias de nuestra sangre llamadas anticuerpos, son los protectores de nuestro sistema inmunitario. Son capaces de destruir a los invasores dañinos. La piel actúa como una barrera de protección para las infecciones, mientras que los ácidos del estómago matan a las bacterias.

Todos nacen con un sistema inmunitario. Si la resistencia del cuerpo es suficientemente fuerte, los anticuerpos finalmente acaban con los invasores, los enemigos y la enfermedad. Uno de los mayores problemas a los que se enfrenta la medicina moderna es que las terapias médicas actúan como sustitutas o en lugar de los poderes de curación naturales del cuerpo. Los antibióticos matan indiscriminadamente a las células sanas, así como las enfermas. Los medicamentos como la insulina o la cortisona ajustan los niveles químicos del cuerpo, en lugar del sistema de homeostasis del cuerpo.

La medicina moderna se ha comprometido a proporcionar su propio sistema de curación, pasando por alto los poderes de curación naturales que pertenecen al cuerpo de forma inherente. Sin embargo, no olvidemos que la mente consciente del mejor y más dedicado médico nunca puede pensar ni actuar con la misma sofisticación y sensibilidad que nuestro propio sistema inmune natural. Cuando nuestras necesidades médicas requieren una sustancia química en particular, nuestro sistema de curación interno nos proporciona la medida precisa, en el lugar y el momento en que la necesitamos.

Pero hay un problema todavía más serio con el enfoque biomédico. Hemos aceptado la idea de que el cuerpo acepta sin reparos estas intrusiones químicas. Pero, al mismo tiempo, no hay prácticamente ninguna medicación química que no contenga una advertencia de efectos secundarios. En realidad, el cuerpo se resiste vigorosamente a esta invasión. La quimioterapia provoca resistencia en las células cancerígenas, lo cual las hace más cancerígenas. Los antibióticos refuerzan las bacterias mientras que debilitan nuestro sistema inmune.

No afirmo que todos los tratamientos con medicamentos sean erróneos. No obstante, estoy sugiriendo lo que implica el Zóhar: que los orígenes y las causas de la degeneración pueden ser rastreados hasta la energía-inteligencia interna de la conciencia corporal. Las condiciones agudas y traumáticas de naturaleza mortífera pueden atribuirse a la energía-inteligencia prevalente de la conciencia corporal y pueden ser corregidas de dos maneras. En primer lugar, reformando nuestras actitudes para que sean de una naturaleza más positiva y, en segundo lugar, conectándonos con la energía-inteligencia positiva de nuestra conciencia del alma para estimular la restauración del sistema inmunitario.

Aunque fortalecer y restaurar nuestros poderes naturales e internos de curación está incluido dentro de las enseñanzas kabbalísticas, de igual manera debemos prestar atención a los principios de una vida saludable.

Uno de los misterios del sistema inmunitario es un fenómeno peculiar ligado al papel vital de la glándula timo. El timo — dos lóbulos con forma oval— aparece en la infancia temprana, detrás del esternón del bebé. El timo es responsable del desarrollo del sistema inmune. Durante el período de maduración, el sistema inmunitario del bebé está suplementado por factores adquiridos de la leche materna, cuya energía-inteligencia interna está dominada por esencia positiva. Esta esencia positiva sirve de escudo de protección para prevenir cualquier forma de deterioro, a pesar de los cambios que pueden experimentar los productos lácteos. Si la leche caduca, todavía puede transformarse en un producto útil, como el queso o el yogur. Es interesante observar que esto no ocurre con los productos cárnicos. Sabemos que una vez que la carne ha caducado, debe ser deshechada.[167]

Después del nacimiento, la glándula timo produce células llamadas linfocitos que reconocen y protegen los tejidos del propio cuerpo a la vez que inician una respuesta inmune ante el ataque de las enfermedades. Curiosamente, en la pubertad, aproximadamente a los 13 años en los chicos y 12 años en las chicas, el papel de producir esos linfocitos es transferido a los nódulos linfáticos, el bazo y la médula espinal. ¿Por qué, y por qué a esta edad?

En el siguiente fragmento del Zóhar,[168] podemos encontrar algunos conocimientos acerca de este extraño fenómeno, especialmente a la luz del creciente interés en la importancia del sistema inmunitario.

"Y Yaakov envió mensajeros...".[169] *Rav Yehuda discurrió acerca del siguiente texto: "Pues Él dará órdenes a Sus ángeles acerca de ti, para que te guarden en todos tus caminos".*[170] *Según los compañeros, en el momento en que nace un bebé, el Yetser haRá (Inclinación al Mal o personificación de la energía-inteligencia negativa) se adhiere al bebé para drenarle la Fuerza de Vida, tal como está escrito: "el pecado se agazapa en la puerta".*[171] *"... en la puerta" significa en la abertura del útero, que acompaña el nacimiento de un bebé. El término "pecado", es una designación y (nombre codificado) de la energía-inteligencia del mal, quien también fue llamada "pecado" por el Rey David en el versículo: "...mi pecado está siempre delante de mí".*[172] *Él es llamado así porque hace al hombre pecar cada día ante el Eterno, y nunca lo deja desde el día de su nacimiento hasta el final de su vida. El Yetser haTov (Inclinación al Bien o energía-inteligencia positiva) viene por primera vez al hombre el día en que empieza a purificarse (en la pubertad). ¿Cuál es ese día? Cuando llega a su decimotercer aniversario (para una niña en su duodécimo aniversario). Desde aquel momento, el joven se encuentra atendido por dos compañeros, uno a su derecha y uno a su izquierda, siendo el primero bueno y positivo, y el segundo malo y negativo. Estos son los dos ángeles verdaderos*

designados para acompañar al hombre continuamente. Ahora, cuando el hombre ejerce para hacer el bien, el inductor del mal se humilla ante él, y la Derecha gana el dominio sobre la Izquierda, y los dos juntos se toman de la mano para guardar al hombre en todos sus caminos. De ahí que está escrito: "Pues Él dará órdenes a Sus ángeles acerca de ti, para que te guarden en todos tus caminos".

Esta misma versión, con un diseño adicional, es el tema bajo consideración en otra sección del Zóhar.[173]

"Y Yaakov se asentó en la tierra donde había residido su padre, en la tierra de Canaán".[174] Rav Jiyá disertó sobre el versículo: "Muchas son las aflicciones del justo, pero de todas ellas lo libra el Eterno".[175] Muchos son en verdad los enemigos con los que tiene que luchar un ser humano desde el día en que el Eterno infunde un alma en él, en este mundo. Pues tan pronto como el hombre emerge a la luz del día, la Inclinación al Mal o la energía-inteligencia negativa está por llegar dispuesta a unirse a él, tal como está escrito: "el pecado se agazapa en la puerta",[176] porque entonces es cuando la Inclinación al Mal se asocia con él.

Ven y ve: esto es verdad. Observa que los animales, desde el día en que nacen, son capaces de cuidar de sí mismos, y evitan el fuego u otros peligros similares. El hombre, por otro lado, tiene una tendencia natural desde que nace a arrojarse al fuego. La razón es que las inteligencias del mal moran en él y lo tientan desde el principio a que tome el camino del mal.

Las Escrituras afirman: "Mejor es un niño pobre y sabio, que un rey viejo y necio, que ya no sabe recibir consejos".[177]

El niño aquí representa la energía-inteligencia positiva, que es llamada así porque es, por así decirlo, un joven al lado del hombre, a quien no se une hasta que tiene la edad de trece años. "Un rey viejo y necio" representa la inteligencia del mal, que recibe el nombre de "rey y gobernador de los hijos del hombre" y quien es considerada como vieja, pues tan pronto como nace un hombre y ve la luz del día, él (el rey malvado) se adhiere a él. Y él (la persona) es necio, pues no sabe cómo recibir consejos. Como dice el Rey Shlomó: "El necio anda en tinieblas".[178]

Las sorprendentes revelaciones del Zóhar proporcionan el significado y las respuestas necesarias a toda la Creación, incluida la anatomía del hombre.[179] Ahora entendemos por qué todos nacen con un sistema inmunitario intacto pero subdesarrollado, que madura poco después de nacer. El Zóhar nos confirma que después de abandonar el refugio seguro del vientre de su madre —protegido por un fluido acuoso y alimentado por la madre— el bebé recién nacido es vulnerable al ataque del *Yetser HaRá*, la energía-inteligencia negativa que se adhiere inmediatamente al bebé. Puesto que ahora carece de la protección previamente proporcionada por su madre, ahora entendemos el papel vital de la glándula timo: proporcionar el escudo de seguridad necesario para proteger el sistema inmunitario del bebé.

Sin embargo, al llegar a la edad de la pubertad, los 12 o 13 años, el *Yetser HaTov*, la energía-inteligencia positiva, habita ahora dentro del niño y proporciona el escudo de seguridad necesario. Por consiguiente, la glándula timo deja de ser necesaria. Ahora la conciencia del alma del individuo sale al escenario. La salud de cada persona dependerá ahora de sus actividades, si son de naturaleza positiva o negativa.

Tomando todo esto en conjunto, lo que parece emerger del fragmento anterior del Zóhar es la relevancia y la determinación de las fuerzas metafísicas inteligentes a las que nos hemos referido previamente como "el espíritu en la máquina del cerebro". Aunque el sueño y el reposo no son mayormente un requerimiento para nuestra conciencia corporal, es esencial que nuestra conciencia del alma tenga un descanso de su constante batalla con el Deseo de Recibir para Sí Mismo. La Luz Interna determina nuestro estado de salud físico y mental.

Nuestro ejemplo de la glándula timo es otra ilustración más de la energía-inteligencia metafísica que gobierna nuestro sistema inmunitario. La técnica de enseñanza kabbalística fue diseñada con este objetivo, teniendo en cuenta que el tratamiento del cuerpo físico, aunque no menos importante, es inadecuado para producir un modelo holístico-integral para la mejora de la salud. Los conocimientos y la interpretación del Zóhar del cuerpo físico corpóreo del hombre detallan de forma más precisa el diagnóstico de enfermedades y su subsecuente solución. Una vez que los problemas subyacentes están identificados y las causas están determinadas, no es difícil dar con las soluciones.

En resumen, la Luz Interna, codificada por las enseñanzas kabbalísticas, es la fundación de las expresiones infinitas de nuestro cuerpo físico, incluyendo el cerebro. Los trastornos físicos y mentales están determinados por nuestra Luz Interna, la computadora mental. Pero observe con atención: eso no significa que podamos abusar de nuestro cuerpo y nuestra mente mientras seguimos confiando en que nuestra Luz Interior pasará por alto nuestra negligencia cuando se trata de condiciones agudas.

Hemos acordado que la forma final de cualquier estructura humana está relacionada con el proceso de *tikún* en el cual ha vivido el organismo en vidas anteriores. Ahora es necesario considerar la medida en la que los padres afectan al desarrollo de sus hijos. Con la tecnología moderna, ha sido posible demostrar que los genes dirigen el desarrollo y la función de cada parte del cuerpo humano. De hecho, todos los rasgos humanos resultan de la compleja interacción entre la herencia y el entorno. Datos de estudios realizados a principios de los años cincuenta indican que el patrón de la herencia tiene un papel más importante en la determinación de los hijos. ¿Puede considerarse esta conclusión contradictoria con las enseñanzas kabbalísticas? La Kabbalah afirma que el proceso de *tikún*, y no el factor de la herencia, expresa el papel dominante para la inteligencia y otros rasgos personales, así como la resistencia o la susceptibilidad a distintas enfermedades.

La doctrina del *tikún* de la reencarnación sólo establece que el alma requiere un entorno adecuado para la ejecución de su proceso de *tikún*. Desde una perspectiva kabbalística, la manifestación particular de los hijos depende esencialmente de los pensamientos de los padres en el momento de la concepción.[180]

Debemos entonces cuestionarnos por qué las características como la altura, la pigmentación de la piel, la inteligencia (independientemente de cómo se explique) y otras capacidades específicas muestran una marcada tendencia hacia el concepto de la herencia. Si, como hemos mencionado, la computadora mental, que organiza toda la impresión final del ser humano, depende del rango particular de las encarnaciones previas de una persona, ¿por qué los estudios genéticos indican que la herencia tiene un papel importante en la determinación de tales características?

En primer lugar, estos rasgos y otros similares siempre varían por gradaciones imperceptibles sobre una amplia gama de otros valores. Hay muchos genes distintos, y aunque cada uno de ellos puede tener sólo un pequeño efecto, todos son operativos. Así pues, es difícil determinar concluyentemente cuál es el impacto de la herencia. En segundo lugar, estas características responden fácilmente a las variaciones en el entorno, que pueden ocultar o alterar los efectos genéticos. Por consiguiente, una persona expuesta a la geografía del ecuador durante un tiempo, puede tener una piel más oscura de lo que sus genes puedan indicar. O un individuo genéticamente predispuesto a la obesidad puede, si se le priva de comida, ser considerablemente más delgado que una persona bien nutrida con tendencia genética a la delgadez.

El concepto del *tikún*, según la visión del kabbalista, no entra en conflicto con la idea de la transmisión genética si, de hecho, tal transmisión es genéticamente necesaria. Lo que parece una similitud genética puede ser en realidad el resultado de un alma que regresa después de la muerte para encontrar el entorno particular propicio para lograr el proceso de *tikún*. Las enfermedades hereditarias, como la hemofilia, que son el resultado de un gen defectuoso transferido por un familiar, no entran en conflicto con la impresión de la mente-computadora de una persona. Si el *tikún* de una persona requiere esta condición y este entorno, entonces el alma que regresa debe encontrar condiciones similares a las que dejó atrás.

En resumen, la Luz Interna, la mente, nunca entra en conflicto con el cerebro y no es el cerebro. La mente y el cerebro deben ser observados como el aspecto interior y exterior, físico y metafísico del cerebro. Pueden ser comparados con el alma y el cuerpo de la humanidad, donde el alma, en comparación con el cuerpo, se considera interna.

¿Qué es la inteligencia? ¿Podemos elevar nuestro coeficiente intelectual? ¿Es la inteligencia heredada?

Aunque a la mayoría de nosotros nos gustaría pensar que podemos reconocer la inteligencia cuando nos encontramos con ella, sigue existiendo el simple problema de intentar explicar lo que es. La verdad es que, hasta el día de hoy, los investigadores todavía no han llegado a una definición que los satisfaga a todos. Algunos piensan que la inteligencia es una combinación de capacidades relacionadas. La comprensión, la creatividad, la flexibilidad y la velocidad a la cual el cerebro puede procesar la información constituyen lo que la mayoría de psicólogos querrían pensar que es la inteligencia.

La mayoría de los numerosos test de inteligencia actualmente en uso reflejan una visión multifacética de la inteligencia. Algunos test miden un grupo de capacidades, mientras que otros consideran y miden factores vitales como la memoria retentiva o la percepción espacial. ¿Concluyen este tipo de test que, si alguien no puede sostener un recuerdo instantáneo o moderado de la información, entonces hay una deficiencia en el CI de esa persona? Me resulta muy difícil de aceptar, teniendo en cuenta el hecho de que, para empezar, hay poco consenso de opinión sobre lo que constituye la inteligencia.

Asumir que la inteligencia, como todos los rasgos humanos, es un producto de los genes y del entorno es probable que confunda las cuestiones y nos deje en la oscuridad. No hay un gen conocido que haya sido identificado con certeza como responsable de la inteligencia. Las pruebas de que la herencia desempeña un papel principal en establecer los niveles de inteligencia provienen sólo de estudios con personas estrechamente emparentadas. Los gemelos idénticos tienen coeficientes intelectuales más parecidos que otras personas que no comparten los mismos genes.

Desde una perspectiva kabbalística, planteamos la siguiente pregunta: "¿Por qué esos gemelos idénticos fueron colocados en ese lugar o entorno en primer lugar?". En otras palabras, primero debemos revisar las posibles causas y determinar lo que *inició* las circunstancias, en lugar de colocar el énfasis y el estudio en el resultado en sí.[181]

La *conclusión* de que los gemelos idénticos tienen un coeficiente intelectual similar requiere una reflexión sobre el factor causante. Los resultados de naturaleza física nunca pueden explicar la causa o servir como base para la conclusión. La Kabbalah considera que cualquier estudio basado en gemelos idénticos que intente probar el vínculo entre la herencia y el CI es inválido. Un punto de partida para cualquier investigación requiere, por encima de todo, respuestas a los porqués de las cosas. La primera pregunta que el investigador debe considerar es: "¿Por qué estos gemelos idénticos, y no otro par de gemelos, fueron reunidos con estos padres en concreto?".

La respuesta está en el patrón de reencarnación del proceso de *tikún*, que también proporciona una explicación razonable a por qué tienen un CI similar. Por consiguiente, cuando nos planteamos la pregunta: "¿Qué es la inteligencia?", la respuesta está esencialmente en la acumulación de datos relacionados con la experiencia y el entorno de todas las vidas pasadas. La inteligencia presente es la impresión de la computadora mental de esas vidas pasadas.

Ahora bien, volvamos ahora a la pregunta de si podemos o no aumentar nuestro CI. Prácticamente no existen estudios acerca de intentos deliberados de aumentar el CI, y tampoco están contemplados en un futuro predecible. La razón de esta falta de interés radica en el hecho de que la mayoría de los investigadores ya han aceptado el reconocido papel de la herencia en la determinación de la inteligencia. Han concluido que después de la edad de siete años el CI de una persona tiende a permanecer más o menos igual, y posteriormente dan por hecho que aumentar el CI de una persona es prácticamente imposible. Esta última afirmación debería dictar que nuestras actividades adultas siguen siendo infantiles o, en el mejor de los casos, mostrando un gran parecido con nuestras acciones infantiles. Obviamente, este no es el caso.

Asimismo, la tendencia a retener más o menos el mismo CI por el resto de nuestras vidas debe convencernos de que estamos sujetos a algún tipo de conciencia robótica[182] en la cual las cosas que hacemos pueden estar más allá del control de la inteligencia humana y el libre albedrío. Ciertamente, nuestra autoestima y nuestro ego nunca nos permitirán considerar tales pensamientos por miedo a que podamos concluir que no existe una parte pensante en nuestro cerebro. Así pues, preguntamos: "¿Quiénes son esos investigadores biológicos que quieren hacernos creer que la corteza cerebral es la parte pensante del cerebro cuando, para empezar, se cree que no hay ningún proceso de pensamiento?".

La continua discusión del determinismo versus el libre albedrío[183] es algo que nosotros, la gente común, tenemos que empezar a entender y considerar. Personas de todo el mundo están interesadas en el cambio. La gente quiere tomar cartas en el asunto, en lugar de dejarlo en manos del gobierno u otras agencias sociales. En cierto sentido, es una señal esperanzadora porque significa que el hombre de la calle se ha dado cuenta de que gran parte de su salud futura depende cada vez más de sus decisiones personales y sus elecciones para su estilo de vida.

Los años ochenta se encontraron una civilización preparada para entregar todo por el logro de los placeres personales. La restricción era poco común y estaba casi olvidada. La violación de los recursos naturales de la Tierra continuaba incesantemente, sin tener en cuenta el precio que finalmente deberá pagarse por esta extravagancia. Los valores menguaron, especialmente con respecto a la vida humana. Por otro lado, los años noventa nos trajeron la comprensión de que es inútil intentar resolver los problemas de la sociedad si sólo apuntamos a las manifestaciones, como los salarios, las viviendas y el crimen.

El error principal de la actitud sintomática que actualmente maneja el timón del gobierno, los negocios y la medicina es su incapacidad de preguntarse: "¿Por qué?". En lugar de enfocar la energía en curar la entidad como un todo, la atención se dirige hacia un proceso interminable de remendado, en el cual se tratan los síntomas externos, mientras que se ignora la causa metafísica. La Luz Interna se encuentra dentro de los confines del nivel metafísico.

El kabbalista siempre ha entendido que para resolver cualquier problema tenemos que verlo en el contexto de un todo mayor. Para entender el microcosmos, es necesario tener en cuenta el macrocosmos. Sin embargo, esta información y sus recompensas han sido ocultadas al público en general.

Regresamos a nuestra pregunta original: "¿Podemos aumentar nuestro CI?". La respuesta es claramente afirmativa. Nuestra Luz Interior (mente) consiste en —y sigue ligada a— el proceso de *tikún*. No obstante, siempre que hemos logrado una corrección —en la que la negatividad de una vida anterior prevaleció y esta vez ejercimos la Restricción[184] apropiada— eliminamos un velo o *klipá* que rodea a nuestra Luz Interna. En cualquier momento dado de nuestra vida actual, cuando se presenta la oportunidad para la Restricción y tenemos éxito con nuestro *tikún*, la eliminación de una *klipá*[185] revela un nivel superior de conciencia o inteligencia de nuestra Luz Interna particular.

La inteligencia, tal como la define el kabbalista, es nuestro conglomerado limitado o capacidad universal para pensar, actuar y lidiar de forma efectiva con nuestro ámbito corpóreo. La inteligencia de cada persona se considera de forma limitada en la medida en que la habilidad y la capacidad de recibir esté gobernada por el nivel de conciencia del alma individual necesario para el proceso de *tikún* de esa persona.

Por consiguiente, cada persona debe necesariamente entrar en este mundo con una Luz Interna que proporciona la energía-inteligencia mínima para lidiar adecuadamente con la impresión de su proceso de *tikún*. En ningún momento la Luz Interna no es capaz de enfrentarse a un inminente *tikún*, es decir, de corregir una situación que no pudo corregir en una vida anterior. Y con cada encuentro exitoso, en el que esta vez la Restricción se ha convertido en la actividad dominante, el individuo es recompensado con un estado elevado de conciencia, superior y por encima de la inteligencia de la Luz Interna con la que nació.

Si, por ejemplo, en una vida anterior el individuo cometió un crimen en particular en un cierto día de su vigésimo año, la oportunidad de corrección volverá a presentarse en ese mismo día durante su vigésimo año actual. Al ejercer la Restricción esta vez, la *klipá* que ocultaba la conciencia de la Luz Interna es eliminada. Así pues, debido a la Restricción, se alcanza un nivel superior de inteligencia.

Por lo tanto, las excepciones observadas en numerosos estudios que indican la posibilidad de aumentar el CI de una persona en realidad no son *excepciones en absoluto*. Son ejemplos de aquellas personas que han mostrado Restricción en sus vidas y, por lo tanto, han revelado un nivel superior de inteligencia. Estos niveles superiores de inteligencia existen potencialmente en el momento del nacimiento, dentro de toda la humanidad. Todos poseemos una mina de oro, ¡de la cual podemos extraer todo lo que necesitamos para vivir con dicha y abundancia!

La mayoría de nosotros estamos dormidos porque no somos conscientes de este manantial de inteligencia infinita. La Kabbalah puede proporcionarnos un vínculo con el poder oculto de nuestra computadora mental subconsciente. No tenemos que adquirir este poder. Ya lo poseemos. Dentro de las profundidades de nuestra conciencia del alma se encuentra un suministro infinito de todo lo necesario para nuestro bienestar físico y mental. A través de la sabiduría de nuestra mente subconsciente, encontramos soluciones para cada problema. Cuando el logro del control de nuestros pensamientos es un hecho, nuestro estado consciente, controlado por la conciencia corporal, ya no puede interferir con su influencia fragmentada y distorsionada.

La incesante lucha entre el inconsciente y el consciente presenta las posibilidades para el cambio. Para eliminar confusión y limitaciones, tenemos que eliminar la causa, y la causa es nuestra mente consciente. En otras palabras, la forma en que pensamos es la forma en que actuamos. El pastor debe guiar al rebaño, no el rebaño a su líder. *La mente consciente debe estar sujeta a la autoridad de la conciencia del alma subconsciente.*

Cuando la mente consciente está agobiada con preocupación y ansiedad, las emociones negativas que resultan deben ser revertidas. La conciencia del alma no sabe nada del caos, el desorden, el infortunio y sus efectos negativos relacionados. La conciencia del alma es la semilla y es más poderosa que la conciencia corporal. Pero debido a las enseñanzas del Pan de la Vergüenza, la conciencia del alma debe restringir su asombroso poder cuando la conciencia corporal elige guiarnos por el camino de la preocupación y la ansiedad.

Por el momento, debe parecer sin duda que, universalmente, la conciencia corporal está firmemente sentada en el asiento del conductor. Al considerar el comportamiento destructivo de la humanidad, la conciencia corporal disfruta de una marcha indiscutible y sin oposición hacia la mismísima esencia de la existencia humana. Las enseñanzas kabbalísticas respaldan el esfuerzo humano por detener la interminable matanza y el sufrimiento mediante la conexión con la asombrosa y omnipotente Fuerza de Luz que gobierna todas las cosas y, por encima de todo, la conciencia corporal.

Si miramos a nuestro alrededor, nos damos cuenta de que la gran mayoría de la humanidad vive en un mundo de conciencia robótica no controlada. No es de extrañar que el infortunio y las enfermedades degenerativas sean los sellos de nuestra civilización. Mientras que nuestra conciencia corporal está en contacto con la limitación y la fragmentación, nuestra conciencia del alma subconsciente, una extensión de la Fuerza de Luz y la infinidad, nos habla en forma de intuiciones, ideas creativas y el impulso de compartir.

Los escritores, los artistas y los músicos se sintonizan con sus poderes mentales subconscientes y de esta forma se inspiran. Mark Twain admitió en muchas ocasiones que en realidad no trabajó ni un solo día de su vida. Todas sus grandes obras, el ingenio y el humor eran el resultado de hacer uso de la interminable reserva de su mente subconsciente.

La interacción entre el cuerpo y nuestros dos estados de conciencia —cuerpo y alma— determina el estado de nuestra salud. Siempre que la conciencia del alma prevalece y domina la conciencia corporal, estamos en sintonía con el principio intrínseco de armonía y continuidad. El bebé promedio que nace en este mundo suele tener una salud perfecta y todos sus órganos funcionando en excelentes condiciones. Deberíamos ser capaces de mantener este estado normal y seguir siendo individuos sanos y fuertes a lo largo del transcurso de nuestra vida.

Estar enfermo debe considerarse anormal. Lo que significa es que estamos yendo en contra de la corriente de la conciencia del alma cuando actuamos y pensamos de forma negativa. Hemos sido arrastrados hacia el abismo de nuestra conciencia corporal. Hay una ley básica de la vida que dice lo siguiente: si mantenemos pensamientos y actividades que no están en concordancia con el principio de "ama a tu prójimo", entonces estos pensamientos y actividades —conciencia corporal— nos acaban causando enfermedades y desgracias.

Si estamos en armonía con nuestra conciencia del alma, entonces aumentamos la entrada y la distribución de las Fuerzas de Vida vitales de nuestro subconsciente por todo nuestro sistema. El estudio de la Kabbalah proporciona esta conexión vital. Ayuda a eliminar nuestros pensamientos de miedo, celos, odio, ansiedad, así como nuestras actividades negativas, que estropean y destruyen nuestro sistema inmunológico vital, haciendo que los nervios y las glándulas se vean perjudicados, lo cual resulta en una degeneración global de nuestros órganos vitales.

Nosotros somos los capitanes de nuestra conciencia del alma y los amos de nuestro destino. Entonces, ¿por qué y cuándo nos volvemos vulnerables al infortunio y las enfermedades causadas por una conciencia corporal invasiva? Nuestro proceso de *tikún* determina el entorno para que se produzca un encuentro entre el libre albedrío y el destino. En cualquier momento dado, se nos puede pedir que decidamos ejercer la Restricción o responder con una acción negativa.

Si la restricción es nuestro proceder, entonces, para ese proceso de *tikún* en particular, nos habremos apartado de la vulnerabilidad de poder ser influidos por nuestra conciencia corporal. Hemos cerrado la puerta y eliminado las consecuencias del dominio de la conciencia corporal. En ese punto, hemos creado otro conjunto de anteproyectos a través de los cuales ahora se permite a la terapia de la conciencia del alma que restaure las funciones normales del cuerpo.

Hoy en día, más que nunca, nos preocupa el proceso de la salud. Los costes sanitarios han aumentado hasta el punto que cada vez menos personas pueden permitirse recibir una atención médica. El miedo a la enfermedad y la preocupación por curar nuestros cuerpos está en la mente de todos. No obstante, rara vez nos preguntamos: "¿Qué es lo que realmente cura? ¿De dónde viene este poder de curación?". Ningún médico ha curado nunca a un paciente. Los médicos eliminan los bloqueos o las barreras de un paciente. Un cirujano que elimina el impedimento físico ha permitido que el poder de curación funcione normalmente.

El proceso de curación es la Fuerza de Vida dentro de nuestra conciencia del alma. Al eliminar las barreras que inhiben y obstruyen el flujo del proceso de curación de la Fuerza de Vida, la curación se convierte entonces en un proceso natural.

Esos bloqueos y barreras se originan con la conciencia corporal, y el tiempo oportuno para su actividad es cuando ha ocurrido una falla en el proceso de *tikún*. La influencia negativa de la conciencia corporal invade entonces nuestro cuerpo a través de la abertura que nosotros mismos hemos creado con nuestros pensamientos y actividades negativas. Sin embargo, la Kabbalah puede ayudarnos a restaurar los poderes de nuestra conciencia del alma.

El grado de nuestra curación depende de nuestra capacidad para devolver nuestra Luz Interna individual a su estado de revelación y potencial plenos. Cada paso en el camino de la vida está impregnado de nuestro procedimiento de *tikún*. Las oportunidades para aumentar nuestro CI, que no es otra cosa que un aumento de nuestra energía-inteligencia, abundan en cantidad.

A lo largo de las eras, hombres de todas las naciones han creído que existía un poder curador que podía restaurar la salud. Se decía que el don de curar a los enfermos era poseído por el Sumo Sacerdote y otros hombres sagrados. Los kabbalistas conocen desde hace mucho tiempo la "imposición de manos" como canal para la transferencia de energía.[186]

Nosotros podemos convertirnos en nuestros propios curadores. La Fuerza de Luz fluirá a través nosotros si tan sólo se le permitimos. Al mismo tiempo, tenemos el libre albedrío para interferir con el ritmo normal de las funciones corporales, como el corazón, los pulmones, el hígado y otros órganos vitales. Por lo tanto, debemos vigilar con cuidado nuestro comportamiento y nuestras acciones y, aún más, nuestro trato con el prójimo.

Si, ciertamente, la Kabbalah proporciona las ventajas y las posibilidades para potenciar la Luz Interna mencionada anteriormente, entonces enfoquemos ahora nuestra atención a la energía-inteligencia más amplia conocida como Luz Circundante.

La Luz Circundante empieza donde acaba la conciencia de la Luz Interna, y se extiende más allá de la conciencia de la Luz Interna de la humanidad. La Luz Circundante es la conciencia omnipresente del cosmos, donde la información sobre el pasado, el presente y el futuro se encuentra como un todo unificado.

Los físicos son los primeros en informarnos de que sólo vemos una parte de lo que ocurre a nuestro alrededor. Aun con los telescopios más potentes, sólo podemos ver una *diminuta* porción del universo y, a la inversa, el microscopio electrónico más potente sólo revela una fracción *infinitesimal* del amplio espectro de la actividad atómica y *nada* en absoluto del ámbito subatómico. Una manzana tendría que ser expandida al tamaño de la Tierra para poder ver uno de sus átomos a simple vista. Es más, más allá del mundo atómico hay otro mundo, cuya proporción es aún mayor que la del átomo con respecto al mundo físico.

Por lo tanto, cuando los kabbalistas nos dicen que gran parte de lo que ocurre en este universo está más allá del ámbito del entendimiento finito, saben muy bien de lo que hablan. Pero, de nuevo, "¿por qué es necesario, o incluso prudente, considerar aquello que nunca podemos ver?". El kabbalista busca comprender la fuente de todas las cosas. Aceptar el mundo observable como la totalidad de la existencia es darle la espalda a la gran mayoría de las posibilidades de la vida.

La simple observación debería decirnos que la manifestación final de cualquier acontecimiento no tiene nada que ver con la verdad. El término "poner una venda en los ojos", así como otras expresiones del lenguaje coloquial, como "tomar el pelo" o "cortina de humo", implican encubrir la verdad. Según la forma de pensar del kabbalista, toda nuestra existencia está cubierta por y oculta tras la negatividad (*klipot*), y por lo tanto se considera ilusoria.

El Zóhar y Rav Yitsjak Luria (el Arí) nos proporcionaron un sistema a través del cual penetrar la corteza de ilusión que rodea a este mundo y encontrar la realidad infinita, la Luz Circundante, dentro de esta corteza ilusoria. No tenemos que seguir aceptando al pie de la letra las mentiras que se hacen pasar por ser verdades. En lugar de estar esclavizados al engaño, podemos convertirnos en los dueños de nuestro destino.

En este mundo observable, esta diminuta fracción del espectro de la existencia, nos costaría muchísimo encontrar algo con el más mínimo parecido a la verdad. Sin duda, el kabbalista le dirá que buscar la verdad en este mundo de ilusión es como intentar encontrar una partícula subatómica en un pajar.

Nuestros cinco sentidos son jueces notoriamente malos del mundo que nos rodea. Todos sin duda hemos estado en una situación en la que se oye un sonido y cada persona en la habitación cree que ese sonido vino de un lugar distinto. El sentido del gusto y el sentido del olfato, estrechamente relacionados, pueden ser fácilmente engañados por esencias y aditivos químicos. Nuestro sentido del tacto tampoco es mejor a la hora de calibrar los hechos. Cualquier broma estudiantil que involucre una venda, un cubo de hielo y la sugestión de que hay fuego puede demostrarlo. El gusto, el olfato, la vista, el oído, todos nuestros sentidos nos engañan. ¿Por qué tenemos entonces tanta fe en ellos? ¿A dónde acudimos para encontrar la verdad?

Hay muchas cosas en el Zóhar que atrapan la imaginación. ¿Podemos realmente simplificar la aparente complejidad del universo en un solo pensamiento-inteligencia? Sí, afirma el Zóhar.[187] Las dos fuerzas fundamentales y aparentemente opuestas que se manifiestan de innumerables formas, incluida la aparente atracción y repulsión de los polos de un imán, no son en realidad fuerzas distintas. Más bien son diferentes manifestaciones de la misma interacción subyacente que existe en el ámbito de la Luz Circundante.

El pegamento cósmico, la energía-inteligencia unificadora y única que gobierna todas las acciones en el cosmos, se conoce por el nombre en código *Masaj DeJirik*, la Columna Central.[188] Su nombre es Restricción, la asombrosa cura para todas las enfermedades del Reino Celeste y Terrenal.[189]

¿De verdad puede ser tan simple? La idea de que podamos reducir la impactante y visible complejidad del universo a su simplicidad esencial con el poder de nuestro pensamiento-inteligencia es, como mínimo, una emocionante posibilidad. Las palabras del Zóhar "tal como es arriba es abajo" describen muy bien un universo en el que todas las manifestaciones, físicas y metafísicas, están atadas en una red de relaciones interconectadas, cada una aparte de la otra, y al mismo tiempo forman parte de la unidad que todo lo abarca.

La esencia espiritual del *Álef Bet* hebreo emana de los ámbitos más elevados de la energía-inteligencia. El *Álef Bet* no sólo está impregnado de la Fuerza de Vida del Creador, sino que también está sellado con la impresión de Su Firma, que es la Verdad.[190]

El Zóhar dice:

> *Feliz es la porción de aquel que llama al Rey y sabe cómo llamarlo adecuadamente. Si llama, pero no sabe a quién ha llamado, el Santísimo, bendito sea Él, se mantiene alejado de él, como está escrito: "El Eterno está cerca de todos los que Lo invocan".[191] ¿De quién está Él cerca? Dice de nuevo: "de todos los que Lo invocan en verdad" (ibid.). ¿Hay alguien que Lo llame falsamente? Rav Aba dijo: Sí; es aquel que llama, pero no sabe a quién llama. ¿Por qué sabemos eso? De las palabras "de todos los que lo invocan en verdad". ¿Qué es "en verdad"? Es el sello del anillo del Rey, que es la perfección total.[192]*

Esto nos lleva a la siguiente pregunta: "¿Por qué es esencial conocer a la Fuerza de Luz para conectarse?". Asimismo, el Zóhar enfatiza que la consecuencia negativa de no saber es que la Fuerza de Luz en realidad se aparta del individuo. Cuando uno intenta conectar con cualquier clase de fuerza de poder, debe adquirir un entendimiento metafísico básico de la energía y la vasija. Entender la metafísica básica es una parte integral de la comunicación, sin la cual la conexión verdadera puede que nunca se materialice. Las Escrituras dicen en Génesis:

*Y Adán conoció a Eva, su mujer; y ella concibió y
dio a luz a Kayín.*[193]

Según el Zohar,[194] el uso de la palabra "conoció" indica que
hubo acto sexual. Pero esta idea plantea muchas preguntas.
¿Por qué el versículo utiliza la palabra "conoció" para describir
el arte de la conexión sexual? ¿Cuál es el verdadero significado
de este mensaje codificado? ¿Por qué esta expresión, cuando
otras palabras similares en hebreo habrían explicado el pasaje
con mayor claridad?

El Zóhar explica que lo que descubrimos en este profundo
versículo es una verdadera conexión con las fuerzas metafísicas
que depende del conocimiento que deriva del establecimiento
de los canales adecuados. El conocimiento es una parte
integral de este sistema de comunicación porque, sin éste,
cualquier sistema es inefectivo. Por lo tanto, cuando Adán
"conoció" a Eva, estableció un método de comunicación claro
a través del cual la energía metafísica podía fluir sin
impedimentos.

Por lo tanto, el código "verdad" implica conocer simplemente
lo que es. Y el Zóhar deja esto muy claro cuando afirma que la
Fuerza de Vida del Creador es esencial para la realización de
cualquier objetivo. Así pues, la verdad es la materialización de
la Fuerza de Vida.

El Zóhar afirma que hay otra faceta de este concepto básico
conocido como "verdad". El Zóhar reconoció un flujo
esencial cuando describió la Fuerza de Vida como el
ingrediente fundamental de la verdad. El reconocimiento de

la Fuerza de Vida y el deseo de actuar en su Nombre, o en el Nombre del Eterno, ha generado una historia de asesinatos y sufrimiento. No existe otro concepto del cual hayan brotado tantos conflictos, fricción, desacuerdo y guerras. Todas las religiones actúan y se representan a sí mismas como las defensoras del Eterno.

Entonces, el Zóhar pregunta, ¿cómo puede uno determinar si su perspectiva está vinculada y conectada con la verdad, si "está llamando con el sello del anillo del Rey"? El sello con la Impresión de Su Firma, que es la verdad, es el código para la Columna Central, que es el equilibrio de todas las cosas. Por lo tanto, se afirma:

> *Este es el significado de "Otorgarás a Yaakov la verdad [Columna Central] y a Avraham la misericordia [Columna Derecha]".*[195] *Por eso está escrito: "de todos los que Lo invocan en verdad".*[196] *Y todo aquel que no sabe llamarlo con la cualidad de la Columna Central, sino que tiende a la Columna Izquierda o la Columna Derecha, el Santísimo, bendito sea Él, se aparta de él.*[197] *Feliz es la porción de aquel que entró [sabiduría] y salió completo, para conocer los caminos del Santísimo, bendito sea Él.*[198]

La idea central que emerge del Zóhar es la capacidad del hombre para conectar con el todo o el cuanto del universo al ejercer el principio de la Columna Central. El cuanto del universo, donde ayer, hoy y mañana se representan como un único todo unificado, es lo que los kabbalistas llaman la Luz

Circundante. El superconsciente del universo es de lo que trata la Luz Circundante.

La Luz Circundante superconsciente empieza donde acaba la Luz Interna. La omnipresente conciencia del cosmos —donde la información del pasado, el presente y el futuro se encuentran como un todo unificado— se extiende más allá de la Luz Interna de la humanidad. Es precisamente esta conciencia —la Luz Circundante— lo que más queremos en nuestra vida.

El elemento sorpresa, que suele crear mucha agitación en nuestra vida, puede ser evitado cuando existe una conexión con la Luz Circundante dentro de nuestra conciencia. No obstante, los componentes irracionales que no han sido tomados en cuenta por nuestro consciente son elementos de los que depende nuestro bienestar. Una vez que empezamos a reconocer el aspecto ilimitado de la Luz Circundante superconsciente como un aspecto esencial del desarrollo de una vida plena, entonces las sorpresas dejan de constituir un elemento de confusión o desconcierto. De repente somos empujados hacia un pensamiento conciencia en el que empezamos a apreciar la idea del asombro y la sorpresa.

Al alcanzar un grado más elevado de conciencia, nos damos cuenta de la visión restringida de nuestros cinco sentidos. La percepción cuántica está más allá del alcance de nuestra conciencia finita. La actividad que se origina en lugares lejanos sin duda afecta las actividades de un individuo, a pesar de la distancia que hay entre ambos. Por consiguiente, el futuro de cualquier plan en algún punto debe seguir estando en peligro de incertidumbre y, con éste, si es posible que alguna cosa vaya mal, lo hará.

Alcanzar una relación con la Luz Circundante superconsciente requerirá muchas técnicas en el proceso kabbalístico. La idea de controlar de nuestro destino implica controlar nuestro universo y la actividad universal. De cualquier forma, nuestro pensamiento actual sobre este tema está seriamente limitado.

En su mayoría, no hemos encontrado ningún método viable para asegurar nuestro bienestar físico y mental. Hay demasiados factores involucrados que impiden que se manifiesten resultados definitivos. Actuamos y rezamos, mayormente rezamos, para que nuestras decisiones generen los resultados deseados. Pero ¿quién puede asegurarnos que los resultados que buscamos son los más adecuados para nuestras necesidades? Sin duda esto se vuelve confuso.

¿Cuánto tiempo y esfuerzo nos consume lo desconocido? Nuestra desesperación y frustración es incalculable. La conexión con la Luz Circundante superconsciente añade una nueva dimensión: la del determinismo preciso. Pero todo depende de si aplicamos o no la energía-inteligencia de restricción-compartir de la actividad humana, o en su lugar elegimos dejarnos enredar en el Deseo de Recibir para Sí Mismo. La actividad egoísta crea un programa de incertidumbre en el cual aún los planes más aparentemente perfectos están sujetos a la decisión del universo cuántico.

Cuando actuamos con la energía-inteligencia de la Restricción, podemos acceder a la Luz Circundante superconsciente como el programa para nuestra existencia cotidiana. Cuando esto ocurre, junto con las técnicas kabbalísticas, todo se vuelve mejor, incluso mucho más que nuestros planes mejor trazados. El superconsciente elimina todas las imperfecciones y reemplaza cualquier duda o incertidumbre.

Lo que emerge del Zóhar es la actividad dual potencial que está presente en toda la energía-inteligencia. El Zóhar nos hace entender que, si nuestra actividad humana negativa prevalece, entonces ocurre una ruptura entre la fase de continuidad de la realidad y nuestros planes y esperanzas humanas. Las técnicas kabbalísticas y la energía-inteligencia positiva de Restricción son nuestros vínculos con la certeza, con el reino de la Luz Circundante. Las implicaciones y los beneficios de este cuanto superconsciente son profundas para nosotros mismos y para el mundo.

INMUNE – VULNERABLE

INMUNE – VULNERABLE

EN LOS ÚLTIMOS AÑOS SE HA ESCRITO MUCHO sobre nuestro sistema inmunitario y por qué algunos de nosotros somos más vulnerables que otros a su colapso. De nuevo, las enfermedades y los infortunios de mala suerte siguen siendo un misterio cuando exploramos las razones por las que algunas personas, y no otras, están expuestas a su furia mientras la mala suerte crea un camino de destrucción en sus vidas.

Las víctimas de la adicción a las drogas y al alcohol son descritas como personas con mentes débiles que caen presa de influencias sobre las cuales no tienen control. Sin embargo, en términos kabbalísticos, las personas que sucumben a las drogas están buscando una aventura gratuita en la espiritualidad sin el uso de la Restricción. Así pues, a medida que aumenta la necesidad de drogas cada vez más estimulantes, la necesidad real es cada vez menos satisfecha.

Los expertos médicos y los psiquiatras quieren explicar los estados de enfermedad o adicción cuando *aparecen*, sin explorar la cuestión de por qué algunas personas se ven afectadas y otras no. Es lamentable que estos expertos no examinen el papel de la influencia cósmica y la reencarnación. Si simplemente registramos la actividad diaria de estos pacientes, junto con las zonas cósmicas de peligro, encontraremos algunas apasionantes diferencias entre la forma en que los llamados afortunados se vuelven inmunes y permanecen así, mientras que los llamados desafortunados se vuelven vulnerables.

Hay tres diferencias especiales para ser investigadas. En primer lugar, los meses lunares-solares en los que nacen las personas. En segundo lugar, cuándo y si el comportamiento y la actividad negativos ocurrieron durante estas zonas cósmicas de peligro. En tercer lugar, y más importante, el escudo de seguridad contra el ataque de la energía-inteligencia negativa del mal, la fuerza del Señor de la Oscuridad.

Antes de examinar el misterio de estos fenómenos, exploremos primero el punto de vista kabbalístico referente a la idea del escudo de seguridad metafísico, cuya semejanza parece existir sólo en las novelas de ciencia ficción. Un buen punto de partida para nuestra investigación es siempre el Zóhar.

> *Cuando Yaakov partió de la casa de Laván, todas las legiones santas lo rodearon de forma que no fue dejado solo.*[199] *Rav Jizkiyá pregunta: Si esto es así, ¿por qué está escrito "Yaakov se quedó solo"?*[200] *Rav Yehuda responde: Porque él se expuso deliberadamente al peligro, y por lo tanto los ángeles guardianes [el escudo de seguridad] lo abandonaron. A esto aludía él [Yaakov] cuando dijo: "indigno soy de toda misericordia y de toda la fidelidad que has mostrado a Tu siervo".*[201] ... *Rav Elazar dijo: Los sabios han afirmado que en aquella noche y en aquella hora, el poder de Esav [energía-inteligencia negativa] estaba en*

aumento y por lo tanto Yaakov fue dejado solo [es decir, vulnerable].[202]

Asumiendo que nos familiarizamos con esos puntos negativos del tiempo, ¿cómo evitamos entonces caer en la trampa que ha sido colocada para nosotros? Acudamos de nuevo al texto zohárico que puede y en efecto logra proporcionar a toda la humanidad las herramientas necesarias para lidiar con esas fuerzas invisibles de energía-inteligencia negativa.

> *Rav Shimón abrió una discusión sobre el versículo: "Más vale el poco estimado que tiene siervo, que el que se alaba y carece de pan".*[203] *Este versículo, dijo, habla del Señor de la Oscuridad, el incitador del mal, quien prepara tramas y lanza acusaciones incesantemente contra el hombre. Él infla el corazón del hombre, incitándolo a la arrogancia y la soberbia, a tener la cabeza alta, hasta que el Señor de la Oscuridad obtiene el dominio sobre él. Así pues, es mejor aquel que es "poco estimado" y que no sigue al señor del mal, sino que permanece humilde en su corazón y su espíritu.*

> *El incitador del mal está inclinado frente a este hombre, puesto que no puede controlarlo. Por el contrario, tal como está escrito: "pero tú debes dominarlo".*[204] *"El poco estimado" está ejemplificado en Yaakov, quien fue humilde ante Esav [el Señor de la Oscuridad] para que este*

*último [Esav] se convirtiera con el tiempo en su
sirviente.*[205]

Si queremos convertirnos en los dueños de nuestro destino,
aprendamos esta regla cardinal: se requiere un *esfuerzo* de
nuestra parte. Nos hemos convertido en una sociedad que
busca el alivio instantáneo simplemente pagando por él. Este
enfoque nos lleva por un camino hacia el desastre. No hay
métodos fáciles ni cortos para lograr una permanencia en
nuestro estado de bienestar. Con el fin de evitar el trabajo y las
responsabilidades que vienen con esta maestría, somos
atraídos hacia medidas encapsuladas que sólo proclaman su
alivio temporal.

Todas las técnicas espirituales, incluyendo la Meditación
Kabbalística, sirven de aplicación secundaria hacia la mejora
de nuestro bienestar físico y mental. El primer paso inicial que
debe darse es la determinación de desarrollar una actitud
positiva ante nuestro prójimo y nuestro medio ambiente. Con
el cosmos lleno de energía-inteligencia negativa creada por la
actividad adversa del hombre, nos resulta muy difícil
resistirnos e ir en contra de la corriente de negatividad. Las
técnicas meditativas lograrán proporcionarnos ayuda para
superar estos obstáculos. Pero esta maestría requiere el
conocimiento y la determinación de que, para cambiar la
calidad de nuestra vida, debemos cambiar la naturaleza de
nuestro comportamiento.

El infortunio, en cualquier forma en la que ocurra, es el
resultado directo de nuestras actitudes negativas de vidas
actuales o pasadas. El estudio de la Kabbalah consiste en poder

cambiar la dirección de nuestro infortunio. No obstante, la Kabbalah se distingue en lo que respecta a los prerrequisitos para lograr una mejora de nuestro bienestar. ¡Tenemos que hacer el esfuerzo! La Kabbalah conoce muy bien el itinerario durante el cual se le ha dado al Señor de la Oscuridad el dominio de nuestro universo y proporciona el escudo de seguridad necesario que nos protege de su devastador ataque.

Acoger las actitudes negativas es, en esencia, conectar con el Señor de la Oscuridad y acogerlo. La creación de una afinidad con este entorno negativo impide cualquier progreso en la eliminación del infortunio, ya sea que aparezca en la forma de mala salud, problemas familiares, inestabilidad financiera u otras calamidades.

Esto nos lleva a una comprensión de la vulnerabilidad. Hay dos condiciones que deben cumplirse para garantizar el dominio de nuestra vida y nuestro destino. En primer lugar, nuestra actitud ante nuestro prójimo debe ser de humildad, lo cual sugiere enfáticamente el Zóhar en el fragmento mencionado: Yaakov entendía bastante bien que, para vencer a la esencia del Señor de la Oscuridad, tenía que "ser humilde ante Esav".

En segundo lugar, debemos ponernos un escudo de protección cuando las energías-inteligencias negativas prevalecen en el cosmos, a pesar del hecho de que quizá nos enorgullezcamos de actitudes saludables y positivas. En referencia al fragmento del Zóhar previamente mencionado, Yaakov tuvo un serio encuentro con el Señor de la Oscuridad. Si bien Yaakov fue claramente el vencedor, sufrió un grave golpe en el muslo.[206]

No obstante, él se había expuesto, aunque deliberadamente, al peligro.

De este fragmento del Zóhar aprendemos que incluso Yaakov, la carroza y la personificación de la Columna Central,[207] estuvo expuesto al ataque de las legiones del Señor de la Oscuridad. La falta de un escudo de seguridad demostró la vulnerabilidad hasta de un individuo tan poderoso como Yaakov.

Lo que parece emerger del texto zohárico es al menos una comprensión de la enigmática pregunta de por qué una persona es vulnerable y otra no. Tomemos, por ejemplo, el efecto y la influencia cósmica del Cáncer lunar. Cuando los investigadores científicos desarrollan la teoría de que "las personas felices no tienen cáncer", mencionan un resultado acertado de su investigación. Sin embargo, como suele ser costumbre en el paradigma biomédico, el estado físico y manifestado se toma habitualmente como la causa en lugar del resultado.

Por supuesto que las personas felices evitan la plaga del cáncer, la pregunta que debemos hacernos es: "¿Por qué algunas personas son felices y otras no?". En esencia, debemos explorar y buscar la causa esencial. Cuando los porqués de todas y de cualquier pregunta se resuelven, podemos asumir que hemos llegado a una causa primordial.

Hay principalmente dos acontecimientos básicos que contribuyen a la vulnerabilidad de la humanidad. Ambos son canalizados a través del cosmos o los cuerpos celestes. Antes de investigar los agentes responsables de que nos volvamos vulnerables, dejemos claro una vez más que la humanidad está potencialmente en posición de convertir su vulnerabilidad en inmunidad. Desde una perspectiva kabbalística, el problema de la vulnerabilidad no es una cuestión de quién entra en la categoría de ser afortunado o desafortunado.

Llegamos a exponernos a los infortunios de la vulnerabilidad cuando en vidas pasadas no habíamos logrado vencer nuestro Deseo de Recibir para Sí Mismo.[208] La exposición a los traumas y las desgracias que acompañan a la vulnerabilidad tiene lugar en esta vida exactamente dentro de los mismos marcos temporales en los que tuvimos la misma exposición en encarnaciones previas. Si en una vida anterior fallamos en nuestro proceso de *tikún* y no restringimos nuestro impulso de robar, entonces, en esta vida, tendremos otra oportunidad de elegir libremente si venceremos o no el impulso de robar y triunfaremos con la Restricción.

Si fallamos, entonces habremos creado fragmentación, limitación y un "espacio vacío", la no-revelación de la Fuerza de Vida. Esta brecha representa la energía-inteligencia de la "vulnerabilidad". Nuestra conciencia corporal, que busca siempre hacer uso de la energía-inteligencia negativa del Señor de la Oscuridad, encuentra su grieta en nuestras líneas de defensa y atrae al enemigo, el Señor de la Oscuridad, hacia nosotros. La invasión del Señor de la Oscuridad ha creado una brecha en nuestras defensas naturales e innatas y nuestro sistema inmunitario, y por consiguiente ha dado lugar a las fuerzas de energía negativas del Señor de la Oscuridad.

Una vez que las fuerzas de energía negativa han establecido una cabeza de playa dentro de nuestro sistema, estas fuerzas empiezan a difundirse a un ritmo muy elevado de ataque. Luego continúan dispersándose por todo el sistema inmunitario natural, estableciendo focos de resistencia a cualquier ataque por parte del sistema inmunitario.

Por lo tanto, la vulnerabilidad está allí donde el futuro ha sido ensombrecido por el pasado. Las personas vulnerables están amenazadas por una "bomba del tiempo" genética, pasada de una vida anterior a la presente. Cuando un grupo particular está en riesgo debido a los trastornos que puedan empezar con un solo gen ausente o defectuoso, estas enfermedades, desde un punto de vista médico, son rastreadas hasta llegar a los defectos en nuestro ADN como la causa primaria. Así pues, se adopta el concepto de la herencia, en el cual los síntomas son transmitidos de generación a generación por sus descendientes. Este letal legado debe ser rastreado más allá del anteproyecto básico de vida. Debemos preguntarnos: "¿Por qué fui elegido para estar en una familia como esta?" y "¿Qué tiene que ver esto con mi proceso de *tikún*?". No es por casualidad que fuimos colocados en esta situación. Con base en las apariencias exteriores, los grupos de personas están vinculados por lazos familiares, geográficos o étnicos, de manera que los médicos y los investigadores presentan muchas evidencias a favor de la herencia o la teoría del común denominador. Aun así, el punto establecido por las enseñanzas kabbalísticas es que las relaciones grupales no son las causas primarias, sino que más bien estas personas han sido vinculadas debido a lazos de *tikún* de vidas anteriores. Una demostración o manifestación física *nunca* se considera la causa primaria. Puede apuntar a la causa, pero no ser considerada como primaria.

Con esto en mente, los defectos presentes en el ADN o las desgracias generales son el resultado directo del fracaso en el proceso de *tikún*. Para cada acción, hay una acción similar y opuesta. Lastimar a los demás resulta en daño para el perpetrador. Por consiguiente, cuando la oportunidad (infortunio) se presenta de nuevo, el casete que dicta que se aproxima una reacción puede ser y será alterado por una demostración de Restricción. Esto desempeña el papel más importante en el sistema inmunitario o de lucha contra la enfermedad al inducir la producción de anticuerpos.

No es una extraña coincidencia que el sistema inmunitario de lucha esté formado por *anticuerpos, opuestos* al cuerpo. ¿Y qué es la conciencia corporal sino el Deseo de Recibir para Sí Mismo? Producir estos anticuerpos naturales, las células soldado que defienden contra la enfermedad, es la tarea asignada a la conciencia de la Restricción.

Por consiguiente, los estados positivos de Restricción[209] pueden tener un efecto sutil, aunque eficaz, sobre nuestro sistema inmunitario. ¿Significa esto que una actitud marcada por la Restricción puede ser valiosa en la lucha contra las enfermedades? Aunque el proceso de *tikún* nos predispone a la vulnerabilidad, el factor restrictivo nos permite superar el casete de vida predeterminado.

El tiempo, el lugar y las circunstancias para la vulnerabilidad encarnada son manifestados por una orquestación del cosmos.

El canal a través del cual se manifiesta esta exposición al Señor de la Oscuridad es el cosmos. Por lo tanto, la lectura bien hecha de una carta natal puede ser una herramienta invaluable a través de la cual el astrólogo puede señalar estas brechas y oportunidades específicas para un *cambio de rumbo* del designio de nuestro *tikún*.

Pero en la ausencia de un programa cósmico, para ir sobre seguro en cualquier circunstancia en la que una desgracia inminente se cruza en nuestro camino, debemos tratar el incidente como una oportunidad. La energía-inteligencia restrictiva puede mantener a raya los efectos de las desgracias y las enfermedades. Un gramo de prevención vale un kilo de cura.

Otra causa del colapso o el daño del sistema inmunitario es la exposición a varias zonas negativas de peligro cósmico. La responsabilidad de evitar estos marcos temporales está en manos de todos nosotros. La ignorancia de estos devastadores acontecimientos cósmicos no impedirá que invadan un cuerpo sano. Las enseñanzas zoháricas revelan que la predisposición cósmica puede tener un papel en infinitas enfermedades. Los kabbalistas se centran en estos marcadores cósmicos con la información suficiente para hacer un esquema de la localización y los períodos temporales.

El uso de tales marcadores para predecir las enfermedades es ampliado por la información extraída de la colección más completa de conocimiento metafísico, el *Libro de la Formación*, el Zóhar y *Los Escritos de Rav Yitsjak Luria*. Esto puede sonar increíble, pero algún día podremos predecir, en el momento del nacimiento, la vulnerabilidad de todos ante las enfermedades y validar científicamente estos hallazgos. Pero por el momento, sólo podemos informar a las personas con orientación kabbalística de sus factores inherentes de riesgo. La idea de que nuestro cuerpo y nuestros órganos vitales están conectados con zonas cósmicas temporales se afirma claramente en el Zóhar:[210]

> *Y en la primera parte, el Pastor Fiel empezó diciendo: ¡Ay de aquellas personas cuyos corazones estén cerrados y cuyos ojos no puedan ver! Quienes no conozcan las partes de su propio cuerpo y en función de qué están dispuestos.*

El conocimiento es la conexión[211] con el control sobre nuestros cuerpos y las enfermedades cuando éstas atacan. Así pues, es necesario que hagamos todos los *esfuerzos* por entender y conectar con las enseñanzas del Zóhar en *Parashat Pinjás*. Al mismo tiempo, debemos ser conscientes de aquellos individuos equivocados que continúan llevándonos por el mal camino rechazando las enseñanzas del Zóhar, asegurando que el Zóhar es sólo para unos pocos elegidos. El Zóhar dice:

> *Y Lilit [no pronuncies su nombre] se llama bazo, y ella va a jugar con los niños para luego matarlos, y los hace enfadar y llorar, y lamentarse. El bazo va a la derecha del hígado, que es Samael [no pronuncies su nombre], quien es el Ángel de la Muerte. Éste, que es el hígado, fue creado en el segundo día de la Obra de la Creación, mientras que el otro, que es el bazo, fue creado en el cuarto día de la Obra de la Creación. Y por este motivo no es un buen augurio*

*empezar algo los lunes o los miércoles. El hígado es
la muerte para los adultos; el bazo es la muerte para
los niños.*[212]

Lo que parece emerger del fragmento anterior del Zóhar es la estrecha relación entre las zonas cósmicas y nuestro cuerpo. Sin embargo, se presta poca atención a estas zonas, particularmente a su amenaza para el bienestar de nuestra salud mental y física. *El Libro de la Formación*, cuya autoría se atribuye a Avraham el Patriarca, está repleto de conexiones entre el cuerpo y el cosmos. Reconozco que este tema es alarmante. Sugiere que todo lo relacionado con nuestros métodos médicos necesita ser cuidadosamente examinado y posiblemente modificado. Pero no podemos ignorar el hecho de que lo que sucede en el nacimiento puede preparar el camino para la vulnerabilidad más adelante en la vida.

Cuando un chico de 15 años de Maryland, EE. UU., entró en el garaje de sus padres y se ahorcó, toda su comunidad quedó conmocionada. Cuando un niño de 13 años de Ciudad de México se prendió fuego a sí mismo, todo su vecindario se preguntó por qué. Eran estudiantes que nunca habían quebrantado la ley. Estos jóvenes parecían manejar bien los dolores habituales de la adolescencia. Para sus amigos y familiares conmocionados, sus muertes eran inexplicables y trágicamente prematuras. Para los psiquiatras y los psicólogos que estudiaban el fenómeno del suicidio adolescente, simplemente fueron otra estadística en la creciente epidemia de suicidios adolescentes.

Hay muchos científicos que sospechan que la tendencia al suicidio, así como la vulnerabilidad a la drogadicción, puede estar ligada a experiencias traumáticas de nacimiento. Cuando consideramos la tasa de suicidio general en Estados Unidos, que se ha triplicado en los últimos 25 años y ha aumentado más drásticamente entre la población joven, debemos esforzarnos al máximo en determinar por qué.

Según el Centro Nacional de Estadísticas de Salud de EE. UU., cada 78 segundos un adolescente estadounidense intenta suicidarse. Las estadísticas son escalofriantes, y la idea de atribuir esta epidemia al estrés de la vida moderna no les sienta bien a muchos investigadores. Al fin y al cabo, el factor del estrés de nuestra sociedad nos afecta a todos, no sólo a unos cuantos. Obviamente, las estadísticas no nos dicen *por qué* los jóvenes se están quitando la vida.

Así pues, es alentador leer que algunos investigadores están convencidos de que los traumas sufridos en el momento del nacimiento parecen quedar impresos dentro del inconsciente. Dicen que estos traumas pueden ser responsables, por ejemplo, de un deseo compulsivo de repetir el trauma durante la adolescencia. En los años veinte, el psicoanalista Otto Rank propuso una teoría similar que relacionaba la experiencia del nacimiento con la neurosis. Esta idea fue rápidamente denunciada por sus colegas, quienes comentaron que los traumas en el nacimiento tenían tan poco sentido como la astrología.

No obstante, desde una perspectiva zohárica, los traumas en el nacimiento en efecto se relacionan con la astrología. De hecho, los traumas en el nacimiento son el resultado directo de las influencias astrológicas que sugieren las expresiones físicas de los mismos traumas del nacimiento. Constantemente se nos recuerda el principio kabbalístico que dice que las manifestaciones o expresiones físicas nunca pueden utilizarse para determinar las causas primarias. Lamentablemente, la mayoría de teorías relacionadas con las circunstancias subyacentes de los suicidios adolescentes, así como otros misterios de la existencia humana, continúan enfocándose en los fenómenos psicológicos y sociológicos.

Por consiguiente, los sociólogos que investigan los problemas lo involucran todo, desde las intensas presiones de la sociedad contemporánea hasta la música heavy metal y las películas violentas. Se niegan a poner atención en el ámbito metafísico y prefísico del pensamiento. Después de todo, ¿nos involucramos en cualquier actividad física sin un pensamiento previo? Si este es un concepto importante, que lo metafísico precede a lo físico y está constantemente moviendo todo el cosmos, ¿por qué los investigadores caen en la trampa de afirmar que lo físico es la causa primaria?

Jerusalén se conoce como la Ciudad Santa. ¿Es debido a que el Templo Sagrado se encontraba allí? La réplica kabbalística a este tipo de razonamiento es: "¿Por qué estaba el Templo Sagrado en Jerusalén en primer lugar?". La expresión física del Templo no puede determinar las causas subyacentes, lo cual nos deja con la pregunta: "¿Y qué hizo que se construyera allí el Templo en un principio?".

El Zóhar documenta el vínculo entre el Templo y la Ciudad de Jerusalén. La causa inicial de la localización del Templo está relacionada con el hecho de que el centro de energía del universo se encuentra en la Tierra de Israel. El Zóhar nos dice que el Templo y el Arca dentro de la ciudad de Jerusalén eran colectores y conductores de la energía-inteligencia cósmica. Cuando fluía un circuito de energía, el universo y todas sus infinitas galaxias estaban en armonía y la violencia no existía.

El Templo de Jerusalén reflejaba algo totalmente distinto de los templos de otras civilizaciones antiguas. Lo que sucedía en Jerusalén afectaba a todo lo que estaba en la Tierra y el cosmos. Jerusalén se consideraba el núcleo alrededor del cual giran todas las galaxias. Por muy ridículo que pueda sonar esto, y por muy condicionados que estemos por la estrecha visión contemporánea de la ciencia, Jerusalén no representaba, ni representa ahora, ninguna ideología religiosa. Las estructuras físicas simplemente simbolizan una energía-inteligencia metafísica de pensamiento y representan su reino interior. El cuerpo refleja la conciencia del alma interna de la humanidad. El cuerpo es una fuerza secundaria. La energía-inteligencia de nuestra alma es lo que motiva a la conciencia corporal.

Cuanto más pronto nos demos cuenta de esto, más posibilidades tendremos de obtener soluciones significativas y duraderas a nuestros problemas. El enfoque actual de la resolución de problemas ha contribuido poco al logro de los objetivos necesarios para potenciar el bienestar de nuestra sociedad. El razonamiento superficial para determinar la causa y el efecto es una conveniencia de los cinco sentidos. Este razonamiento nos permite sentarnos cómodamente, pensando que ya hemos solucionado las cosas. No nos damos cuenta de que, tal como implica la Ley de Murphy: "Si algo puede ir mal, lo hará". Los huecos o grietas en nuestro razonamiento son fácilmente llenados o reemplazados por el mundo negativo del Señor de la Oscuridad.

Se deben seguir todos los caminos para la determinación de las causas primarias, a pesar de los esfuerzos a veces frustrantes por llegar "al fondo de todo esto". La complacencia y los sentimientos de seguridad superficial son, como el caso del avestruz que esconde su cabeza bajo tierra, falsas garantías de que nuestros problemas se desvanecerán. Debe investigarse todo el espectro de la realidad cuántica antes de llegar a cualquier conclusión. La respuesta al "por qué" final proporciona la causa última, y esa causa final y definitiva es nuestra puerta de entrada a la resolución de problemas.

Así pues, regresemos al grave problema de los suicidios adolescentes y el enfoque científico de sus implicaciones. El método científico está claramente bajo cuestionamiento, puesto que la búsqueda de respuestas cae siempre dentro del paradigma biomédico de carácter superficial, físico y externo.

En 1987, el Dr. Bertil Jacobson condujo una investigación intensiva en el Instituto Karolinska de Estocolmo, en la cual se recopilaron datos que indicaban que los acontecimientos relacionados con el nacimiento de una persona podrían influir en su decisión futura de suicidarse. Los resultados de Jacobson fueron aún más específicos de lo que había anticipado. En un estudio en EE. UU., descubrió que el suicidio estaba más estrechamente relacionado con el trauma de nacimiento que con cualquiera de los once factores de riesgo que había estudiado, como las variables sociológicas, el alcoholismo parental y las familias destruidas.

En un estudio conducido en Suecia, Jacobson encontró una correlación entre el tipo de trauma de nacimiento y la *modalidad* de suicidio. Por ejemplo, descubrió que aquellos que se asfixiaban, ya fuera ahorcándose, con intoxicación de gas o estrangulación, tenían cuatro veces más probabilidades de haber sufrido una deficiencia de oxígeno en el nacimiento. El veinte por ciento de aquellos que elegían acabar con sus vidas con métodos mecánicos, como armas de fuego o cuchillos, habían experimentado traumas mecánicos en su nacimiento, como parto de nalgas o con fórceps.

Su estudio soltó una bomba inesperada. Confirmó que los futuros adictos habían nacido en hospitales donde los médicos decidían libremente administrar barbitúricos y otros medicamentos a las mujeres que estaban en labor de parto. Los hijos de aquellas mujeres que elegían un nacimiento sin medicación, no serían o no deberían ser vulnerables al abuso de drogas. Pero ciertamente este no es el caso. Además, la ciencia se enfrenta con otro dilema. ¿Cómo puede un episodio de trauma físico o un breve período de exposición a un medicamento producir un comportamiento autodestructivo posteriormente en la adolescencia?

La mayoría de nosotros no puede recordar nada de lo que sucedió en aquellos primeros años después del nacimiento, y mucho menos en los nacimientos traumáticos. Algunos han sugerido que, por alguna razón inexplicable, las experiencias traumáticas sufridas en el nacimiento parecen quedar *impresas* en nuestro cerebro. Esta impresión es responsable de un deseo compulsivo de repetir el trauma durante la adolescencia. Por lo tanto, algunas personas eligen vivir la vida con un cerebro insensibilizado por las drogas o un impulso de ahorcarse con una soga imitando su primer día de vida, en el que un cordón umbilical enrollado alrededor de su garganta amenazaba con cortar su suministro de oxígeno.

El verdadero problema, desde el punto de vista del kabbalista, es: "¿Qué propició que la madre tuviera ese parto traumático en primer lugar? ¿Por qué algunas madres en estado eligen nacimientos sin medicación y otras no?". Vulnerabilidad o inmunidad. Estas dos palabras engloban las causas básicas que hemos presentado en este capítulo.

Puesto que no quiero dejarlo colgado sin algunas de las respuestas a este apremiante problema, acudamos a la fuente, el Zóhar. La Kabbalah trata de comprender y encontrar una causa original. De ninguna manera podremos lidiar con situaciones de proporciones epidémicas a menos que las rastreemos hasta su causa original.

No obstante, antes de adquirir la comprensión definitiva de las experiencias de la vida, hay otro punto digno de ser mencionado. Actualmente los psicólogos cada vez son más conscientes de que, aunque el cerebro de un bebé no está plenamente desarrollado en el nacimiento, las actividades de la mente, separadas y aparte del cerebro, empiezan a explorar y prestar mucha atención a cada nueva experiencia. Todo esto sucede a pesar de no haber una clara explicación de cómo la mente puede funcionar de forma independiente del cerebro. También está la cuestión esencial, y la más importante, referente a la *relación* entre los nacimientos traumáticos y este impulso de repetir el trauma durante la adolescencia.

Como acabo de mencionar, el cerebro de un bebé no está plenamente desarrollado en el nacimiento. Sin embargo, los logros en la etapa de la infancia deben considerarse casi milagrosos. Los bebés lloran por comida, gatean y caminan, una hazaña que nunca se duplica cuando nos hacemos mayores. Casi contemplamos con asombro el viaje que cada niño hace desde la infancia indefensa hasta la autoexpresión. Los balbuceos sin rumbo de los bebés se convierten en palabras. De los pasos de bebé a la gimnasia, presenciamos milagros que han eludido hasta ahora el entendimiento científico. Nuestra mente elusiva no da ni puede dar respuesta a las preguntas que hemos planteado. Acudamos ahora al Zóhar.

> *Hay un precepto para asignar a la sentencia de muerte, que tiene cuatro aspectos: por espada, por estrangulación, por lapidación y por fuego. ¿A quién se dirige la Biblia misma? A Samael [el Señor de la Oscuridad].*[213]

En pocas palabras, el Zóhar nos proporciona una penetrante comprensión de los devastadores traumas y las muertes poco comunes. Estas cuatro maneras no naturales en las que las personas mueren engloban todas las formas de muertes traumáticas de la humanidad. Todas ellas tienen una cosa en común. Si un individuo ha sucumbido a la energía-inteligencia del Señor de la Oscuridad por no haber restringido un Deseo de Recibir para Sí Mismo en particular, y esta falla en específico es de una índole tan grave como para garantizar las consecuencias de una de estas cuatro modalidades de muerte, entonces cuando el alma regrese en la siguiente encarnación, un nacimiento traumático será la señal del tipo de muerte que la persona tuvo en su vida previa.

No me canso de repetir el asombroso poder de información que la Biblia proporciona a la humanidad cuando es decodificada por la Kabbalah. Cualquier cosa y todas las cosas tienen una razón subyacente y esencial por la cual ocurren de la forma que lo hacen. No obstante, nuestros cinco sentidos limitantes, además de la programación mental convencional, nos impiden ir más profundo en los asuntos que afectan a nuestra existencia cotidiana.

El argumento en contra de la predictibilidad en la naturaleza es un principio básico de la teoría cuántica. El principio de incertidumbre de Heisenberg establece una *interminabilidad* inherente e inextricable en la red del micromundo. Los acontecimientos subatómicos no tienen una causa metódicamente definible. Desde una perspectiva kabbalística, en la raíz de este dilema se encuentra el libre albedrío de la humanidad. El espectro subatómico, y esto incluye la energía-inteligencia metafísica del hombre, es inmune a las leyes físicas. Esto explica cómo la energía-inteligencia de un hombre puede y logra causar estragos en el flujo cósmico.

Por consiguiente, hemos sido erróneamente arrastrados a creer que aquello con lo que no podemos relacionarnos no existe. Si la causa no puede ser definida o determinada, entonces la asunción es que algunos acontecimientos deben tratarse como si ocurrieran sin ninguna causa aparente. La ciencia no posee las herramientas científicas con las cuales regresar a ese momento anterior al nacimiento. Sin embargo, la Kabbalah *sí* proporciona la información que falta, ofreciéndonos así una imagen detallada y penetrante con respecto a la causa original y su efecto.

Por lo tanto, un nacimiento traumático que involucra un incidente cercano a la estrangulación por el cordón umbilical simboliza la naturaleza de la muerte de esta alma en una vida anterior, y posiblemente la causa de la muerte en esta encarnación presente. Asimismo, la lección que debe aprenderse y que debe obtenerse de esta experiencia son las circunstancias y los acontecimientos particulares que ocasionaron el fracaso de esa alma en la vida pasada.

Antes de concluir este capítulo sobre la vulnerabilidad, me siento obligado a sacar el tema de los desastres naturales tal como son percibidos por los ojos del kabbalista. Este tema ha sido, en el mejor de los casos, dejado de lado por temor a no incitar la ira del religioso, que declara que: "El Eterno en Sus misteriosos caminos conoce y tiene Sus razones para hacer caer la destrucción sobre diversas partes de nuestro planeta".

A la mayoría de nosotros esta idea o convicción no nos sienta bien. ¿De verdad el Eterno juega a los dados con los habitantes de la Tierra? Además, ¿cómo y qué decidió dónde debían colocarse fallas geológicas particulares? El terremoto de San Francisco en octubre de 1989 fue un acontecimiento que parecía en parte bíblico y en parte hollywoodense. Y ahora con la alarmante predicción de un "Gran Terremoto", el demoledor terremoto de octubre de 1989 puede que un día sea recordado como una prueba de vestuario del "Gran Terremoto". Según los sismólogos, este futuro terremoto tiene un cincuenta por ciento de probabilidades de golpear la Bahía de San Francisco en los próximos treinta años. Y cuando lo haga, California sufrirá pérdidas catastróficas de vidas y propiedades.

Los terremotos pueden ser actos del Eterno, pero la capacidad del hombre de desviar, retrasar o incluso evitar que uno suceda ni siquiera se considera. Simplemente somos vulnerables, pues no estamos en posición de impedir que ocurran o hasta de predecirlos con cierto grado de precisión. Las predicciones sísmicas son expresadas como una probabilidad porque los geólogos están enterados de muy pocos secretos de la Tierra.

Aunque el resto del país no es inmune a los terremotos, California se lleva una buena parte de ellos porque está llena de más fallas que una uva pasa. ¿Habrá alguna advertencia? Curiosamente, no somos los amos de nuestro planeta, un hecho que ignoramos por nuestra cuenta y riesgo.

Así pues, acudamos al Zóhar, que abre para el científico de mañana, así como el hombre común de hoy, un nuevo entendimiento de las leyes de la naturaleza. El Zóhar afirma repetidamente "... *lo que está arriba está abajo y lo que está abajo está arriba*".[214] Reforzado por la teoría de la relatividad, en realidad todo está conectado y relacionado de forma interdependiente. La revelación del Zóhar, con su cuidadoso escrutinio de la relación entre el individuo y su entorno, nos permite aprender con exactitud lo que existe en el ámbito de las galaxias, así como en el ámbito de los objetos ocultos y por descubrir.

> *Rav Yitsjak subió a una montaña y allí vio a un hombre durmiendo bajo un árbol. Se sentó. De repente, y sin previo aviso, la tierra empezó a temblar con violencia y se llenó de fisuras. El árbol estaba desenraizado y cayó al suelo. La tierra se alzaba y caía.*

> *Y el hombre que estaba bajo el árbol se levantó y lloró, se lamentaba con dolor y con sonidos de pena. Pues en este momento un gran ministro celestial está siendo designado en el Cielo, quien causará un terrible infortunio al mundo. El temblor de la tierra significa un presagio y una advertencia para ti. En ese momento, Rav Yitsjak sintió un temblor y dijo: Verdaderamente está escrito "Por tres cosas tiembla la tierra: por el esclavo cuando llega a ser rey, por la mujer odiada cuando se casa y por la sierva cuando suplanta a su señora".[215] Es decir, el mandato ha cambiado de manos y el reino pasará ahora al más malvado.[216]*

Lo que parece emerger del Zóhar es que los terremotos son el resultado de la caída de reyes, reinas y líderes políticos, que son reemplazados por representantes del lado del mal. El

Señor de la Oscuridad y la comunidad del mal consisten en la fuerza de vida-energía del Deseo de Recibir para Sí Mismo. El Zóhar advierte: "El hombre, debido a sus acciones malvadas [al sucumbir al Deseo de Recibir para Sí Mismo], acumula poder para la flota de la estrella de la muerte".[217]

Como resultado de la actividad negativa del hombre, el poder del Señor de la Oscuridad aumenta enormemente y el resultado se hace manifiesto a través de desastres terrestres. El vínculo cuántico entre el comportamiento del hombre y su entorno determina el comportamiento de su medio ambiente. Así pues, se vuelve evidente que ciertas áreas de nuestro planeta, más vulnerables y listas para los desastres inexplicables, dependen del comportamiento (positivo o negativo) de sus residentes.

Las fallas geológicas no son el factor primario de los terremotos, sino el resultado inevitable del comportamiento humano negativo. Si las actividades de la humanidad fueran revertidas a una actividad de Restricción y Compartir, las fallas geológicas no podrían dominar más la costa californiana. Las Vegas dejaría de vivir con el miedo de convertirse en el nuevo destino occidental del surf de Estados Unidos. En este momento, no veo otra esperanza o posibilidad para los residentes de la costa de California que empezar su escaneo diario del Zóhar.

En conclusión, la vulnerabilidad no puede definirse como "mala suerte". La Teoría Cuántica nos fuerza a ver el universo como una red única de pensamientos e interacciones encadenadas entre las distintas partes de un todo unificado.

Por lo tanto, ahora es momento de hacer un examen cuidadoso a la atmósfera negativa generada por las numerosas producciones de cine y televisión. Los aspectos externos e internos del individuo están entrelazados en una red inseparable de interconexión mutua de todas las entidades y acontecimientos. Estos aspectos no pueden ser ignorados ni tratados como entidades separadas.

La característica más importante de la cosmovisión kabbalística es la conciencia de la unidad y la interconexión mutua entre todas las entidades y los acontecimientos. La fuerza y la visión del Señor de la Oscuridad del universo es de fragmentación y destrucción, y sólo su actividad aseguraría un mundo esclavizado por la flota de la estrella de la muerte. No obstante, el escaneo visual consciente del Zóhar puede desarrollar la protección necesaria del escudo de seguridad, mientras todo lo que hay a nuestro alrededor se tambalea, se desmorona y cae.

La tendencia hacia un mayor control individual de nuestra vida y nuestro destino se ha vuelto cada vez más pronunciada entre algunos profesionales médicos. Hay incluso cierto consenso en que la llamada medicina primitiva logra a menudo curas extraordinarias con tan sólo unas hierbas administradas en un ritual *dogmático*. La ceremonia que involucra estas hierbas fue diseñada para despertar la conciencia del individuo y fortalecer la creencia del paciente en sí mismo o en un poder superior. Estos procedimientos están basados en el conocimiento de que, en definitiva, es el paciente mismo quien da lugar a la curación.

En el ejemplar de marzo de 1989 de *The Lancet*, una prestigiosa revista médica británica, se presentó un estudio sobre la supervivencia en los pacientes con cáncer de mama. Los hallazgos mostraron que el ochenta por ciento de los pacientes diagnosticados con un espíritu luchador tenían una tasa de supervivencia de 10 años, mientras que sólo un veinte por ciento de aquellos catalogados como desesperanzados tenían una tasa de supervivencia de 10 años.

El informe subraya el dilema que ha surgido en la medicina moderna. No fomentamos las capacidades curativas naturales del paciente. Lamentablemente, no hay un curso obligatorio para el estudiante de medicina sobre cómo tratar a las personas o estimular sus capacidades curativas naturales. La profesión médica está preocupada por el miedo a la muerte, en el cual el enemigo es la enfermedad y la muerte significa fracaso.

Ignoramos nuestra capacidad innata para curarnos a nosotros mismos. Lo que se espera de nosotros es que nos entreguemos a la práctica médica actual. No obstante, en el Hospital Johns Hopkins de Baltimore, Maryland, los pacientes con cáncer de mama que no fueron conformistas y tuvieron una relación deficiente con su médico fueron los que sobrevivieron a largo plazo. Lo que esto significa es que el paciente que fue asertivo y compartió la responsabilidad de su recuperación fue considerado un mal paciente, pero obtuvo mejores resultados. La respuesta del paciente sabio al médico que aseguraba ser el capitán del barco era: "No estoy seguro de que quiera subirme al barco del médico".

Se aproxima un cambio. Los cirujanos ya no podrán asaltar e invadir libremente nuestros cuerpos a voluntad. Los oncólogos no envenenarán para matar la enfermedad, sino que más bien considerarán las capacidades curativas del paciente para curarse a sí mismo. La transición está llegando con más rapidez de lo que cualquier científico imagina actualmente.

Otro ejemplo de cómo el hombre ha sido relegado a una posición de inferioridad e inconciencia es la introducción del Golem moderno, la computadora.[218] Nos hemos vuelto tan dependientes de esta criatura animada que nos hemos olvidado de cómo se suma o se resta. La computadora hace toda nuestra programación, hasta el punto que incluso programa nuestras vidas. Hoy en día, nos encontramos tan esclavizados a esta gran máquina que hemos dejado de pensar o funcionar como seres humanos superiores. ¿Seguiremos a merced de estos alienígenas?

Por lo tanto, el Zóhar es un refrescante alivio para aquellos perdidos en el laberinto de las impresiones de computadora o en la ansiedad de caminar de un lado a otro por los fríos y estériles pasillos de los hospitales. Aunque el cambio es lento en llegar, está llegando. Los principios básicos de la Kabbalah siempre han afirmado que el hombre carga con toda la responsabilidad de lo que le sucede a él y a su entorno. Al hombre se le ha otorgado el asombroso poder de influir sobre todo el planeta y el cosmos.

Esta idea es sorprendentemente revelada por el Zóhar cuando considera la narración bíblica del Diluvio Universal:[219]

"Y miró el Eterno a la Tierra, y he aquí que estaba corrompida, porque toda carne había corrompido su camino sobre la Tierra". ¿Cómo puede la Tierra corromperse? ¿Está gobernada por las reglas de la recompensa y el castigo? La repuesta es que debido a que el hombre gobierna y ejerce su influencia sobre la Tierra, su comportamiento y sus acciones, si son malvadas, infunden su espíritu maligno dentro de la tierra. Cuando la humanidad comete pecado tras pecado, abierta y flagrantemente, la Tierra se vuelve descarada y se comporta en consecuencia. Por lo tanto, esta es la conexión aquí: "Y miró el Eterno a la Tierra, y he aquí que estaba corrompida". ¿Por qué? "Porque toda carne había corrompido su camino sobre la Tierra".[220]

Lo que parece emerger del fragmento anterior del Zóhar es la causa primaria que subyace a todos los llamados "desastres naturales". Los terremotos, las inundaciones, los tornados y los huracanes son todos resultados "naturales" de la inclinación al mal y el comportamiento malvado del hombre. Si hemos señalado al hombre como la causa subyacente a todos estos desastres, por lo tanto, se puede deducir que el hombre puede alterar e incluso impedir que estas catástrofes ocurran en primer lugar.

Esta idea también nos proporciona cierto tipo de lógica según la cual unos se convertirán en los supervivientes y otros no lo lograrán. Después de todo, siempre han existido los llamados supervivientes que fueron "afortunados". ¿Por qué esas personas y no otras?

Capítulo Siete: INMUNE – VULNERABLE

La idea de que estamos en posición de coartar desastres naturales se afirma claramente en otra sección del Zóhar que habla sobre el tema de los terremotos:

> *Le corresponde al hombre considerar y aprender las maquinaciones de la Fuerza de Luz. Pues la mayoría de la humanidad no conoce ni reflexiona sobre aquello que mantiene unido al mundo o a sí mismos. Pues cuando la Fuerza de Luz creó el mundo, hizo a los Cielos de fuego (Columna Izquierda) y de agua (Columna Derecha) mezclados, pero no compactos o en armonía unos con otros.[221] Sólo después fueron unidos como un solo todo unificado por el poder de la Columna Central. A partir de este momento en adelante, la Fuerza de Luz plantó estos soportes para el mundo terrestre, incluyendo la Tierra. Cuando la fuerza de la Columna Central se elimina o no se activa, todos se estremecen y son sacudidos, y el mundo tiembla. Como está escrito: "Aquel que sacude la Tierra fuera de su lugar y hace temblar sus pilares". Cuando la fuerza de la Columna Central es atraída a la Tierra, entonces el mundo es sostenido por las Tres Columnas, y por lo tanto el mundo permanece en un estado de equilibrio y no tiembla. "Cuando el canal de la Torá (las letras del Álef Bet) es atraído al escenario del mundo, todo permanece en un estado de soporte".[222]*

En conclusión, el Zóhar deja perfectamente claro que lo que siempre se ha considerado "un acto de Dios" es una

295

corrupción del proceso creativo. Los desastres naturales son creados por nosotros. Nosotros tenemos el poder de prevenir y evitar que estos fenómenos antinaturales sucedan. Y si el mundo que nos rodea es tan malo, entonces, como hizo Nóaj, podemos tomar cartas en el asunto por el bien de nuestra propia seguridad y la de nuestras familias.[223]

A Nóaj se le enseñó a construir un escudo de seguridad que lo aislaría a él y a su familia de la inminente destrucción ocasionada por el diluvio. El Arca era un símbolo y una manifestación de la Fuerza de Luz omnipotente a través del cual el granizo y el azufre de las aguas podían mantenerse a raya. Mientras todo lo que había alrededor de Nóaj perecía, él permaneció con vida. Esto sigue siendo una macabra lección para nuestra generación, que está expuesta tanto a muchos desastres "naturales" como artificiales.

No tenemos que esperar y rezar cada día para que seamos incluidos entre los "afortunados" o los supervivientes. Podemos y debemos hacer algo al respecto. No hay nada más que podamos hacer que escanear visualmente el Zóhar y tener la certeza de que nuestras actividades y nuestro comportamiento incluyen las fuerzas de la positividad y la Columna Central.

VIAJE EN EL TIEMPO

Capítulo Ocho

VIAJE EN EL TIEMPO

SÓLO RECIENTEMENTE ALGUNOS FÍSICOS CONVENCIONALES han admitido cortésmente que el viaje en el tiempo, que una vez fue dominio exclusivo de la ciencia ficción, es posible al menos de forma teórica. No obstante, por el momento no se considera el diseño de una máquina del tiempo. Los científicos tienen suficientes problemas intentando resolver los problemas de las teorías del viaje en el tiempo. En este momento, el punto clave es que los físicos no han encontrado nada en las leyes de la física que *prohíban* el viaje en el tiempo.

Existe la posibilidad de que algún día alguien pueda hacer de alguna forma lo que los personajes de ciencia ficción hacen ahora: viajar rápidamente por el hiperespacio hasta un puesto remoto en una galaxia lejana a una velocidad superior a la de la luz. Los científicos nos dicen que, si pudiéramos viajar a la velocidad de la luz, el tiempo iría hacia el pasado. Un astronauta que viaja a la velocidad de la luz podría acercarse al espacio sideral y regresar antes de haber partido.

El tiempo se desacelera para un objeto que se mueve, según lo mide un observador que se considera inmóvil. De acuerdo a esta teoría, si uno de los miembros de un par de gemelos idénticos viaja a la velocidad de la luz a una estrella lejana y regresa, descubrirá que *su* reloj ha ido más lento y que su gemelo *en casa* ha envejecido más que él.

Este efecto de expansión temporal ha sido confirmado por un experimento. Se ha descubierto que los relojes atómicos que se llevan durante largos viajes en avión se retrasan cinco milmillonésimas de segundo con respecto a los que permanecieron en la Tierra. Las leyes establecidas de la ciencia deben ser reconsideradas cuando un científico habla sobre un tiempo elástico que puede extenderse o reducirse, ensancharse o encogerse, así como lugares en los que el tiempo deja de existir o donde las partículas subatómicas viajan atrás en el tiempo.

Aunque estas formas del tiempo pueden *parecer* inaceptables para la mayoría de nosotros, abren las puertas a más fenómenos y más potentes, además de desafiar nuestras leyes y principios más rígidos de la lógica. La fórmula matemática *sugiere* un viaje en el tiempo en dos direcciones, sin embargo, las consecuencias paradójicas lo mantienen mayormente dentro del marco de la ciencia ficción. ¿Por qué?

El fallo más común presentado en contra de la idea del viaje en el tiempo en dos direcciones se conoce como la Paradoja del Abuelo. Un viajero del tiempo lo experimentaría si regresara al pasado justo a tiempo para evitar que sus abuelos se conocieran. En efecto, esto significa que él mismo nunca nacería. Pero si él no hubiera nacido, no podría haber evitado el matrimonio de sus abuelos ni habría estado presente para viajar atrás en el tiempo en primer lugar. En otras palabras, si el viaje en el tiempo es posible, ¿cómo evitamos violar la causalidad?

Cuando alguien viaja atrás en el tiempo, y por lo tanto está en posición de afectar su propio pasado, las cosas pueden complicarse. Supón que llego a una terminal de naves espaciales a las 4:45 p. m. y abordo a las 5:00 p. m. para volar atrás en el tiempo a través del túnel temporal. A las 4:45 p. m., la nave regresa de su vuelo a tiempo de verme llegar a la terminal. ¿Puedo decidir en ese momento no tomar ese vuelo? Si lo hago, ¿cómo podría verme a mí mismo regresando de éste?

Así pues, debemos considerar también cuán lejos en el tiempo llevará la máquina del tiempo al viajero. Por el momento, los científicos sólo pueden pensar en términos del efecto de dilatación temporal que desacelera el tiempo. Los científicos sostienen que no se puede hacer que el tiempo corra hacia atrás. En el mejor de los casos, el tiempo se paraliza. No hay ninguna posibilidad de que podamos ir atrás para visitar a los dinosaurios.

No obstante, las cosas se complican un poco cuando alguien o algo que ha viajado atrás en el tiempo está en posición de afectar el pasado de alguien o incluso su propio pasado. ¿Cómo puede algo retroceder al pasado y afectar a su futuro de tal forma que evite su viaje atrás en el tiempo?

La propuesta más popular planteada por los escritores de ciencia ficción es que, de alguna manera, se nos impide hacer cualquier cosa en el pasado que pueda afectar a nuestro futuro de una forma que no pueda reconciliarse con el viaje en el tiempo. Esta propuesta simplemente contradice la idea misma del viaje atrás en el tiempo. En otras palabras, están proponiendo que "no puedes comer y silbar al mismo tiempo". Pero esto, en esencia, es otra forma de decir que realmente no hemos conseguido hallar ninguna respuesta al problema inicial.

Por supuesto, también existe la idea kabbalística de los universos paralelos. Es la idea en la que una persona puede afectar al futuro, pero acaba en un universo paralelo en el que el futuro es diferente a aquel del cual vino.[224]

Los físicos no se impresionan con la idea de los universos paralelos, a pesar de las fórmulas matemáticas que sugieren el viaje bidireccional en el tiempo.

El problema esencial para el físico-matemático es que este fenómeno desafía nuestras leyes y principios más rígidos de la lógica. Si pudiéramos viajar más rápido que la velocidad de la luz, entonces deberíamos considerar la posibilidad de toparnos con la Fuente de la Juventud. Revertimos el patrón constante del paso del tiempo hacia el pasado y así eliminamos la realidad de que el cosmos está lentamente desintegrándose o que las personas tienen que envejecer. La conclusión sobre la inevitabilidad de la entropía lleva a la humanidad, así como a los científicos, a concluir que *no podemos* aceptar el concepto de que nada se muere o de que no hay un tiempo pasado.

Esta discrepancia es resuelta si aceptamos la realidad de dos universos paralelos. Mientras que los científicos y filósofos discuten sobre la naturaleza del tiempo y cuestionan su realidad misma, la mayoría de nosotros continuamos pensando en el tiempo como la duración de los procesos cotidianos. Pero el tiempo terrenal ha sido bien documentado como tiempo elástico o dilatación temporal. Cuanto más nos acercamos a la velocidad de la luz, más lento va nuestro reloj. Si pudiéramos alcanzar la velocidad de la luz, el tiempo se detendría totalmente.

A la luz de estos extraños efectos, un minuto para algunos será ahora dos minutos para otros que no han alcanzado una cercanía o integración con "una velocidad superior a la de la luz". La teoría de la relatividad de Einstein nos lleva más allá de nuestra experiencia, que es la base del sentido común y la lógica. Pues, ¿cuán lógico es creer que si somos capaces de viajar a la velocidad de la luz regresaríamos antes de nuestra partida?

Si uno pudiera viajar más rápido que la luz, en realidad el tiempo iría hacia atrás. Haríamos un viaje y regresaríamos al día *anterior* a nuestra partida. Esta idea estira los límites de nuestro cerebro y nuestra lógica como una banda elástica. Nuestro razonamiento normal parece desvanecerse ante nuestros ojos. Una teoría con implicaciones tan trascendentales, que va en contra de nuestras experiencias cotidianas, no podría haber llegado nunca a la corriente de pensamiento científico si no hubiera sido verificada frecuentemente en muchos laboratorios.

La relatividad hizo añicos de una vez por todas el punto de vista comúnmente aceptado de un tiempo absoluto. Abrió las puertas a otra realidad con un tiempo flexible que depende totalmente del estado de *movimiento* del observador. La Kabbalah da un paso más y declara que el movimiento físico es sólo la punta del iceberg cuando hablamos de la realidad del tiempo flexible.

El estado de nuestra mente es otra forma más de viajar en el tiempo, en la cual el tiempo se descontrola. Palabras como "más pronto", "más tarde", "ahora" o "simultáneo" son expresiones relativas. Lo que es aquí y ahora para uno, es aquí y allá para otro. Desde la perspectiva de un hombre que llega tarde a una cita importante, el tiempo corre a un ritmo vertiginoso, mientras que desde el punto de vista de otro hombre que llega temprano a la misma cita, el mismo tiempo parece no terminar nunca. La manera en la que se percibe el tiempo depende de la perspectiva desde la cual se observa.

Si el hombre que está retardado para la cita fuese teletransportado súbitamente a su destino, el tiempo se transformaría inmediatamente de un tirano limitante a un sirviente bondadoso, digno de elogios y no de ataques. El tiempo habría juntado a todas las partes en el mismo momento, el mismo lugar y para el mismo encuentro.

Aunque es verdad que la mayoría de nosotros no puede detener la oleada del "tiempo que no se detiene", podemos cambiar nuestra percepción de esta afirmación. Al hacerlo, podemos alterar significativamente la trayectoria de nuestra vida. Imagina el tiempo como un río que va desde el pasado lejano hasta el futuro lejano. Imagina que el flujo del río es controlado por nuestros deseos y necesidades, nuestros estados anímicos y emociones. Cuando nuestros pensamientos son claros, también lo son las aguas del tiempo. Cuando estás agitado, las aguas también están agitadas. Cuando vas con prisa (como el hombre que estaba tarde para su cita), las orillas del río son estrechas y las aguas son rabiones de olas espumosas. Cuando estás tranquilo, las aguas corren frescas y calmadas. Cuando tienes miedo, las aguas son oscuras y amenazantes. Cuando estás en paz, las aguas fluyen claras como el cristal.

¿Cuál es, entonces, la esencia del tiempo? ¿Es un amigo o un enemigo? ¿Es nuestro sirviente, una mera conveniencia por la cual medimos nuestras vidas, o es un tirano que gobierna sobre nosotros con mano de hierro? ¿Lo utilizamos a él o él nos utiliza a nosotros? No hay una sola respuesta. En definitiva, el tiempo es lo que *tú* haces de él.

Con la revolucionaria idea anterior del tiempo respaldándonos, puede que ahora no nos resulte difícil aceptar la versión kabbalística del tiempo y del viaje en el tiempo. Si pudiéramos viajar más rápido que la luz, el tiempo iría hacia atrás. Podríamos ir de viaje y regresar el día anterior a nuestra partida. También podríamos retroceder a los días de nuestra *juventud*. En efecto, hemos encontrado la Fuente de la Juventud, es decir, nuestra *propia* fuente de restauración particular.

El mito en torno a la búsqueda de la Fuente de la Juventud nos ha dejado siempre con la idea de que aparece en algún lugar fuera de nosotros mismos. No obstante, si el tiempo fuera al revés —y los científicos no pueden encontrar ninguna razón por la cual no pueda hacerlo— los muertos resucitarían, los árboles "descrecerían" y los cristales rotos volverían a juntarse. De hecho, los físicos todavía tienen que ponerse de acuerdo en una teoría que explique por qué el tiempo va hacia delante.

Empecemos ahora nuestro viaje atrás en el tiempo en nuestra búsqueda de un futuro mejor. Ir atrás en el tiempo a través de nuestra máquina del tiempo es, en realidad, viajar también hacia el futuro. Puesto que nuestro viaje empieza en este mismo momento, aunque estamos viajando atrás en el tiempo, el viaje seguirá a nuestro momento presente en el tiempo. Por consiguiente, nos estamos moviendo hacia el tiempo en el futuro o, dicho de otra forma, nos estamos moviendo hacia *atrás*, pero en cierto sentido hacia el futuro.

Sin embargo, desde una perspectiva kabbalística, y puedo añadir que también desde un punto de vista científico, todo lo que *ha pasado* en el universo, todo lo que *pasará* y todo lo que *está pasando* en el presente, ha sido inalterablemente determinado desde el primer instante del tiempo. El futuro puede ser incierto para nuestras mentes, pero cada minuto ya está organizado al detalle.

Y es precisamente esta conclusión la que ocasionó las diferencias que existen entre la Kabbalah y las suposiciones todavía no verificadas que la ciencia sigue tan ciegamente. Los científicos han determinado que, por lo tanto, *ninguna decisión o acción humana* puede cambiar el destino de un solo átomo, pues nosotros también somos parte del universo físico. Por muy libres que nos sintamos, según el científico todo lo que hacemos está completamente determinado. Así pues, toda la existencia está encapsulada, congelada en un solo momento. El pasado y el futuro no tienen un significado real. Nada sucede en realidad.

El problema que la ciencia debe reconocer es que, si la flecha del tiempo puede apuntar a cualquier dirección, entonces intentar "desromper" un huevo, rejuvenecer o hacer que un río corra hacia arriba deberían ser una secuencia de acontecimientos reales perfectamente aceptable. Estos acontecimientos *no* tienen lugar porque los procesos físicos que ocurren en nuestro mundo parecen ser irreversibles. Simplemente, no puedes hacer que las cosas vayan al revés. Pero entonces, si las leyes subyacentes que gobiernan la actividad de cada átomo son reversibles, ¿cuál es el origen de la irreversibilidad?

Aun así, la cosmovisión kabbalística sostiene que las decisiones humanas pueden cambiar el destino de un átomo.[225] El mundo físico tal como lo conocemos y vemos se ajusta al principio de la incertidumbre de la ilusión. Este universo existe como el "lugar de reunión" de nuestro universo ilusorio. Es aquí donde el tiempo, el espacio y el movimiento hacen sentir su presencia. Dentro del ámbito de este universo de "incertidumbre" existe la fragmentación del tiempo, en la que los acontecimientos parecen ser irreversibles y volverse más joven simplemente no ocurre.

La necesidad de nuestro universo ilusorio se origina en el *Tsimtsum* original (Big Bang o primera Restricción), nuestro deseo de eliminar el Pan de la Vergüenza, nuestra ambición de tener una participación en el proceso creativo. En el Infinito o el nivel de la realidad, el futuro no existe como una entidad separada. Volverse más joven indica un proceso creativo de reversibilidad. La falacia tras la idea de volver a ser joven es el hecho de que, para empezar, nunca hemos envejecido. Nunca hay un período futuro de edad y, lo que es más, nunca hubo un pasado que nos vio envejecer. La realidad no es otra cosa que el presente, que contiene el nivel supremo de integridad y certeza con los subproductos ilusorios de la incertidumbre, el caos y el deterioro.

Las autoridades médicas nos dicen que el envejecimiento y el deterioro son procesos naturales que son irreversibles. Sin embargo, su conclusión no está basada en ningún dato científico aparte de la realidad física que observamos. Esta opinión contradice las leyes y principios científicos que sostienen la existencia de la reversibilidad. El kabbalista afirma que el aparente proceso de envejecimiento es un ejemplo más del reino ilusorio en el que vivimos.

Regresamos ahora a nuestra pregunta original: "¿Cómo nos volvemos más jóvenes?". O, dicho de otra forma: "¿Cómo mantenemos un estado perfecto de existencia? ¿Cómo capturamos las fases de desarrollo desde la infancia a la adultez sin pagar el precio observable del envejecimiento?".

Como hemos mencionado previamente, el problema de viajar atrás en el tiempo requiere un túnel del tiempo. Por ahora la ciencia está aún explorando las posibilidades, pero todavía sin resultado alguno.

En primer lugar, ¿se menciona en el Zóhar esta idea de viajar atrás en el tiempo? Y, en segundo lugar, ¿qué cápsula del tiempo pone a disposición el Zóhar, si es que pone alguna, para lograr este fenómeno? Antes de proceder a abordar estas preguntas hasta ahora incontestables, debemos reflexionar sobre la maquinaria que genera la Fuerza de Vida que hace que la vida sea posible. Tenemos que empezar planteando las preguntas con cuyas respuestas han estado luchando los científicos durante siglos. Esas respuestas aún permanecen en la oscuridad.

La razón por la cual debemos abordar los misterios de nuestro universo es que las respuestas se ven afectadas por nuestra capacidad para hacer las preguntas. Después de todo, ¿qué vino primero, la pregunta o la respuesta? Puesto que las preguntas preceden a las respuestas, es lógico que dentro de la pregunta ya se halle la respuesta. La semilla siempre incluye aquello que le sigue y evoluciona a partir de sí misma.

Hemos llegado muy lejos en la búsqueda de las ciencias, pero aun con todos nuestros maravillosos descubrimientos no estamos más cerca de controlar nuestro destino. ¿Qué tiene que ver el universo con mi estilo de vida cotidiano? ¿Cómo está relacionada la búsqueda para entender el cosmos con la mejora de mi bienestar mental y físico? Ahora que hemos logrado popularizar la ciencia, ¿qué importancia tiene en mi vida diaria? Aunque ciertos tipos de cirugía son ahora más efectivos debido a la aparición de la tecnología láser, ¿cómo me afecta a mí eso?

Es precisamente en este momento exacto cuando la Kabbalah está despertando interés. La Kabbalah plantea preguntas sobre todas las cosas. Se centra en las ideas que lo explican *todo*, desde antes del *big bang* al poder de la humanidad de controlar el universo y, por consiguiente, de controlar su propio destino.[226]

Sólo por este motivo el Zóhar ha suscitado tanto respeto durante casi dos mil años. Su asombroso poder ha llevado a algunas personas de estar temerosas a profundizar en sus secretos. Tenían miedo de ser lastimadas por su santidad mística porque su pureza espiritual no era suficiente para manejar este asombroso conocimiento. Este miedo, según muchos kabbalistas, estuvo bien fundado hasta mediados del siglo XVI. A partir de ese período, que los kabbalistas consideran el principio de la Era de Acuario, las limitaciones y las prohibiciones en torno al estudio kabbalístico fueron totalmente eliminadas.[227]

En nuestra sociedad, los maestros y los padres todavía practican el mantenerse alejados de la mayoría de preguntas planteadas por el Zóhar. Muchos se encuentran incómodos con los temas planteados por la Kabbalah. En anticipación, tienen miedo de las exigencias y las responsabilidades que puedan imponerse sobre ellos cuando descubran que, ciertamente, existe la posibilidad de obtener un control de calidad en sus vidas. Al mismo tiempo, también hemos sucumbido, aunque incorrectamente, a la computadora que expone tan visiblemente las limitaciones de las capacidades y el entendimiento humano.

El Zóhar es el soplo de aire fresco necesario para despertarnos de nuestro largo y profundo sueño. Einstein le dijo una vez a un entrevistador: "Todo lo que quiero saber es qué *piensa* Dios sobre cómo creó el mundo, pues el resto son sólo detalles". El Zóhar abarca tanto el pensamiento como el razonamiento detrás de todas las cosas, incluyendo los detalles precisos. La teoría principal del universo presentada en el Zóhar es consistente con las observaciones cotidianas.

El Zóhar pone fin a un largo capítulo en la historia de la lucha intelectual de la humanidad para entender el universo. Pero, lo que es más importante, el Zóhar revoluciona nuestra conciencia, mejorando así la calidad de nuestra vida cotidiana.

Acudamos ahora al Zóhar en busca de algunas ideas sobre el viaje en el tiempo y la máquina del tiempo que nos proporciona nuestro viaje de vuelta al pasado, la máquina que puede llevarnos inmediatamente desde un presente desordenado y desorientado a un arreglo ordenado del pasado.

El tiempo se está moviendo a una velocidad cada vez mayor. En un período de tiempo sorprendentemente corto, nos hemos desarrollado de una época de caballos y carruajes a una era de viajes espaciales. ¿A qué podemos atribuir este fenomenal cambio?

Según el Zóhar, *"todos los tesoros celestiales y los misterios ocultos que no fueron revelados a las generaciones sucesivas serán revelados en la Era de Acuario"*.[228] Se indica que la Nueva Era nos proporcionará una comprensión, no sólo de nuestro universo conocido, sino también de aquello que está más allá del rango de observación en el ámbito de lo metafísico, el dominio del no-espacio.

Hoy en día estamos presenciando el inicio de la nueva era de la revelación. Hoy en día, más que ningún otro momento en la historia, la Fuerza de Luz está exigiendo ser revelada.

Igual que la Fuerza de Luz separó a aquellos en el Monte Sinaí de todas las limitaciones de nuestro

mundo terrenal y físicamente expresado, así la
Fuerza de Luz los separará en la Redención Final
(la conclusión de la Era de Acuario).[229]

La interpretación que hace el Zóhar de la Revelación del
Monte Sinaí es que significa una conexión entre la energía
pura y cruda de la Fuerza de Luz y la humanidad. Por lo tanto,
el uso de la palabra "revelación", que significa la Fuerza de Luz
que se revela sin los elementos protectores habituales que
ocultan y proporcionan, y por lo tanto disminuyen y diluyen,
el asombroso poder de la Fuerza de Luz.

Con la eliminación del reino ilusorio y corpóreo de la
existencia, los impedimentos que frenan o enlentecen nuestro
movimiento dejan de existir. En el momento de la Revelación,
la idea de la velocidad de la luz ya no tiene ninguna referencia.
El movimiento es instantáneo una vez que decidimos
conscientemente dónde queremos estar. El espacio, tal como
lo conocemos, no tiene lugar una vez que nuestro reino
ilusorio y físico desaparece. El tiempo, tal como lo conocemos,
sale volando por la ventana, y el pasado, el futuro y el presente
se elevan como una sola unidad con la Fuerza de Luz.

La generación del Éxodo vio incluso todas las
generaciones futuras de la humanidad hasta los días
del Rey Mesías.[230]

Esta sorprendente declaración del Zóhar revela que los
acontecimientos pueden dirigirse no sólo del pasado al futuro,
sino también del futuro al pasado. La Fuerza de Luz, por lo

tanto, es nuestra máquina del tiempo, nuestra entrada a los mundos superiores.

Sólo la Fuerza de Luz es capaz de eliminar la ilusión de la realidad corpórea, revelando un modelo cósmico que es, fue y siempre será intemporal y estará lleno de certeza. Este fue el fenómeno de la Revelación. Cuando Israel cayó bajo la influencia del Becerro de Oro,[231] su conexión con la Fuerza de Luz llegó a su fin. Los israelitas no pudieron hacer más uso del asombroso poder de la Fuerza de Luz y finalmente perecieron en el desierto.

La Revelación fue y es una oportunidad de conectar con las herramientas y los canales adecuados para lograr el estado alterado de conciencia que permitió a Moshé conectar con la Fuerza de Luz. La Fuerza de Luz fue revelada. No había vuelta atrás. El asombroso poder de la Fuerza de Luz era demasiado para que la humanidad pudiera manejarlo en aquel período de tiempo en el cual tuvo lugar la Revelación. La Fuerza de Luz se convirtió en una entidad y un estado de conciencia manifestados en el mundo físico de la realidad.[232]

No obstante, esta vez, después y durante el inicio de la Era de Acuario, a la humanidad se le dio de nuevo la oportunidad de conectar con la Fuerza de Luz. Una vez más, tendremos la oportunidad de experimentar la asombrosa oportunidad de conectar con la Fuerza de Luz. Esta conexión resultará en nuestra capacidad para viajar atrás en el tiempo o, dicho de otra forma, de alcanzar y lograr un estado alterado de conciencia en el cual el pasado y el futuro están aquí ahora, donde nuestra juventud está de nuevo en nosotros, donde nos beneficiaremos de la Fuente de la Juventud, donde la muerte ha sido eliminada como una parte física de nuestro panorama.

El viaje en el tiempo o viajar a la velocidad de la luz no era una experiencia poco común para los kabbalistas en el pasado.[233] El problema fundamental al que se enfrentan los científicos actualmente está en la propulsión inadecuada para viajar alcanzando o excediendo la velocidad de la luz. El Zóhar no considera los problemas que supone *acercarse* a la velocidad de la luz como el único obstáculo que impide el logro de viajar a velocidades superiores a la luz. La solución no está en producir una propulsión eficiente que se acerque a la velocidad de la luz y trascienda la barrera de la luz, sino más bien en simplemente *eliminar la barrera misma*.

Por muy inquietante que esto pueda sonar, todo está en perfecta armonía con las ideas de la nueva era referentes a las leyes del tiempo y el espacio.[234] Asombrosamente, el Zóhar presenta un plan que proporcionará al hombre la capacidad de convertir todo el sistema solar, incluyendo el planeta Tierra, en un jardín humano. Esta idea no es menos increíble que el efecto del avión, que una vez convirtió los grandes océanos del mundo en poco más que una laguna.

La respuesta, tal como afirma el Zóhar con claridad y simpleza, es que la *eliminación de la barrera de la luz* depende completamente de la *eliminación de la barrera de la humanidad*, representada por el odio y la intolerancia entre los humanos. Esta hazaña de vencer los obstáculos del viaje espacial y la barrera de la luz fue claramente demostrada por el Profeta Eliyahu y Pinjás, quienes eran en realidad la misma persona.[235] Ambos sabían y entendían dónde buscar en el brumoso bosque de barreras de luz y, por lo tanto, sabían cómo diseccionar la anatomía de un vuelo interestelar.

La eliminación de las barreras físicas depende completamente de nuestra capacidad para eliminar nuestras barreras metafísicas de intolerancia y odio. Sin embargo, hasta que llegue el momento en el que toda la humanidad reconozca la necesidad de eliminar este obstáculo, esos individuos, cuyo carácter y modo de vida inherentes están relacionados con el concepto de "ama a tu prójimo como a ti mismo", deben y pueden valerse de la oportunidad de conectar con el asombroso poder de la Fuerza de Luz revelada en el Monte Sinaí.

Acudamos entonces a la revelación zohárica del viaje en el tiempo y la máquina del tiempo necesaria para eliminar la barrera de la luz. Pero antes de empezar, permítame explicar lo que significa realmente la eliminación de la barrera de la luz. Puede compararse con el proceso de cavar un túnel, en el cual la excavación se logra a través de un mecanismo que desintegra y vaporiza la tierra y las piedras, permitiendo así que el túnel esté completado en el poco tiempo que le toma a esta excavadora ir desde un extremo del túnel al otro.

El mismo principio se aplica a la máquina del tiempo zohárica. Al vaporizar la barrera de luz, que es la sustancia derivada del Deseo de Recibir para Sí Mismo, los conceptos de velocidad, movimiento y espacio desaparecen. Esta es la misma situación con la que se encuentra el astronauta cuando está en el espacio exterior. La barrera que experimentamos aquí en la Tierra —algunos se refieren a ella como fricción—

es más densa y concentrada que la barrera del espacio exterior. Por consiguiente, el astronauta puede viajar a velocidades de más de 38.000 kilómetros por hora. Aun así, esta velocidad sigue siendo inferior a la de la luz, puesto que la barrera de la luz, si bien menos que en la Tierra, también existe en el espacio exterior.

Sin embargo, con la máquina del tiempo zohárica, la esencia y el nivel de la barrera de la luz (fricción o Deseo de Recibir para Sí Mismo) es colapsado y vaporizado. Consecuente con el espacio-tiempo continuo, la ilusión del espacio y el tiempo se vuelve inexistente. La separación de una persona que vive en Estados Unidos y otra persona que vive en China se mide por espacio o la distancia que hay entre ellos o el tiempo que tarda en viajar entre los dos puntos. No obstante, el tiempo y el espacio son medidas ilusorias de pautas. Así pues, una vez que nuestra máquina del tiempo vaporizadora actúa sobre la barrera de la luz, la distancia y el tiempo tal como los conocemos no existen. Estamos instantáneamente en dos lugares al mismo tiempo. Hemos logrado estar en el pasado, de igual manera que estamos en el presente. De hecho, el pasado ya es para nosotros el presente, indistinguibles e indiferenciables.

> Y cuando el Rollo se lleve al altar para su lectura en Shabat, les incumbe a todos los presentes prepararse con respeto, miedo, temblores y sudores. Y meditar en sus corazones como si estuvieran ahora parados en el Monte Sinaí para recibir el Rollo de la Torá.[236]

Este pasaje del Zóhar nos confirma y nos muestra que el tiempo es simétrico. Igual que las ecuaciones de las ciencias físicas expresan el tiempo como simétrico (lo cual significa que las ecuaciones funcionan tanto en una dirección temporal como en la otra), el Zóhar no encuentra dificultad en declarar las condiciones que se requieren para viajar atrás en el tiempo. Tal como hemos mencionado, el tiempo invertido significa regresar a la Revelación en el Monte Sinaí, donde la Fuerza de Luz se expresó de forma manifestada.

Los prerrequisitos estipulados en el Zóhar son muy similares a los de las películas de ficción (que pronto se convertirán en no ficción), que retratan a individuos que viajan atrás en el tiempo en una máquina del tiempo, temblando, sudando y llenos de temor. El intenso estrés no puede evitarse durante los vuelos al espacio y los de regreso a la Tierra. Las fuertes vibraciones y las fuerzas de la aceleración rápida empiezan el viaje con una intensa presión. Estas son las mismas condiciones idénticas mencionadas en el Zóhar.

Con respecto al factor de la velocidad de la luz, si, tal como el Zóhar sugiere, debemos prepararnos para un vuelo de regreso al Monte Sinaí, donde tuvo lugar la Revelación, entonces en cuestión de segundos habremos viajado unos 3.300 años aproximadamente, yendo a una velocidad superior a la de la luz. Una vez que hemos alcanzado velocidades superiores a la de la luz, la ciencia está de acuerdo en que podemos viajar atrás en el tiempo. Ciertamente, hemos logrado el fenómeno de viajar a una velocidad superior a la de la luz. Habiendo logrado esta hazaña, nos volvemos ahora los receptores de todos los beneficios que el viaje atrás en el tiempo tiene en reserva para nosotros.

El explorador en la novela de H. G. Wells, *La máquina del tiempo*, construye un aparato que se mueve a través del tiempo, pero permanece en el mismo lugar. Desde un punto de vista científico, ningún fenómeno temporal conocido puede hacer eso. En la comprensión científica de la reversión temporal hay un cambio de posición, así como un cambio en el punto del tiempo. El viaje en el tiempo para el científico significa trascender esa sensación limitada de viaje temporal, ya sea hacia delante o hacia atrás en el tiempo. En ambos casos, un objeto sería transportado fuera del marco de la luz a una región que no está ni aquí ni ahora, ni en el pasado ni en el futuro. El viaje en el tiempo, en un sentido práctico, es todavía elusivo, y el tiempo parece estar todavía atrapado dentro de la barrera de la luz.

La novela de Wells, *La máquina del tiempo*, era esencialmente de naturaleza ficticia. Sin embargo, también lo son muchos otros cuentos de ficción que acabaron captando la atención de nuestros colegas físicos. Una sensación generalizada entre los cosmólogos es que, a menos que unos seres muy avanzados hayan hecho ya una máquina del tiempo, no vamos a regresar en el tiempo a visitar a los dinosauros. Lo que es obviamente más perturbador es que quienquiera que construya la máquina del tiempo podría causar muchas maldades. Esta máquina podría enturbiar todo el mundo de la física.

Pero las máquinas del tiempo, o los agujeros del tiempo, tal como algunos cosmólogos gustan llamarlas, han atraído siempre la atención y han deleitado al público hambriento de ciencia ficción. "Volver al futuro" ha atraído demasiada atención fuera del mundo minoritario de los cosmólogos y los astrofísicos. A los científicos les parece muy irritante porque, si el viaje en el tiempo es posible, ¿cómo puedes evitar violar la causalidad? O, dicho más drásticamente: "¿Qué pasaría si alguien regresara en el tiempo y matara a su propia abuela?".

El problema está aquí para quedarse y nunca desaparecerá. Los físicos no están incómodos con el concepto de viajar atrás en el tiempo. Richard P. Feynman, un célebre Premio Nobel y profesor de física teórica en el Instituto de Tecnología de California en Estados Unidos, mostró una vez que los positrones, la antimateria equivalente de los electrones, podían considerarse electrones que están moviéndose atrás en el tiempo. Los kabbalistas no tienen problemas en lidiar con este nuevo fenómeno, que fue previamente explicado por la idea de los universos paralelos.

Hay una historia sobre Rav Yitsjak Luria (el Arí) que cuenta que él deseaba estar en Jerusalén para Shabat y tardó unos minutos en llegar a Jerusalén desde Safed, que está a unos 321 kilómetros. Para leer esta historia uno puede pensar que el tiempo en este contexto es una ilusión, pero aprendemos que cuando uno está por encima de la gravedad de la Tierra, el tiempo en sí mismo cambia. Hay muchas historias en el Zóhar en las que nuestros sabios viajan de un lugar a otro, y ellos prácticamente ilustran el tiempo como una variable.[237] El Zóhar presenta la idea de viajar en el tiempo *permaneciendo en el mismo sitio*. El cuerpo físico de aquellos que están presentes en la sinagoga para la lectura de la Torá en Shabat *no* trasciende a otro ámbito o región. El cuerpo *permanece* en el mismo sitio, que es la misma idea presentada por Wells. Quién sabe si pudo haber estado familiarizado con el Zóhar.

Según el Zóhar, lo que es necesario es que el resto del ser humano, el 99 por ciento de nosotros, nuestras almas, el segmento de realidad de todos los seres humanos, trascienda y se eleve al reino de la realidad verdadera. ¿Cómo logramos esta transformación? Transformando nuestro Deseo de Recibir para Sí Mismo en Deseo de Compartir.[238]

Los científicos ven el *tiempo*, y lo que éste significa, de la misma forma que nosotros lo *consideramos*. El tiempo objetivo ha desaparecido. Se ha ido en la misma dirección que todos los principios científicos obsoletos. El tiempo ha mostrado las limitaciones inherentes de la ciencia. Y lo ha hecho llevándonos desde el mundo material que una vez fue tan importante, el mundo que pertenece a la experiencia humana, hasta el lejano cartel indicador que señala la realidad verdadera de la existencia. Las señales apuntan al mundo que está por encima del mundo físico, el mundo de la conciencia, el mundo que en Génesis se denomina el Árbol de la Vida.[239]

La conciencia del Árbol de la Vida es el reino de la conciencia pura. El mundo de la ilusión, la fragmentación, el espacio y el tiempo no tiene lugar dentro de la conciencia del Árbol de la Vida. La conciencia del Árbol del Conocimiento es donde experimentamos el caos, el deterioro y el desorden. Una vez que experimentamos la realidad verdadera del Árbol de la Vida, hemos eliminado la ilusión del tiempo. De una vez que hemos accedido y hemos llegado a todos los lugares del universo donde el pasado, el futuro y el presente son uno con la Fuerza de Luz. Por lo tanto, permanecemos en el mismo sitio.

Cuando el tiempo deja de ser un parámetro, empezamos a disfrutar los frutos de la certeza y el orden. Dentro del reino del Árbol de la Vida el espacio no existe, y es similar a la ilusión del tiempo. El continuo espacio-tiempo, desarrollado por Einstein, sostenía simplemente que ya no se podía medir el tiempo a través del factor del espacio o el tiempo. Tanto el espacio como el tiempo dejaban de ser objetivos. Ambos eran verdaderamente ilusorios, excepto que todavía se nos lleva a pensar que el espacio y el tiempo son mediciones objetivas cuantificables.

El Zóhar[240] demuestra sorprendentemente su postura sobre el tiempo y el concepto de la velocidad de la luz. Sostiene que el espacio pertenece al reino ilusorio del Árbol del Conocimiento, donde la realidad verdadera está contenida dentro del entorno ilusorio de la experiencia de vida:

> *"Tomó una de las piedras del lugar, la puso de cabecera y se acostó en aquel lugar... la tierra en la que estás acostado te la daré a ti".[241] Rav Yitsjak dijo: El versículo nos enseña que toda la tierra de Israel estaba condensada y encogida en el tamaño del cuerpo de Yaakov. De ahí la posibilidad de que Yaakov estuviera acostado sobre toda la tierra, significando la tierra de Israel.*

Dos grandes revoluciones dieron lugar a la nueva física: la teoría de la relatividad de Einstein y la teoría cuántica. La primera baja que ocasionaron estas teorías fue la creencia de que el tiempo es universal y absoluto. Lo que demostró Einstein es que el tiempo es en realidad elástico y puede estirarse y encogerse por el movimiento. La segunda baja que ocasionaron estas teorías es que el espacio también es elástico. Pocas personas se atreverían a soñar con la posibilidad de que lo que hoy son 30 centímetros mañana puedan ser 60 centímetros, o que esos mismos 30 centímetros de hoy puedan ser 45 centímetros mañana. Sin embargo, la teoría de la relatividad no sólo asevera que las distancias no tienen una dimensión fija y absoluta, sino que también sugiere experimentos para verificar estas discrepancias.

Todos damos por sentado que nosotros y todas las cosas materiales tenemos que estar en algún lugar en el espacio. Cuando los físicos empezaron a explorar la idea de la localización a la luz de la física cuántica, quedaron conmocionados al descubrir que la idea misma no tiene sentido. La base de este dilema es una regla fundamental, conocida como el principio de incertidumbre establecido por Heisenberg, el físico alemán contemporáneo. Él puso en primer plano la idea de que las cosas pueden estar en todos los lugares al mismo tiempo: no hay espacio, tal como determina el Zóhar. La actividad en el espacio puede que sea lanzada por la borda.

Siguiendo los pasos de la declaración del Zóhar de que el espacio es ciertamente ilusorio, recuerdo haber intentado un experimento con un grupo de 150 personas. Íbamos a ir caminando a un lugar que estaba a unos 45 minutos. El camino que íbamos a tomar tenía muy poco o nada de tráfico.

Sugerí que todos bajáramos la mirada y visualizáramos el camino pasando bajo nuestros pies, en lugar de ver los pies caminando por encima y a lo largo del camino.

Inmediatamente, todos tuvieron una especie de sensación de permanecer en el mismo sitio, y de que el camino se *movía* bajo nuestros pies. El paseo de 45 minutos no los sentimos conscientemente como si hubiéramos caminado durante tanto tiempo. La mayoría de nosotros no experimentó ningún tipo de movimiento.

El problema al que todos debemos enfrentarnos es la desacertada programación que ha llegado a formar parte de nuestro estilo de vida. La ciencia ha seguido cómodamente los pasos del entrenado y organizado sentido común. Todos sus conceptos estaban firmemente enraizados en el mundo del sentido común de nuestra experiencia cotidiana. El tiempo era tiempo tal como lo percibíamos, y el espacio era el enemigo a vencer para llegar a donde queríamos ir. Las nuevas revelaciones de la física fueron colocadas sobre unos cimientos firmes. Y aunque los nuevos fenómenos expandían la ciencia más allá del reino de la percepción humana directa, estos fenómenos estaban formulados como simples extensiones de ideas y objetos ya conocidos para nosotros.

La nueva era de la física hizo su aparición a principios de los años cincuenta. Las cómodas ideas sobre la realidad que habían sobrevivido durante siglos fueron liquidadas. Muchas preciadas creencias y asunciones que no habían sido cuestionadas fueron destruidas. De repente, el mundo fue revelado como un lugar raro e incierto. El sentido común se convirtió en un guía poco fiable. Los físicos fueron forzados a replantearse su concepción de la realidad. Y lo que es más importante, sus conceptos y nuevas ideas no tenían un equivalente directo en la experiencia humana.

La vieja perspectiva de un universo mecanicista y racional colapsó en el olvido, para ser reemplazada por un mundo metafísico de paradoja e incertidumbre. Lo esencialmente erróneo en las conclusiones de los físicos era que la premisa inicial de la física newtoniana empezaba con un defecto: no había logrado considerar que habitualmente experimentamos y vivimos en un mundo de ilusión, en lugar de, tal como afirmaba Isaac Newton, un universo sujeto a las leyes rígidas de causa y efecto. El concepto de la naturaleza ilusoria de la existencia material fue expresado en el Zóhar y conocido por los kabbalistas mucho antes de que la física newtoniana hiciera su aparición en la corriente de la experiencia humana.

De hecho, cuando el extraño funcionamiento del micro mundo reemplazó al universo mecanicista, el espacio y el tiempo fueron arrojados al ámbito de la metafísica. El espacio y el tiempo eran para la experiencia humana como el aire y la sangre son para la existencia humana. En primer lugar, ahora el problema era: "¿Cómo nos enfrentamos a una realidad que parece oponerse a nuestras ideas preconcebidas y racionales sobre cómo esperamos que actúe el mundo?". En segundo lugar, ahora la pregunta fundamental para los físicos y las personas comunes era: "¿Cómo volvemos a entrenar nuestro pensamiento después de que nos hayan dicho durante siglos que no hay otra realidad que la física, la cual solemos entender?". El espacio y el tiempo nunca ejercieron ni ejercen ahora la influencia que nuestro cerebro programado fue condicionado para creer.

Todo apunta hacia una realidad de la conciencia en lugar de una realidad física. Pero algunos fenómenos parecen tan difíciles de creer o imaginar que hasta los físicos modernos contemporáneos se niegan a aceptarlos, ya sea desde un punto de vista personal o profesional. Después de todo, ellos también son humanos y sus propias experiencias del espacio y el tiempo no son consistentes con las afirmaciones de la física moderna. El mismo Einstein encontró estas ideas difíciles de aceptar, aunque su teoría de la relatividad general despejó el camino para la nueva física.

Pero, de nuevo, si las personas comunes fuéramos plenamente conscientes del dilema al que se enfrenta el científico, estaríamos indignados exigiendo saber por qué se dedica tanto dinero e investigación a un tema en el que ellos mismos no creen. ¿Cómo pueden estos científicos continuar su investigación con una conciencia tranquila cuando el sentido común se ha desmoronado ante la nueva física? Resulta que los científicos no son tan claros como nos han hecho creer.

Los científicos continúan arrullándonos afirmando que las leyes de Newton siguen siendo válidas para la mayoría de fenómenos cotidianos. En esencia, lo erróneo de esta actitud es que nos deja atascados en nuestro nefasto historial de lucha, enfermedad, miseria y una constante guerra global.

La Kabbalah sostiene que no necesitamos seguir siendo marionetas en manos de los principios de incertidumbre. Tenemos la posibilidad y la responsabilidad de recuperar el control de nuestro destino. Después de miles de años, todavía nos encontramos en una trayectoria de colisión con la certeza, el orden y la felicidad. Ahora estamos siendo programados para creer que los científicos pueden lograr una sociedad mejor en la que vivir. Por ahora, han fracasado estrepitosamente. Después de todos nuestros grandes logros, todavía no podemos predecir qué nos reserva el mañana.

El Zóhar nos advierte que hay un nivel superior de la existencia en el que reina la cordura y el orden.

A través del estudio de la Kabbalah, los principios expuestos por el Zóhar son ahora accesibles para todos. Podemos conectar verdaderamente con el mundo de la certeza y el orden, y dejar atrás el mundo ilusorio de caos y desorden. El Zóhar nos lleva hacia formas de gran simplicidad y belleza que todavía no hemos encontrado. Sus enseñanzas revelan un aspecto genuino de la naturaleza. Su completitud y su escalofriante claridad nos hacen preguntarnos por qué no hemos pensado antes sobre esto. No podemos evitar pensar que debe ser cierto. Su imaginación creativa puede producir una teoría, tan cautivadora en su elegancia, que nos convencemos de su verdad antes de que sea sometida a pruebas experimentales.

Lo que este libro y el Zóhar nos hacen entender es que tenemos un universo ordenado a nuestro alrededor, pero antes de que podamos seguir adelante y tener acceso a este universo, debemos primero deshacernos de la creencia de que somos seres humanos desamparados a bordo de un barco sin timón en un mar de tormenta. Podemos y debemos afirmarnos a nosotros mismos que nosotros, y sólo nosotros, dominaremos el futuro curso de nuestras experiencias de vida. La vida no es un juego de azar. El azar es una ilusión.

Y ahora nuestro tema final, la Máquina del Tiempo. Aquí también debemos acudir al maestro Kabbalista Rav Shimón bar Yojái para que nos dé instrucciones.

Si el tiempo y el espacio ya no están bien definidos en el dominio cuántico, conocido en la terminología kabbalística como la conciencia del Árbol de la Vida, no debe sorprendernos que los kabbalistas como Rav Shimón bar Yojái, Rav Yitsjak Luria y otros vencieran las diferencias y la fragmentación artificiales que plagan la experiencia humana.

Esto no fue meramente un ejercicio de "mentalización" para vencer las nociones del espacio y el tiempo. Para el kabbalista, el código cósmico de la Biblia proporcionó un método a través del cual la humanidad podía alterar y cambiar las experiencias de vida relacionadas con el caos, desorden e incertidumbre, conocidas como el universo del Árbol del Conocimiento. El Árbol del Conocimiento incluye todo tipo de barreras, ya sean físicas, emocionales, psicológicas o imaginarias. Todas estas barreras, referidas por algunos como fricción, fueron colocadas en el dominio del Árbol del Conocimiento para impedir que obtengamos todo a cambio de nada. De nosotros se requiere que eliminemos estas barreras, que los kabbalistas llaman el concepto del Pan de la Vergüenza.[242]

Un desafío crucial para las barreras del espacio y el tiempo es la naturaleza paradójica de la resistencia.[243] Para el kabbalista, cuyo carácter esencial e interno consiste en un estilo de vida que incluye la Restricción en cada aspecto de la vida terrenal cotidiana, el salto cuántico o "cavar un túnel" a través de las barreras de nuestro mundo físico es tan fácil como cruzar una carretera desierta.

Tomar la Máquina del Tiempo requiere las preparaciones y precauciones necesarias que un astronauta tomaría antes de embarcarse en un vuelo espacial. El Zóhar afirma que estas medidas preparatorias son las prohibiciones que la Biblia colocó sobre el hombre y que le ayudan en su intento de alcanzar una complementación total de la resistencia o Restricción. Cuando el hombre está preparado, tomar la Máquina del Tiempo es "pan comido", y el hombre disfruta de todos los placeres y sensaciones del viaje en el tiempo.

Ahora puede que se pregunte: "¿Por qué estoy tardando tanto en decirlo? ¿Por qué lo he mantenido en tanto suspenso para develar qué es la Máquina del Tiempo a la que se refiere el Zóhar?". En primer lugar, si ha llegado hasta aquí es porque ha experimentado la sensación de Restricción. En segundo lugar, la Máquina del Tiempo no puede funcionar ni funciona para aquellos que están buscando obtener algo a cambio de nada. Cuanto más pronto reconozcamos que nuestro mundo no es un universo gratuito, más probabilidades tendremos de éxito con nuestra Máquina del Tiempo.

Rav Shimón dijo: Cuando el Rollo se saca del Arca
con el propósito de leerlo públicamente, las Puertas

del Cielo de Rajamim[244] se abrirán, iniciando y despertando el Amor de Arriba (el Todo Unificado que todo lo Abarca) y luego el hombre deberá decir lo siguiente: Berij Sheméi...[245]

La oración de *Berij Sheméi* es la Máquina del Tiempo zohárica. Aunque puede que nunca podamos experimentar con la Máquina del Tiempo directamente, podemos apelar a nuestra conciencia interna, y finalmente a nuestra conciencia corporal física, para determinar cómo nos sentimos y si experimentamos la construcción del túnel a través de la barrera del tiempo y el espacio.

La nueva física continúa proporcionando innovadoras comprensiones sobre el funcionamiento del universo, en el cual la naturaleza parece engañarnos. Una de las formas en que lo hace es utilizando el truco de la barrera. Imagina que arrojas una piedra a una ventana sólo para descubrir que atraviesa el cristal y aparece en el otro lado, dejando la ventana intacta. No obstante, este tipo de trucos es precisamente lo que los electrones parecen hacer. En efecto, parece que forman un túnel a través de la infranqueable barrera.

La Kabbalah devuelve la mente a una posición central en nuestro universo. Cuando construimos un túnel a través del espacio-tiempo y viajamos a la velocidad de la luz hacia la Revelación y conectamos con ella, logramos lo máximo: el universo del Árbol de la Vida se despliega ante nuestros ojos.

Sostengo que los pensamientos presentados aquí son revolucionarios. Aceptar estas ideas aparentemente extravagantes desafía nuestra imaginación. La historia nos ha mostrado que la verdad siempre acaba siendo más maravillosa que cualquier cosa que podemos imaginar. Este universo parece estar lleno de actividad. Para el kabbalista, los fenómenos violentos son simplemente expresiones de la violencia humana. El bien y el mal son aplicables al universo del Árbol del Conocimiento del Bien y del Mal. Sin embargo, el viaje kabbalístico puede prepararnos para la entrada al reino de la conciencia del Árbol de la Vida, donde el caos y el desorden serán reconocidos por lo que son: una ilusión.

La Kabbalah nos enseña la forma de apartarnos del ciclo espiritualmente empobrecedor de la negatividad, la lucha, el fracaso y la derrota final.

La Kabbalah nos lleva a un estado mental en el que estamos conectados con el continuo infinito, donde el tiempo, el espacio y el movimiento están unificados, donde el pasado, el presente y el futuro están entrelazados, donde todo el mundo y todas las cosas están interconectadas; donde *antes* es *ahora*, y *todo es el poder del uno.*

REFERENCIAS

INTRODUCCIÓN

1. *El poder del Álef Bet*, Vol. I, Berg, págs. 29-38
2. *Kabbalah for the layman* (Iniciación a la Kabbalah), Vol. III, Berg, págs. 35-37
3. *Kabbalah for the layman* (Iniciación a la Kabbalah), Vol. III, Berg, págs. 35-44
4. Zóhar, Lej Lejá 30:322
5. Zóhar, Bo 13:203-204

CAPÍTULO 1 ATAQUE CÓSMICO

6. Zóhar II, pág. 171b
7. Zóhar I, pág. 53a
8. *El crecimiento moderno de la población*, Thomas McKeown, San Diego, Academic Press, 1976
9. Haggerty, 1979
10. Éxodo 21:19
11. *An Entrance to the Tree of Life* (Una entrada al Árbol de la Vida), Rav Yehuda Áshlag, ed. Berg, págs. 54-58
12. *Kabbalah for the layman* (Iniciación a la Kabbalah), Vol. I, Berg, pág. 73
13. *Kabbalah for the layman* (Iniciación a la Kabbalah), Vol. III, Berg, págs. 100-101
14. *Kabbalah for the layman* (Iniciación a la Kabbalah), Vol. III, Berg, págs. 100-101
15. *Kabbalah for the layman* (Iniciación a la Kabbalah), Vol. I, Berg, pág. 93

16. Números 24:3
17. Números 24:2
18. Zóhar, Nóaj 26:197-199
19. Zóhar, Tetsavé 2:31
20. *Time Zones* (Zonas del tiempo), Berg, Parte III
21. *Ruedas del alma*, Berg, págs. 78-81
22. *El poder del Álef Bet*, Vol. I, págs. 65-89
23. *Kabbalah for the layman* (Iniciación a la Kabbalah), Vol. II, Berg, pág. 31
24. *El poder del Álef Bet*, Vol. II, Berg, págs. 33-35
25. *El poder del Álef Bet*, Vol. I, Berg, págs. 123-128
26. Talmud de Jerusalén, Tratado Shabat, pág. 14b
27. Números 24
28. *Escritos del Arí*, Rav Yitsjak Luria, Vol. 6, Puerta de las Introducciones, Centro de Investigación de Kabbalah, Sección 2, pág. 31
29. Levítico 12-13; *La conexión kabbalística*, Berg, pág. 142
30. Levítico 16:21
31. Proverbios 22:9
32. Zóhar, Ajarei Mot 20:124-128
33. Zóhar I, pág. 165b
34. Zóhar, Beshalaj 10:114 y 118-120
35. Levítico 19:14
36. Zóhar II, pág. 9b
37. *El poder del Álef Bet*, Vol. I, Berg, págs. 120-121
38. *Kabbalah for the layman* (Iniciación a la Kabbalah), Vol. III, Berg, págs. 148-149
39. *El poder del Álef Bet*, Vol. I, Berg, págs. 25-28
40. Zóhar III, pág. 58a

CAPÍTULO 2 LA CONEXIÓN MENTE-CUERPO

41. *Escritos del Arí*, Rav Yitsjak Luria, Vol. 12, Puerta del Espíritu Santo, Centro de Investigación de Kabbalah, ed., pág. 39

42. *Kabbalah for the layman* (Iniciación a la Kabbalah), Vol. II, Berg, págs. 162-164

43. *Kabbalah for the layman* (Iniciación a la Kabbalah), Vol. I, Berg

44. Zóhar III, pág. 58a

45. *The Mysterious Universe* (El universo misterioso), James Jeans, AMS Press Reimpresión de la edición de 1933, pág. 137

46. *Time Zones* (Zonas del tiempo), Parte III, Berg

47. *Kabbalah for the layman* (Iniciación a la Kabbalah), Vol. II, Berg, págs. 132-135

48. *Kabbalah for the layman* (Iniciación a la Kabbalah), Vol. II págs. 173-178

49. Zóhar Tazría 27:144-147, 28:150-153

50. Levítico 14:34

51. Rashi, Éxodo, Cap. 35

52. Job 5:24

53. Reyes II, 17:26

54. Levítico 14:45

55. Éxodo 21:1

56. Zóhar, Mishpatim 1:1, 2:2

57. *Kabbalah for the Layman* (Iniciación a la Kabbalah), Vol. I, Berg, págs. 86-88

58. Zóhar II, pág. 7a-8a

59. Clase de Rosh Hashaná, Berg

60. *Escritos del Arí*, Rav Yitsjak Luria, La Puerta de las Reencarnaciones, Vol.13, 1989 ed. Centro de Investigación de Kabbalah

61. Zóhar *Jadash*, Vol.20, 1988 ed., pág. 70, columna 4

62. Jeremías, 31:33

63. Zóhar III, pág. 124b

64. Zóhar, Vayikrá 59:387-388

65. Isaías 11:9

66. Zóhar, Emor 24:129

67. Génesis 6

68. Génesis 6:6

69. Génesis 11

70. Génesis 11:5

71. Zóhar I, pág.75a; Midrash Rabá Génesis, 38

72. Génesis 19

73. Génesis 13:13

74. *Escritos del Arí*, Rav Yitsjak Luria, Puerta de los Versículos, Vol.8, 1989 ed., págs. 101-103, Centro de Investigación de Kabbalah

75. Talmud Babilónico, Tratado Guitín, 47a

76. *Kabbalah for the Layman* (Iniciación a la Kabbalah), Vol. III, Berg, págs. 74-76

CAPÍTULO 3 LA MIOPÍA HUMANA

77. Zóhar, Shemot 15:96-112, 136-145

78. Isaías 2:19

79. Isaías 26:13

80. *El poder del Álef Bet*, Vol. I, Berg, Cap.2

81. Zóhar, Vaerá 15:117-121

82. Éxodo 7:12
83. *Kabbalah for the Layman* (Iniciación a la Kabbalah), Vol. I, Berg, págs. 101-103
84. *El poder del Álef Bet*, Vol. II, Berg, págs. 33-35
85. Zóhar II, pág. 26b
86. Génesis 2:9
87. Génesis 3:6,11
88. *La conexión kabbalística*, Berg, págs. 117-119
89. Génesis 3:7
90. Zóhar, Vaerá 15:128-129
91. Éxodo 7:19
92. Éxodo 7:20
93. Isaías 34:6
94. Zóhar, Vaerá 15:130-131
95. *La conexión kabbalística*, Berg, págs. 96-100
96. *El poder del Álef Bet*, Vol. I, págs. 102-103
97. Zóhar II, pág. 76
98. *La conexión kabbalística*, Berg, págs. 142-146
99. Isaías 34:6
100. Zóhar II, pág. 28b
101. Daniel 12:10
102. *El poder del Álef Bet*, Vol. I, Berg, págs. 158-160
103. Daniel 12:3
104. Zóhar III, pág. 124b
105. Esther 2:1-21
106. Zóhar, Emor 24:129
107. *La conexión kabbalística*, Berg, págs. 117-119
108. Isaías 65:22
109. Éxodo 32:4
110. Zóhar, Bereshit A 52:482

CAPÍTULO 4 FISIÓN O FUSIÓN

111. *Kabbalah for the Layman* (Iniciación a la Kabbalah), Berg, Vol. II, págs. 154-159
112. *Original Papers in Quantum Physics* (Artículos originales sobre física cuántica), Max Planck, London, Taylor and Francis, 1972
113. Zóhar III, pág. 99b
114. *El poder del Álef Bet*, Vol. I, Berg, págs. 107-108
115. *El poder del Álef Bet*, Vol. II, págs. 44-47
116. Zóhar, Behar 8:52-57
117. Levítico 25:20
118. Salmos 37:3
119. *Astrology: Star Connection* (La conexión astral), Berg, págs. 113-114
120. Éxodo 16:29
121. Zóhar, Vayerá 32:460
122. Éxodo 7:1-3
123. *Kabbalah for the Layman* (Iniciación a la Kabbalah), Vol. II, Berg, págs. 119-120
124. Zóhar I, pág. 193b
125. *Kabbalah for the Layman* (Iniciación a la Kabbalah), Vol. I, Berg, págs. 78-80
126. Zóhar, Parashat Pinjás, Vol. I, págs. xl-xliii

CAPÍTULO 5 ESTRÉS

127. *Time Zones* (Zonas del tiempo), Berg, pág. 40
128. Génesis 4:1
129. Zóhar, Bereshit B 60

130. *Astrology: Star Connection* (La conexión astral), Berg, págs. 148, 152

131. *El poder del Álef Bet*, Vol. I, Berg, págs. 216-218

132. *El poder del Álef Bet*, Vol. II, Berg, págs. 164-166

133. Zóhar, Shemot 15:96-97

134. Zacarías 13:9

135. Zóhar, Idrá Rabá 9:65

136. Jeremías 31:33

137. Zóhar, Idrá Rabá 9:65

138. Isaías 11:9

139. *Kabbalah for the Layman* (Iniciación a la Kabbalah), Vol. I, Berg, págs. 78-80

140. *Kabbalah for the Layman* (Iniciación a la Kabbalah), Vol. III, Berg, págs. 141-144

141. *Kabbalah for the Layman* (Iniciación a la Kabbalah), Vol. III, Berg, págs. 175-178

142. *Kabbalah for the Layman* (Iniciación a la Kabbalah), Vol. I, Berg, págs. 85-86

143. *La conexión kabbalística*, Berg, págs. 96-98

CAPÍTULO 6 EL MUNDO EXTERIOR Y EL MUNDO INTERIOR DEL HOMBRE

144. *La conexión kabbalística*, Berg, pág.77

145. *Astrology: Star Connection* (La conexión astral), Berg, págs. 19-20

146. *Zohar* I, p.134b

147. Salmos 19:2-3

148. *Kabbalah for the Layman* (Iniciación a la Kabbalah), Vol. I, Berg, págs. 102-108

149. *El poder del Álef Bet*, Vol. I, Berg, págs. 71-72

150. *Séfer Yetsirá* (*El Libro de la Formación*), Yeshivat Kol Yehuda Press, Jerusalén, 1990

151. *Ruedas del alma*, Berg, págs. 110-112

152. Zóhar, Tazría 33:169-175

153. Jeremías 22:13

154. *Kabbalah for the Layman* (Iniciación a la Kabbalah), Vol. III, págs. 148-149

155. *Ruedas del alma*, Berg, págs. 153-154

156. *Kabbalah for the Layman* (Iniciación a la Kabbalah), Vol. II, Berg, págs. 149-151

157. *Kabbalah for the Layman* (Iniciación a la Kabbalah), Vol. III, Berg, págs. 162-164

158. *Kabbalah for the Layman* (Iniciación a la Kabbalah), Vol. II, Berg, págs. 70-74

159. *Las Diez Emanaciones Luminosas*, Vol. III, Rav Áshlag, Ed. Heb., Centro de Investigación de Kabbalah

160. *Kabbalah for the Layman* (Iniciación a la Kabbalah), Vol. II, Berg, págs. 126-127

161. *Escritos del Arí*, Puerta de las Introducciones, Vol.6, Centro de Investigación de Kabbalah, pág. 211

162. *Escritos del Arí*, Árbol de la Vida, Rav Yitsjak Luria, Puerta 42, CAPÍTULO 1, Centro de Investigación de Kabbalah

163. Zóhar, Vayakehel 25:369-373

164. Lamentaciones 3:23

165. *Kabbalah for the Layman* (Iniciación a la Kabbalah), Vol. III, Berg, págs. 159-161

166. *Kabbalah for the Layman* (Iniciación a la Kabbalah), Vol. II, Berg, págs. 38-39

167. *El poder del Álef Bet*, Vol. II, Berg, pág. 91

168. Zóhar, Vayishlaj 1:1-4

169. Génesis 32:4
170. Salmos 91:11
171. Génesis 4:7
172. Salmos 51:5
173. Zóhar, Vayeshev 1:1-3
174. Génesis 37:1
175. Salmos 34:20
176. Génesis 4:7
177. Eclesiastés 4:13
178. Eclesiastés 2:14
179. Zóhar, Parashat Pinjás, Vol. II, Berg
180. *Las ruedas del alma*, Berg, págs. 58, 59
181. *El poder del Álef Bet*, Vol. I, págs. 146-148.
182. *Kabbalah for the Layman* (Iniciación a la Kabbalah), Vol. II, págs. 119-123
183. *Kabbalah for the Layman* (Iniciación a la Kabbalah), pág. 122
184. *Kabbalah for the Layman* (Iniciación a la Kabbalah), Vol. III, Berg, págs. 142-144
185. *Kabbalah for the Layman* (Iniciación a la Kabbalah), págs. 166-167
186. *El poder del Álef Bet*, Vol. II, Berg, págs. 160-161
187. Zóhar I, pág. 78a
188. *El poder del Álef Bet*, Vol. I, Berg, págs. 102-103
189. *Kabbalah for the Layman* (Iniciación a la Kabbalah), Vol. I, Berg, págs. 79-90
190. *El poder del Álef Bet*, Vol. I, Berg, pág. 105
191. Salmos 145:18
192. Zóhar, Haazinu 51:210
193. Génesis 4:1
194. Zóhar I, pág.54a

195. Miqueas 7:20
196. Salmos 145:18
197. *Kabbalah for the Layman* (Iniciación a la Kabbalah), Vol. II, Berg, págs. 106-108
198. Zóhar, Haazinu 51:210

CAPÍTULO 7 INMUNE - VULNERABLE

199. Génesis 32:2
200 Génesis, 32:25
201. Génesis, 32.11
202. Zóhar, Vayishlaj 1:5, 10, 12
203. Proverbios 12:9
204. Génesis 4:7
205. Zóhar Vayishlaj 1:16, 17, 19
206. Génesis, 32:24-25
207. *El poder del Álef Bet*, Vol. I, Berg, pág. 59
208. *Ruedas del alma*, Berg, pág. 127
209. *El poder del Álef Bet*, Vol. I, Berg, págs. 67-69
210. Zóhar, Pinjás 29:167
211. *La conexión kabbalística*, Berg, pág.101
212. Zóhar, Pinjás 68:410
213. Zóhar, Shoftim 2:2
214. Zóhar II, pág. 265a
215. Proverbios 30:21-23
216. Zóhar, Shemot 41:306-308
217. Zóhar, Vayetsé 15:111-112
218. *Astrology: Star Connection* (La conexión astral), Berg, pág. 109
219. Génesis 6:12

220. Zóhar, Nóaj 25:192-193
221. *Kabbalah for the Layman* (Iniciación a la Kabbalah), Berg, Vol. II, págs. 106-107
222. Zóhar, Lej Lejá 2:4
223. Génesis 6:9-22

CAPÍTULO 8 EL VIAJE EN EL TIEMPO

224. *Astrology: Star Connection* (La conexión astral), Berg, págs. 16-21
225. *Astrology: Star Connection* (La conexión astral), Berg, págs. 166-169
226. *Kabbalah for the Layman* (Iniciación a la Kabbalah), Vols. I, II, III; El poder del Álef Bet, Vol. I, II, Berg
227. *Kabbalah for the Layman* (Iniciación a la Kabbalah), Vol. I, Berg, pág. 149
228. Zóhar II, pág. 81b
229. Zóhar III, pág. 125a
230. Zóhar II, pág. 81a
231. Éxodo 32
232. *Time Zones* (Zonas del tiempo), Berg, pág. 89
233. *Kabbalah for the Layman* (Iniciación a la Kabbalah), Vol. I, pág. 36; Zóhar III, págs. 194a-b
234. *Astrology: Kabbalah Connection* (La conexión astral), Berg, pág.34
235. Zóhar, Pinjás 77:480
236. Zóhar, Vayakehel 17:223
237. *El poder del Álef Bet*, Vol. I, Berg, pág.96; *Star Connection* (La conexión astral), Berg, pág. 72
238. *Kabbalah for the Layman* (Iniciación a la Kabbalah), Vol. III, Berg, págs. 115-118

239. Génesis 2:9
240. *El poder del Álef Bet*, Vol. I, Berg, pág.96; *Star Connection* (La conexión astral), Berg, pág. 72
241. Génesis 28:11-13
242. *Kabbalah for the Layman* (Iniciación a la Kabbalah), Vol. III, Berg, págs. 179-188
243. *Astrology: Star Connection* (La conexión astral), Berg, págs. 21-22
244. *El poder del Álef Bet*, Vol. I, Berg, pág. 110
245. Zóhar II, pág. 206a

GLOSARIO

ADÁN – Las *sefirot* representadas como un hombre: Kéter como el cerebro; Jojmá los ojos; Biná los oídos; Zeir Anpín la nariz; Maljut como la boca.

ADÁN Y EVA – Desde el punto de vista kabbalístico, Adán y Eva forman un alma indiferenciada. Después de la caída, se convirtieron en dos partes de un alma: almas gemelas. Adán representa el principio masculino de atraer energía para compartir; Eva representa el principio de recibir y revelar.

ADAR – El duodécimo mes del año en el calendario kabbalístico lunar, sexto mes desde Rosh Hashaná. Se aproxima a febrero y marzo. Su signo zodiacal es Piscis.

ADN – Ácido desoxirribonucleico. Enrollado en cadenas de doble espiral que forman el material básico de los cromosomas del núcleo celular, contiene el código genético y transmite el patrón hereditario.

ACUARIO, ERA DE – La Era del Mesías, cuyo inicio está marcado por los *Escritos del Arí* (Rav Yitsjak Luria) cuarenta años después de la expulsión de los judíos de España. A partir de aquel momento, muchas de las limitaciones y prohibiciones que rodeaban el estudio kabbalístico fueron completamente eliminadas.

AGADÁ – Nombre de las secciones del Talmud y el Midrash que contienen exposiciones homiléticas de la Biblia.

ÁLEF BET – El ADN metafísico de toda la Creación que canaliza Luz a nuestro mundo a través de 22 letras que se manifiestan en el sistema de escritura hebreo.

ALMA – La Luz vestida de la Vasija de Inteligencia.

ÁNGELES – Energías-inteligencias Celestiales manifestadas, seres de Luz dedicados a propósitos específicos y que no están sujetos al Libre Albedrío.

ÁRBOL DE LA VIDA – El punto desde el cual la fuerza de energía de la vida permanece como un todo unificado sin las trampas del caos y la incertidumbre.

ÁRBOL DEL CONOCIMIENTO DEL BIEN Y DEL MAL – El ámbito de nuestra realidad ilusoria. Aquí el azar, la incertidumbre, el caos, la podredumbre, el desorden, la enfermedad y la desgracia hacen que se sienta su presencia.

ASQUENAZÍ – Se refiere a los judíos de Europa occidental, oriental y central, a diferencia de los sefardíes. (Ver también: "PARDES").

ASTRAL, VIAJE – El modo no corpóreo de viajar grandes distancias que trasciende el tiempo, el espacio y el movimiento.

BAR/BAT MITSVÁ – Momento en el que el aspecto de impartir se despierta en el alma: a la edad de trece años en los hombres y doce años en las mujeres.

BARRERA DE LA LUZ – El Deseo de Recibir para Sí Mismo que impide la revelación de la Luz.

BECERRO DE ORO – Un becerro de oro adorado por los *érev rav* (multitud mixta) mientras Moshé estaba en el Monte Sinaí.

BERIJ SHEMÉI – Una oración en arameo que se dice antes se sacar la Torá del Arca. El poder de la oración es la trascendencia del tiempo, el espacio y el movimiento; un túnel del tiempo espiritual que regresa nuestra conciencia al momento de la entrega de la Torá.

BRAJÁ – Bendición, conexión metafísica con la energía interna inteligente de las cosas.

BEIT DIN – Tribunal rabínico.

BOTS – El mundo del Fango. El plano físico mundano que sigue adhiriéndose a nosotros como nuestra realidad cotidiana.

CEREBRO – La vasija corporal física que permite la manifestación de la mente.

CABLES – Diversos medios para la trasferencia de energías positivas metafísicas a la humanidad (como oraciones, meditaciones, *Shabat*, zonas de tiempo cósmicas, etc.).

CÁNCER – Signo del Zodíaco que corresponde al mes hebreo de *Tamuz*, en el cual puede iniciarse la temida enfermedad del mismo nombre debido a la vulnerabilidad causada por una grieta en el escudo protector de positividad. Un tiempo durante el cual debemos tener mucho cuidado de evitar caer en discusiones y otras actividades negativas.

CARROZAS – Entidades que personifican los niveles tanto físicos como metafísicos de la energía-inteligencia.

CAUSA – Lo que da lugar a la revelación de un nivel.

CAVANÁ – La necesidad de centrar nuestro mundo interior con la atención apropiada a la situación o la conexión.

CINCO SENTIDOS – Los sentidos de nuestra conciencia corporal: vista, oído, olfato, gusto y tacto.

COLUMNA CENTRAL – El vínculo conector y equilibrador entre las Columnas Derecha e Izquierda de energía positiva y negativa, masculina y femenina. Aspecto de Restricción.

COLUMNA DERECHA – Jésed. Columna que atrae la energía de impartir la fuerza positiva.

COLUMNA IZQUIERDA – El canal a través del cual se atraen todas las energías metafísicas. (Ver: Deseo de Recibir).

CONCEPTO CIRCULAR – El equilibrio entre Izquierda y Derecha, negativo y positivo, producido por el uso de la Restricción. Columna Central.

COLUMNAS – (Derecha, Izquierda y Central) Tuberías macrocósmicas o líneas de energías, similares al protón, el electrón y el neutrón en el átomo microcósmico.

CONCIENCIA – Niveles de conocimiento. A medida que el alma se quita los velos de negatividad causados por el Deseo de Recibir para Sí Mismo, se manifiestan niveles superiores de entendimiento y conciencia.

CONCIENCIA, ESTADO ALTERADO DE LA – Un estado de apercibimiento consciente que trasciende los cinco sentidos físicos. Un nivel de conciencia mejorado y elevado ocasionado por el Deseo de Recibir para Compartir y el circuito completo y la conexión con la Luz.

CONCIENCIA CORPORAL – El Deseo de Recibir para Sí Mismo.

CONCIENCIA CÓSMICA – El estado de conciencia más elevado, en el cual todas las almas son reconocidas como un solo todo indivisible, interrelacionado e interdependiente más allá de los confines del tiempo, el espacio y el movimiento. La conciencia cuántica en la cual el pasado, el presente y el futuro están unificados en el ahora.

CONCIENCIA DEL ALMA – El Deseo de Recibir para Compartir.

CONCIENCIA DE LA LUZ CIRCUNDANTE – La Luz Circundante Superconsciente empieza donde acaba la Luz Interna. La omnipresente conciencia del cosmos, donde la información del pasado, el presente y el futuro se encuentran como un todo unificado. Se extiende más allá de la conciencia de Luz Interna de la humanidad. Es precisamente la conciencia de la Luz Circundante la que encontramos más en nuestras vidas.

CONCIENCIA ROBÓTICA – Cuando las influencias celestes gobiernan las actividades del hombre sin intervención de su capacidad intrínseca de ejercer el libre albedrío.

CORRECCIÓN – La tarea de traer armonía cósmica e individual al universo en un estado de perfección.

CREADOR – La fuente de toda la energía positiva con la exclusión total de cualquier energía negativa.

CUANTO (lat. *quantum*) – En el sentido kabbalístico de la palabra, la sustancia del cuanto es "Ama a tu prójimo". Cuando la humanidad lo logre, el universo entero, tanto lo visible como lo invisible, será revelado tal como es: un solo todo unificado. Nuestro universo se percibe fragmentado sólo porque la humanidad está fragmentada.

CUERPO, ENERGÍA-INTELIGENCIA DEL – La energía-inteligencia del Deseo de Recibir para Sí Mismo.

DÁAT – Conocimiento.

DÁLET – "Pobre", también la cuarta letra del alfabeto hebreo, que simboliza la Tierra con la conexión de la *Shejiná* o Zeir Anpín.

DAVID, REY – Carroza de Maljut. Segundo rey de Israel y de la tribu de Yehuda, sucesor de Shaúl. Autor de muchos Salmos. El hijo del Rey David nacido de Batsheva, el Rey Shlomó, construyó el Primer Templo.

DILUVIO – La gran inundación descrita en el relato bíblico de Nóaj, Génesis 7.

DESEO DE RECIBIR PARA SÍ MISMO – Negatividad. El aspecto de atraer o tomar. En nuestro universo todo está hecho de Deseo de Recibir. En el nivel físico, el Deseo de Recibir para Sí Mismo se caracteriza por el egocentrismo, el egoísmo y el materialismo en el hombre. Nuestro propósito es transformar este deseo egoísta en un Deseo de Recibir para Compartir, un equilibrio y armonía entre recibir e impartir que permite al individuo atraer hacia sí mismo la Luz positiva del Creador.

DESEO DE RECIBIR PARA COMPARTIR – Equilibrio. El aspecto de recibir con el propósito de compartir; dar, a diferencia del Deseo de Recibir para Sí Mismo.

DEVEKUT – "Adhesión". Realización del concepto circular en el cual se produce la unión entre la Luz del Creador y el hombre.

DOR DEÁ – La Generación del Conocimiento, originalmente la Generación del Diluvio, que reencarnó en la época de la Torre de Babel y de nuevo durante el Éxodo, y ahora durante la Era de Acuario.

DORMIR – Desde un punto de vista kabbalístico, el acto de dormir permite al alma liberarse temporalmente de las limitaciones e incertidumbres de la conciencia del cuerpo físico.

EFECTO PLACEBO – El efecto de un placebo, una preparación inocua, sin medicación, que se le da a un paciente solamente para complacerlo o como control para probar la eficacia de otra sustancia medicada, puede demostrar el poder de la mente humana en la curación bajo una sugestión positiva dada. El efecto placebo demuestra la cualidad psicosomática de la enfermedad.

EGO – El individuo consciente de sí mismo, centrado en sí mismo. Desde el punto de vista kabbalístico, el ego es la manifestación del Deseo de Recibir para Sí Mismo. El ego es el factor que subyace a la expresión limitada de nuestro cinco por ciento de conciencia Nuestro ego nos convence de que todas nuestras decisiones y actividades son el resultado directo de nuestra mente y nuestros pensamientos conscientes.

ESCANEAR – Desde un punto de vista kabbalístico, el ojo humano es la ventana del alma, y como tal es una herramienta poderosa para la transmisión y recepción de la Luz canalizada por las letras y palabras del Zóhar. La conexión se establece en el nivel metafísico de nuestro ser e irradia a nuestro plano físico de la existencia. El hebreo se lee de derecha a izquierda.

ESCUDO DE SEGURIDAD – Cuando el Escudo de David se activa, una película protectora de la Fuerza de Luz rodea al individuo evitando así la invasión del Señor de la Oscuridad y su devastadora flota de desgracia y enfermedad.

ESPACIO-TIEMPO – Donde el tiempo ahora se aborda como una brecha o espacio vacío.

ESPACIO VACÍO – Vacío, no revelación de la Fuerza de Luz. Este vacío representa la energía-inteligencia de la vulnerabilidad.

FISIÓN – El proceso de fragmentación y desunión, por ejemplo: la división del núcleo de un átomo. (Ver: Fusión).

FISIÓN, CONCIENCIA DE LA – El nivel de conciencia en el que la separación, la fragmentación y la desunión reinan. A diferencia de la Conciencia de la Fusión, en la que prevalece una conciencia cuántica y holística de la Unidad.

FRAGMENTACIÓN – Desunión e interrupción ocasionada por la manifestación divisiva y destructiva del Deseo de Recibir para Sí Mismo.

FUSIÓN – La unión de diferentes cosas mediante o como si fuera por fundición, mezcla, coalición. (Ver: Fisión).

FUSIÓN, CONCIENCIA DE LA – La conciencia de unir, juntar las partes para formar un todo. Desde un punto de vista kabbalístico, esta es la conciencia de la realidad cuántica.

FUERZA DE LUZ, LA – El Eterno, la Luz; la Unidad que Todo lo Abarca. (Ver: Luz).

GUEMAR HATIKÚN – La Redención Final de Israel, la paz y armonía definitivas en el mundo. (Ver: Corrección).

GUEVURÁ – La *sefirá* del Juicio, el poder, la fuerza. La segunda de las Siete Sefirot Inferiores. Columna Izquierda, Yitsjak es la carroza de Guevurá.

GUT (Gran Teoría Unificada) – Durante los años setenta, la física fundamental se propuso unificar el extraño y complejo mundo que nos rodea en un solo marco conceptual. Nuevos descubrimientos han abierto el camino a un nuevo concepto radical de un universo unificado.

HEI – La segunda y la cuarta letra del Tetragrámaton sagrado, la primera *Hei* representa la Sefirá de Biná y la segunda la Sefirá de Maljut.

HEISENBERG, PRINCIPIO DE INCERTIDUMBRE DE – Según la mecánica cuántica, es el concepto de que es imposible medir dos cantidades relacionadas de forma simultánea y exacta. Desde el punto de vista kabbalístico, la base de este dilema es una regla fundamental. La conclusión que emerge de aquí es la idea de que las cosas pueden estar en todos los sitios al mismo tiempo; no hay espacio, tal como determina el Zóhar.

HOD – Esplendor. Quinta de las Siete Sefirot Inferiores, la Columna Izquierda. Aharón, el Sumo Sacerdote, es la carroza de Hod.

HOLÍSTICO-INTEGRAL – Desde un punto de vista kabbalístico, perteneciente al panorama completo, el panorama cuántico, el circuito completo. Relacionado con sistemas completos e integrados en lugar de sus partes. A diferencia de atomístico.

INFINITO, EL – La Unidad Infinita que todo lo abarca.

INFLUENCIAS CÓSMICAS – De la misma forma que la Luna ejerce influencia sobre las mareas de todas las aguas que hay en la Tierra en un nivel físico, y sobre los estados emocionales en un nivel más sutil, también las numerosas influencias cósmicas se combinan y se entrelazan metafísicamente y físicamente para dar forma al destino de la humanidad y del universo. El hombre, con el conocimiento apropiado de las herramientas kabbalísticas, tiene la capacidad de tomar el control sobre éstas y manifestar una realidad paralela superior de paz y armonía.

INTELIGENCIA – Reflejo de los caminos de la causa y el efecto con el fin de aclarar el resultado final.

JERUSALÉN – Sagrada debido a que representa un flujo constante de energía interna. El centro de energía del mundo.

JÉSED – Misericordia, Bondad Amorosa. Primera de las Siete Sefirot Inferiores. La Columna Derecha, Avraham el Patriarca es la carroza de Jésed.

JOJMÁ – Sabiduría. La segunda *sefirá* después de Kéter, es la energía arquitectónica concentrada de toda la creación.

KABBALAH – El alma interna de la Torá. Del hebreo *lekabel*, que significa "recibir".

KABBALAH LURIÁNICA – El sistema de indagación y práctica establecido por Rav Yitsjak Luria. Enfatiza el lado más activo de la oración y lidia específicamente con las chispas de Luz que se elevan en la oración. En la literatura kabbalística la oración es como una flecha que el recitador lanza hacia arriba con el arco de la *cavaná*.

KABBALISTICA, MEDITACIÓN – Técnicas especiales de meditación que están descritas en su totalidad en los *Escritos del Arí*.

KÉTER – Corona. El vínculo entre la Fuerza de Luz del Creador y el cerebro es Kéter, la semilla de toda manifestación y actividad física. La primera de las Tres Sefirot Superiores de las Diez Sefirot.

KLIPOT – (plural de *klipá*) Cáscaras, envoltorios del mal creados por las acciones negativas del hombre que lo cubren y lo limitan en su desarrollo espiritual. Las barreras entre el hombre y la Fuerza de Luz del Creador.

LIBRE ALBEDRÍO – La capacidad de elegir entre manifestar el Deseo de Recibir para Compartir o el Deseo de Recibir para Sí Mismo.

LIBRO DE DANIEL – El Profeta Daniel vivió en Persia en el tiempo de Nebujadnétsar (Nabucodonosor). El *Libro de Daniel* contiene conocimiento codificado que se refiere a la Era de Acuario y las letras del *Álef Bet* hebreo; la sabiduría del *Libro de Daniel* está sellada hasta el final de los días.

LIBRO DE ESTER – O *Megilat Ester* (que significa la revelación de lo oculto), el rollo de la festividad de *Purim*, que relata la historia de la salvación de los judíos de Persia. Habla en profundidad sobre la entrega de regalos y caridad; devela muchos grandes secretos y contiene información codificada sobre la derrota de todo mal.

LIBRO DE LA FORMACIÓN – Ver: *Séfer Yetsirá.*

LIBRO DEL ESPLENDOR o ZÓHAR – Del Zóhar está escrito: En tu compendio, Rav Shimón bar Yojái, el Zóhar, en el futuro Israel y el mundo probarán del Árbol de la Vida, que es el *Libro del Esplendor*. Y el mundo saldrá de su exilio con compasión. (Zóhar, Nasó 6:90).

LUZ – La fuente y la fuerza de toda la energía, mental y física, con una característica intrínseca de compartir.

MAL DE OJO – Hay algunas personas particularmente dotadas para la trasmisión de bendiciones, como por ejemplo una persona de "buen ojo". Hay otras que son especialmente dotadas para la transmisión de negatividad y maldiciones. "En todo aquello en lo que sus ojos se posan, sus maldiciones se confirman… Así pues, un hombre debe apartarse cien veces para evitar a una persona con 'ojo maligno'".

MALJUT – Reino. La décima y última *sefirá*. La Sefirá en la que se manifiesta el Deseo de Recibir más grande y en la que tiene lugar toda corrección. El mundo físico.

MOR (o REM, en inglés) – Movimiento ocular rápido. Durante el sueño, hay unos períodos de movimiento ocular rápido que indican la aparición de sueños.

NESHAMÁ – Tercero de los cinco niveles de alma. Correlacionado con la Sefirá de Biná.

NÉTSAJ – Victoria. Cuarta de las Siete Sefirot Inferiores. Sinónimo de la Columna Derecha. Moshé, simbolizado como su carroza.

OR EIN SOF – La Luz del Infinito de la cual brotaron todas las futuras emanaciones. La Luz primordial en la cual las almas del hombre estaban en perfecta armonía con el Creador. Un equilibrio completo entre el dar infinito del Creador y el recibir infinito de Sus creaciones: las almas de la humanidad. Aquello de lo cual nada puede entenderse y que, sin embargo, debe ser postulado.

PAN DE LA VERGÜENZA – La vergüenza que se siente cuando se recibe algo a cambio de nada. Todo el propósito de la vida en este mundo es eliminar el Pan de la Vergüenza.

PARDÉS – Interpretación bíblica de los versículos o palabras de la Biblia. Consiste en cuatro letras hebreas: *Pei* (de *peshat* o literal), *Resh* (de *remez* o alegórico), *Dálet* (de *derash* o político), *Sin* (de *sod* o esotérico/Kabbalah). El Zóhar dice: "Cuatro personas entraron en el *pardés* (huerto) concernientes a la naturaleza y el proceso de Creación: Ben Azái, Ben Zoma, el Ajer (que significa el "otro" y el apellido que se le da a Elishá Ben Avuyá) y Rav Akivá. Ben Azái, Ben Zoma y el Ajer entraron en los dominios de las interpretaciones *peshat, remez* y *derash* de la Torá. Sólo Rav Akivá entró en el dominio de *sod*, y sólo él sobrevivió. Los otros que entraron en PeReD, que es el mundo de la separación, no sobrevivieron. Es a través del añadido de la letra *Sin* (Kabbalah) que la palabra PeReD (separación) cambió a PaRDéS, la palabra de la unidad. Estas cuatro letras forman también la palabra SeFeRaD. Así, a una persona que estudia la Kabbalah se le llama sefardí. La palabra hebrea *sefarad* (los judíos que normalmente son originarios de España), es una de las más malinterpretadas y mal entendidas que han emergido del judaísmo. Por consiguiente, debido al proceso de *tikún*, una persona puede encarnar como un judío asquenazí o uno que estudia PeReD, pero si sus estudios también incluyen al *Sod* (Kabbalah), entonces es en esencia un judío sefardí. En el caso contrario, una persona encarnada como sefardí que descuida o incluso se opone al estudio de la Kabbalah se considera un judío asquenazí. (Zóhar 1, p. 26b, 27a).

PENSAMIENTO CONCIENCIA – La única realidad verdadera que debe ser considerada en un marco de energía-inteligencia.

PODER DEL UNO – El Todo Unificado que Todo lo Abarca, la Fuerza de Luz.

PROCESOS INCONSCIENTES – Procesos mentales que uno es incapaz de traer a su mente consciente.

REENCARNACIÓN – Desde un punto de vista kabbalístico, es el movimiento y las etapas del viaje del alma para lograr su *tikún* (corrección).

RESIDUO RADIOACTIVO – Materiales peligrosos que resultan de la alteración del hombre del equilibrio intrínseco del universo.

RESTRICCIÓN – La energía-inteligencia de la Columna Central que establece y mantiene el equilibrio en el universo.

RÚAJ – Segundo nivel inferior de la conciencia del alma. Antes del pecado de Adán, que fue la negación de la Fuerza de Luz, el universo entero existía y permanecía conectado al nivel de *Rúaj*, libre de las demandas del espacio y el tiempo e inmune a la entropía y la muerte. Asociado con la Sefirá de Zeir Anpín.

SABIDURÍA – (Jojmá) La segunda *sefirá* de las Tres Sefirot Superiores y la primera de las Cuatro Fases. El conocimiento de todos los aspectos finales de la realidad.

SATÁN – La personificación del Deseo de Recibir para Sí Mismo.

SEFARDÍ – (plural: *sefardim*), ver PARDÉS.

SÉFER YETSIRÁ – Libro de la Formación. Primera obra kabbalística conocida que contiene todas las enseñanzas de la Kabbalah en un lenguaje conciso altamente esotérico. Se atribuye a Avraham el Patriarca.

SEFIRÁ (plural: *sefirot*) – Término kabbalístico que denota a cada una de las diez esferas o canales metafísicos a través de los cuales emana y se manifiesta la Fuerza de Luz del Creador, y es emanada al hombre.

SERES NO CORPÓREOS – Entidades extraterrestres de pensamiento consciente sin las limitaciones físicas del tiempo, el espacio y el movimiento.

SHEJINÁ – Ámbito cósmico al cual un individuo puede conectarse para adquirir conciencia cósmica, manifestada en la dimensión de Maljut.

SISTEMA DE TRANSFERENCIA DE ENERGÍA – Sistemas de transferencia tal como se prescriben dentro de la Sabiduría de la Kabbalah, creados y escritos en pergamino especial por escribas cualificados para proporcionar consciencia cósmica y pura a aquellos que buscan un nivel superior de inteligencia cósmica a través del poder de los *Tefilín*, las *Mezuzot*, las *Meguilot* y el *Séfer Torá*.

SITRÉI TORÁ – Las enseñanzas más profundamente ocultas de la Torá, recibidas sólo mediante la revelación Divina.

TAAMÉI TORÁ – Las razones (degustaciones de la Torá) a través de las cuales una persona alcanza los verdaderos significados internos de la Torá y, por consiguiente, se eleva a los niveles más altos de espiritualidad.

TALMUD – La forma escrita de la ley oral. La obra principal de los estudios judaicos. Una compilación de la Mishná, los Tosafot y la Guemará.

TAMUZ – Cuarto mes del calendario del año lunar judío, décimo desde Rosh Hashaná, se aproxima al mes de junio y julio. Su signo zodiacal es Cáncer.

TEMPLO – Una estructura física sobre el centro de energía del universo que actúa como el receptáculo o la estación receptora de la Fuerza de Luz del Creador.

TESHUVÁ – Ningún individuo puede lograr completar la fase de *teshuvá* (un concepto de regreso al futuro), en la cual el individuo adquiere el control total de su destino, a menos que adquiera conocimiento de los procesos inconscientes enraizados en el alma junto con el conocimiento de vidas pasadas.

TETRAGRÁMATON – El Nombre sagrado compuesto de cuatro letras hebreas: *Yud, Hei, Vav* y *Hei.*

TIKÚN – El proceso de corrección hecho por el alma.

TOTAL UNIFICADO QUE TODO LO ABARCA, EL – El Eterno.

TSADIK – Justo. Asociado con la Sefirá de Yesod y el Pacto.

TSIMTSUM – La Restricción original.

UNIVERSOS PARALELOS – Los ámbitos de la Realidad del Árbol de la Vida y la Realidad ilusoria del Árbol del Conocimiento tal como se describen en Génesis.

VELOCIDAD DE LA LUZ – 300.000 kilómetros por segundo. Desde el punto de vista kabbalístico, la luz no viaja, sino que está siempre presente, aunque en un estado oculto que espera la revelación. Por lo tanto, el kabbalista habla de la "velocidad" de la revelación de la luz.

VULNERABILIDAD – Abertura al ataque, herida.

YESOD – Sexta de las Siete Sefirot Inferiores, de la cual Yosef es la carroza. La *sefirá* a través de la cual se emana toda la Luz a nuestro mundo.

YUD – La letra más pequeña, aunque la más poderosa del *Álef Bet.* La primera letra del Tetragrámaton.

ZÓHAR – La fuente fundamental de la Kabbalah. Fue escrito por Rav Shimón bar Yojái mientras se escondió de los romanos en una cueva en Pekiin durante 13 años. Más tarde fue sacado a la luz por Rav Moshé de León en España.

ZONAS CÓSMICAS DE PELIGRO – Zonas del tiempo que ocurren cíclicamente y que manifiestan fuertes influencias negativas, las cuales pueden ser superadas o al menos mitigadas con el conocimiento de la Kabbalah y el uso de la Restricción.

El Zóhar

El Zóhar, la fuente principal de la Kabbalah, fue escrito hace 2000 años por Rav Shimón bar Yojái mientras se escondía de los romanos en una cueva en Pekiín, Israel, por 13 años. Luego fue sacado a la luz por Rav Moshé de León en España y posteriormente revelado a través de los kabbalistas de Safed y el sistema lurianico de la Kabbalah.

Los programas del Centro de Kabbalah han sido instaurados para proporcionar oportunidades para el aprendizaje, la enseñanza, la investigación y la demostración de conocimiento especializado a partir de la sabiduría eterna del Zóhar y los sabios kabbalistas. Oculto de las masas por mucho tiempo, hoy en día el conocimiento del Zóhar y la Kabbalah deben ser compartidos por todos aquellos que buscan entender el significado más profundo de esta herencia espiritual y del significado de la vida. La ciencia moderna apenas está empezando a descubrir lo que nuestros sabios tenían cubierto con simbolismo. Este conocimiento es de naturaleza práctica y puede ser aplicado diariamente para el mejoramiento de nuestra vida y la vida de la humanidad.

La oscuridad no puede existir en presencia de la Luz. Hasta una habitación oscura es afectada por la luz de una vela. Mientras compartimos este momento juntos, comenzamos a presenciar una revolución de iluminación en la gente y, de hecho, algunos de nosotros ya estamos participando en ella. Las nubes oscuras de conflicto y disputa se harán sentir sólo mientras la Luz Eterna permanezca oculta.

El Zóhar es ahora un instrumento para infundir al cosmos con la Fuerza de Luz del Creador revelada. El Zóhar no es un libro sobre religión, el Zóhar hace referencia a la relación entre las fuerzas invisibles del cosmos, la Fuerza de Luz y su influencia en la humanidad.

El Zóhar promete que con la entrada de la Era de Acuario el cosmos será de fácil acceso para el entendimiento humano. El Zóhar dice que en los días del Mesías "no habrá necesidad de decirle a nuestro semejante, 'Enséñame sabiduría'" (Zóhar, Nasó 9:65). "Y no enseñará más ninguno a su prójimo, ni ninguno a su hermano, diciendo: 'Conoce al Eterno'; porque todos Me conocerán, desde el más pequeño de ellos hasta el más grande" (Jeremías 31:34).

Podemos recuperar el dominio de nuestra vida y nuestro entorno. Para lograr este objetivo, el Zóhar nos da una oportunidad para superar el aplastante peso de la negatividad universal.

Estudiar el Zóhar diariamente, sin intentar entenderlo o traducirlo, llenará de Luz nuestra conciencia, mejorando así nuestro bienestar e influirá de actitudes positivas todo lo que nos rodea. Incluso recorrer visualmente el Zóhar, aunque se desconozca el alfabeto hebreo, tendrá los mismos resultados.

La conexión que creamos mediante recorrer visualmente el Zóhar es la de unidad con la Luz del Creador. Las letras, aunque no sepamos hebreo o arameo, son los canales a través de los cuales se realiza la conexión; puede compararse con marcar el número de teléfono o introducir los códigos para iniciar un programa de computadora. La conexión se logra en el nivel metafísico de nuestro ser y se extiende hasta nuestro plano físico de existencia. Pero primero está el prerrequisito del "arreglo" metafísico. Tenemos que permitir conscientemente que, a través de acciones y pensamientos positivos, el inmenso poder del Zóhar irradie amor, armonía y paz a nuestra vida para que compartamos eso con toda la humanidad y el universo.

En los años que vienen, el Zóhar continuará siendo un libro para la humanidad, tocará el corazón y la mente de aquellos que anhelan la paz, la verdad y el alivio del sufrimiento. Ante las crisis y catástrofes, el Zóhar tiene la capacidad de aliviar las aflicciones de agonía humana mediante la restauración de la relación de cada individuo con la Fuerza de Luz del Creador.

—Rav Berg, 1984

Los Centros de Kabbalah

La Kabbalah es el significado más profundo y oculto de la Torá o la Biblia. A través del gran conocimiento y las prácticas místicas de la Kabbalah se pueden alcanzar los más altos niveles espirituales posibles. Aunque mucha gente confía en sus creencias, fe y dogmas para buscar el significado de la vida, los kabbalistas buscan una conexión espiritual con el Creador y las fuerzas del Creador, así lo extraño se vuelve conocido y la fe se convierte en conocimiento.

A lo largo de la historia, aquellos que conocieron y practicaron la Kabbalah fueron muy cuidadosos con respecto a la diseminación del conocimiento porque sabían que las masas no estaban preparadas aún para la gran verdad de la existencia. Hoy en día los kabbalistas saben que no sólo es adecuado sino también necesario hacer que la Kabbalah esté disponible para todo aquel que la busque.

El Centro de Kabbalah es un instituto independiente, sin fines de lucro, fundado en Israel en 1922. El Centro provee investigación, información y ayuda a quienes buscan las enseñanzas de la Kabbalah. El Centro ofrece charlas públicas, clases, seminarios y excursiones a lugares místicos en los centros de Israel y Estados Unidos. Se han abierto centros y grupos de estudio en México, Montreal, Toronto, París, Hong Kong y Taiwán.

Nuestros cursos y materiales tratan sobre los conocimientos zoháricos de cada porción semanal de la Torá. Cada aspecto de la vida es estudiado y otras dimensiones, desconocidas hasta ahora, proveen una conexión más profunda con una realidad superior. Los tres cursos principales para principiantes abarcan temas como: tiempo, espacio y movimiento; reencarnación, matrimonio y divorcio; meditación kabbalística; la limitación de los cinco sentidos; ilusión y realidad; las cuatro fases; hombre y mujer, muerte, dormir y sueños; la alimentación; y Shabat.

Miles de personas se han beneficiado de las actividades del Centro, las publicaciones de material kabbalístico del Centro siguen siendo las más completas de su tipo en el mundo, incluyendo las traducciones al inglés, hebreo, ruso, alemán, portugués, francés, español y persa.

La Kabbalah puede darnos el verdadero significado de nuestro ser y el conocimiento necesario para nuestro máximo beneficio. Además, puede mostrarnos que la espiritualidad va más allá de la fe. El Centro de Kabbalah continuará haciendo que la Kabbalah esté a la disposición de todo aquel que la busque.

—Rav Berg, 1984

Información de Contacto de Centros y Grupos de Estudio

ARGENTINA:

Buenos Aires
Echeverría 2758, Belgrano
Teléfono: +54 11 4771-1432 /
+549 11 4409 3120
kcargentina@kabbalah.ar
Instagram: kabbalaharg

ESPAÑA:

Madrid
Calle Martínez Izquierdo, 16-18,
local 1C
Teléfono: +34 683 580 163
spain@kabbalah.com
Instagram: kcespana
Facebook: KabbalahCentreSpain

Barcelona
Teléfono: +34 683 580 163
miriam.agullo.vol@kabbalah.com
Instagram: kcespana
Facebook: KabbalahCentreSpain

COLOMBIA:

Bogotá
Calle 93B # 11ª-84 Centro de
Diseño Portobello
Parque de la 93
Cel: 3243135502 ó 3232903166
kccolombia@kabbalah.com
Instagram: kabbalahcolombia

Cali
Cra. 102 # 13ª-61 Local 3
Ciudad Jardín
Cel: 3243135502 ó 3178436947
kccolombia@kabbalah.com
Instagram: kabbalahcolombia

Medellin
Calle 5 # 45-32
Patio Bonito
Cel: 3243135502 ó 3136241792
kccolombia@kabbalah.com
Instagram: kabbalahcolombia

MÉXICO:

Estado de México
Centro de Kabbalah Tecamachalco
Av. de las Fuentes 218,
Lomas de Tecamachalco
Teléfono: +52 55 5280 0511
apoyo@kabbalah.com
Instagram: kabbalahmx

Ciudad de Mexico
Centro de Kabbalah Altavista
Puerta Altavista
Av. Desierto de los Leones 24,
San Ángel
Teléfono: +52 55 5280 0511
apoyo@kabbalah.com
Instagram: kabbalahmx

Mérida, Yucatán
Av. Andrés García Lavín 350,
Local 12, Plaza Victory Platz
Montebello
Teléfono: +52 999 5183720
WhatsApp +52 999 2185176
merida@kabbalah.com
Instagram: kabbalahmx

PANAMÁ:

Ciudad de Panamá
The towers business plaza, local 2,
Calle 50.
Teléfono: +507 694 93974
administracion.panama@kabbalah.com
Instagram: kabbalahpanama

PARAGUAY:

Asunción
Charles de Gaulle 1892 y Quesada;
Edificio San Bernardo, primer piso.
Teléfono:+595 976 420072
kcparaguay@gmail.com
Instagram: kabbalahpy

VENEZUELA:

Caracas
Av. 10, Quinta 10;
Urb. Altamira, Edo. Miranda.
Teléfono: +58 414 205 7205
caracastkc@kabbalah.com
Instagram: kabbalahve

Maracay
Centro comercial las Américas
Local P.B. 16 –
Las Delicias, Edo. Aragua
Teléfono: +58 414 205 7205
 caracastkc@kabbalah.com
Instagram: kabbalahve

CENTROS EN EUA:

Boca Ratón, FL +1 561 488 8826
Miami, FL +1 305 692 9223
Los Ángeles, CA +1 310 657 5404
Nueva York, NY +1 212 644 0025

CENTROS INTERNACIONALES:

Londres, Inglaterra +44 207 499 4974
Berlin, Alemania +49 30 78713580
Toronto, Canadá +1 416 631 9395
Tel Aviv, Israel +972 3 5266 800

RAV BERG nació el 20 de agosto de 1927 en Nueva York, EE. UU. Tras muchos años de estudio religioso tradicional, fue ordenado como rabino en Torah VaDaat. Fue un hombre de negocios que quería hacer una diferencia en este mundo y siempre estaba en la búsqueda de su camino verdadero. Luego de tener la oportunidad de conocer a Rav Yehuda Brandwein, Rav Berg supo que había encontrado a su maestro, y se mudó a Israel para estudiar con Rav Brandwein en el Centro de Kabbalah. Después de regresar a Nueva York, Rav Berg se mantuvo en contacto por medio de cartas con Rav Brandwein, quien le confirió su legado como director del Centro de Kabbalah.

Rav Berg se fijó la misión de continuar editando, escribiendo, imprimiendo y distribuyendo todo lo que aprendió de su maestro, y comenzó a compartir los secretos de los textos kabbalísticos que históricamente habían sido reservados para eruditos. Su libro Iniciación a la Kabbalah fue el paso revolucionario que hizo que la Kabbalah estuviese al acceso de todos. Otros libros de Rav Berg son: La conexión kabbalística, Ruedas del alma: la reencarnación y la Kabbalah, El poder del uno, La energía de las letras hebreas, Inmortalidad, Nano, The Kabbalah Method (El método kabbalístico, sólo en inglés), Taming Chaos (Dominar el caos, sólo en inglés) y Educación de un kabbalista.

Junto a su esposa Karen, Rav Berg abrió las puertas del Centro de Kabbalah a todo aquel que desee aprender esta sabiduría universal. Rav Berg partió de este mundo en septiembre de 2013 y Karen Berg lo hizo en Julio de 2020. Luego de la partida de ambos su hijo Michael Berg continúa su visión y su trabajo como Director del Centro de Kabbalah.

www.ingramcontent.com/pod-product-compliance
Lightning Source LLC
Chambersburg PA
CBHW040118120426

42742CB00052B/3445